孔祥林 著

孔子图说

中华书局

图书在版编目(CIP)数据

孔子图说/孔祥林著. —北京:中华书局,2016.6
ISBN 978-7-101-11482-9

Ⅰ.孔… Ⅱ.孔… Ⅲ.孔丘(前551~前479)-传记-画册
Ⅳ.B222.2-64

中国版本图书馆 CIP 数据核字(2015)第 320584 号

书　　　名	孔子图说
著　　　者	孔祥林
责任编辑	陈　虎
出版发行	中华书局
	(北京市丰台区太平桥西里38号　100073)
	http://www.zhbc.com.cn
	E-mail:zhbc@zhbc.com.cn
印　　　刷	北京瑞古冠中印刷厂
版　　　次	2016年6月北京第1版
	2016年6月北京第1次印刷
规　　　格	开本/710×1000 毫米　1/16
	印张21　字数200千字
印　　　数	1-8000 册
国际书号	ISBN 978-7-101-11482-9
定　　　价	68.00 元

目录

功垂后世佑中华

思想广播惠海外

前　言

　　孔子三岁丧父，十七岁丧母，六十七岁丧妻，六十九岁丧子，晚年更有许多优秀的年轻弟子先他而去，白发人送黑发人，人生所有不幸，几乎都曾打击过他。所以，孔子的人生是不幸的。

　　孔子又是幸运的。艰难困苦的境遇造就了他，虽然屡遭打击，但他并没有屈服，没有被打倒，相反却激发了他要改变自己命运的信心和决心。他"十有五而志于学"，学无常师，敏而好学，不耻下问，学而不已，阖棺乃止，一生都在不懈地追求知识，终于成为知识渊博的学者。但孔子并不满足于做一个学者，他希望自己能够成为一个政治家，通过自己的努力，消弥战争，重整社会秩序，建设和谐社会，造福人群；而且他也曾一度在祖国鲁国出任中都宰，先升小司空，最

孔子司寇像（明　佚名）

后官至大司寇；他也曾卓有成效，治中都牛刀小试，四方则之，治鲁国大显身手，国家大治，治外交力挫强齐，收复失地，但昙花一现，在内外交攻下只得挂冠而去。孔子深知要想改善社会，仅凭一己之力是不够的，需要有一整套改造社会的思想理论，需要一支能够推行自己主张的队伍，因此他提出了"天下大同"的远大理想和"小康"社会的近期目标，以及仁政德治、礼乐教化、轻徭薄赋、富民教民、礼义廉耻、仁爱忠信等政治和伦理主张，创建了博大精深的儒家思想体系，并且首创私学，广收弟子，弟子三千，贤人七十二，培养了一大批德才兼备的治国人才，开创了影响深远的儒家学派。

删述六经图（明 佚名）

孔子生前，虽然没有一个国君肯采纳他的政治主张，但他却没有料到，去世三百多年后，他的思想成为中国历代王朝的正统思想，指导中国社会两千多年；他还没有料到，当年思想得不到采用曾愤而想"乘桴浮于海"，去世后他的思想却走出国门，成为朝鲜、越南、日本等近邻国家的指导思想，和西方资产阶级启蒙思想家反对封建专制的思想武器；他更没有料到，他个人被推崇为"万世师表"，奉为"至圣先师"，追封为"大成至圣文宣王"，祭祀的庙宇遍及中国、朝鲜、越南、日本等亚洲国家，血食无疆，尊崇万世。

但孔子又是不幸的。为了实现救世的理想，寻找施展自己政治抱负的机会，五十五岁时外出奔波 14 年，栖栖遑遑，席不暇暖，奔走了大小近 10 个国家，但没有一个国君肯采用他的主张。旅途中宋人伐树，匡人围困，在陈绝粮，在蒲迫盟，在卫国受到灵公与夫人同车却让屈居在后的羞耻，在郑国受到"丧家狗"

曲阜孔子庙
原是孔子故居，后世因庙，历代扩建重修，成为最大的宫殿式古建筑群之一，1994 年与孔林、孔府被列为世界文化遗产。

的奚落，在楚国受到"凤衰"的调侃，击磬遭到"硁硁"的冷讽，问津遭到"知津"的热嘲，倍受冷落，最后只能黯然回国，赍志而终。

孔子的思想又是不幸的。19 世纪以来，中国统治阶级的腐朽无能造成了中国的落后挨打，深受西方思想影响的知识分子们，不敢将中国落伍的责任归咎于统治阶级，不愿对落伍的原因进行全面、历史的分析，却将落后的全部责任归罪于孔子及其思想，可怜的孔子成了敲门砖、打人砖，孔子思想在其母国成了罪恶的渊薮。

但最终孔子还是幸运的。风水轮流转，谁能料到，在全球以西方思想文化为金科玉律的 20 世纪 70 年代，西方经济持续低迷，而深受孔子思想影响的日本和"四小龙"——韩国、香港、台湾、新加坡的经济却相继腾飞，其后中国、越南经济又走上高速发展的轨道，人们在分析原因时发现，是传统的儒家思想在背后释放的巨大能量催发了这种高速发展，于是人们不得不重新审视儒家思想，重新评价孔子思想在现代社会中的作用及其价值。工业文明以来，科学技术日新月异，物质文明高度发达，人们在享受工业文明的丰硕成果时，也不得不正视工业文明所带来的弊端：极端个人主义、利己主义、享乐主义日益泛滥，环境破坏、道德沦丧、暴力犯罪、种族冲突、恐怖袭击日益严重。如何救正社会弊端，如何构建人类未来的精神家园，东西方有志之士都在思考，都在寻找。早在上世纪70年代初，英国著名历史学家、评论家汤因比就与日本文化名人池田大作进行了展望21世纪的学术对话。汤因比预言："世界的和平统一，一定是以地理和文化轴为中心不断结晶扩大起来的"，"中国人和东亚各民族合作，在被人们认为是不可缺少和不可避免的人类统一过程中可能要发挥主导作用"。汤因比对此次谈话非常重视，将对话进行整理，根据《圣经》"现在，我把生命和死亡、祝福和咒诅这两种选择摆在你们面前，你们必须选择生命，这样，你们跟你们的子孙就能长久活下去"之语而命名为《生命的选择》以出版。无独有偶，人类的精英、75名诺贝尔奖获得者1988年聚会巴黎研讨世界的发展，会议所取得的共识之一是："人类要生存下去，必须回首25个世纪去汲取孔夫子的智慧。"

韩国成均馆祭孔仪式
现在韩国仍按传统于每年农历二八月的第一个丁日举行祭孔大典。

孔子永远是幸运的！胸有安民仁义术，笑看起落过山风。孔子思想可以修身，造就了中华民族仁爱万物、孝敬父母、忠于国家、遵纪守法、诚实守信、重

孔庙大成殿御题匾

义轻利、宽恕待人、救危扶困、谦逊礼让、任劳任怨等美德美俗。孔子思想可以治国，作为中国社会指导思想的两千多年中，中国绝大部分时间里国势强盛，经济发达，文化繁荣，走在世界的前列。中国梦就是实现中华民族的伟大复兴，就肯定了孔子思想在历史上发挥的重大作用。在学习借鉴传统治国理政经验的今天，以德治国，礼法兼治，德主刑辅，建设和谐社会，建设社会主义核心价值体系，实现中华民族的伟大复兴，越来越重视从孔子思想中汲取智慧，孔子及其思想在实现中国梦的征途中，将会发挥越来越大的作用！

孔子幸运，中国强盛，人民幸福！

自强不息的一生

一提到孔子，人们的脑海里可能马上就会出现一个弓腰驼背、相貌丑陋、不苟言笑、保守落后的老头形象，其实这是人们对孔子的误解。如果仔细读一读《论语》等有关孔子的古代典籍你就会发现，孔子其实是一个善良、开明而且幽默风趣的学者。

人们之所以对孔子产生误解，一方面是因为一百多年来对孔子的批判、丑化，一方面是因为人们对孔子的生平事迹不够了解。孔子虽然是一个妇孺皆知的名人，但人们一般只重视他的思想，不大重视他的生平事迹。而关于孔子的生平事迹，历史上可以采信的文献又确实很少。司马迁在《史记》中专门为孔子作传，名称就

孔子行教像（明 佚名）

叫《孔子世家》。在《史记》中，帝王的传记叫"本纪"，诸侯的传记叫"世家"，而著名人物的传记只能叫"列传"，按照这个标准，孔子的传记应该叫"列传"。司马迁非常推崇孔子，他将孔子的传记命名为"世家"，把孔子的级别提高了一级。但是《孔子世家》关于孔子的记载也不够详细，从政以后的记载比较多，大多没有确切的时间，而从政以前几乎是

略而不述。所以记载孔子事迹的历史文献虽很多，但除司马迁《孔子世家》和《左传》外的记载外，学者们大多不敢采信。近年，由于在出土的西汉竹简中发现了《孔子家语》，学术界才不认为《孔子家语》是东汉王肃伪造的，但学者们往往又不太重视《孔子家语》的价值，所以要想系统介绍孔子的生平事迹还是不容易的。

孔子晚年自述说："吾十有五而志于学，三十而立，四十而不惑，五十而知天命，六十而耳顺，七十而从心所欲，不逾矩。"（《论语·为政》，以下凡《论语》引文均只注篇名）他十五岁立志做学问；三十岁奠定了事业的基础，已经能够自立于社会；四十岁通达事理，不会被迷惑；五十岁了解了自然规律；六十岁听到任何话语都能明白贯通；七十岁以后随心所欲，任何行为都不会违反礼仪规矩。

其实，孔子是个悲剧性的人物，他空有远大的抱负和治理国家的才干，虽然在鲁国从政三年小试牛刀，但受制于鲁国执政的三家大夫，并没有展现出自己的全部才能。辞职周游列国，在国外席不暇暖，栖栖遑遑，奔波了14年，到处推行自己的政治主张，寻求解救世人苦难，实现自己政治主张的机会，前后奔走了近10个国家，但并没有哪一个国君愿意采纳他的主张，为他提供一个施展才干的舞台，结果饱受艰难困苦，最后不得不黯然回归鲁国。晚年的孔子知道已经没有机会实现自己的理想，所以也就失去了往日从政的热情，为了能将自己的思想流传下去，他集中精力整理古代文献，七十三岁时赍志而终，带着遗憾离开了人世。

根据孔子的自述和他一生的形迹，结合《论语》记载，梳理一下孔子的一生是很有必要的。

十五志学，学无常师

大约公元前530年的一天，在鲁国都城，也就是今天山东省曲阜市的鲁国太庙里，人们正在忙碌地进行着祭祀前的准备，一个大约二十岁的年轻人也来帮忙，他一边忙碌着，一边不断地询问有关的礼仪知识。

这时有人就说"孰谓陬人之子知礼乎？入太庙，每事问"——谁说陬人的儿子懂得礼仪，进了太庙他什么事都要问。这个年轻人说"是礼也"（《八佾》）——这就是礼啊！这个年轻人是谁呢？他为什么被人称作"陬人之子"呢？

太庙问礼图

这个人就是孔子，他为什么被称作陬人之子，这就需要从孔子的祖先说起。

孔子是鲁国人，他的祖先却是商代天子，子姓。周武王推翻商王朝后，封商纣王之子武庚为宋公，奉祀殷商先人。武庚因为参与管叔、蔡叔的叛乱，被周公杀死。为了不使商汤断了祭祀的烟火，周朝又封微子为宋公。

微子死后，兄终弟及，传位给弟弟微仲，他就是孔子的第十四代祖先。孔子的第十一代祖先是宋湣公，他传位给弟弟炀公，但他的儿子鲋祀杀死了叔叔炀公，想立他的哥哥弗父何为国君，弗父何却坚辞不做，从此成为宋国的世卿。

微子像

微子的庙和墓均在山东微山县的微山湖岛上。

弗父何与子孙宋父周、世子胜世代辅助公室。曾孙正考父先后辅助戴公、武公、宣公，虽为三朝元老，但并不居功自傲、骄奢淫逸，而是更加谦恭俭朴，正如他在铜鼎上铸文所说的那样："一命而偻，再命而伛，三命而俯，循墙而走，亦莫敢余侮。馆于是，粥于是，以糊余口。"正考父喜爱古代文献，与周朝太师共同整理出《商颂》12篇，现在还有 5 篇保留在《诗经》中。

正考父之子孔父嘉任宋国大司马，主管穆公、殇公两朝军事。殇公时，太宰华督执政，十年而 11 战，民怨四起。为转移百姓视线，华督便散布谣言，将战争的责任推到孔父嘉身上，不仅杀死了孔父嘉，同时杀死了反对的国君殇公。孔父嘉之子木金父，避乱逃到鲁国，所以孔子也就成了鲁国人。

孔子的祖先本姓子，为什么改成姓孔了呢？

古代男性称氏，女子称姓。五世亲尽，男性五代以后，就可以单独定自己的氏。孔子的五世祖木金父，从国君宋滑公到孔父嘉已经是第六代了，可以单独立氏，于是木金父就用父亲孔父嘉的孔字为氏，这就是

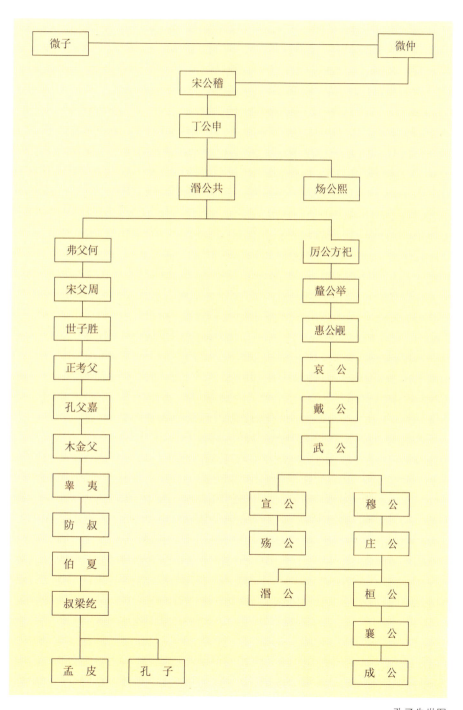

孔子先世图

叔梁纥力托悬门图（吴泽浩作）

孔氏的由来。孔父嘉，名嘉，字孔父。后世姓、氏不分，合称姓氏，再后来简称姓，男子也称姓，所以孔子就姓孔了。

木金父逃难到鲁国后，社会地位降低，身份由诸侯国的卿降到了大夫。鲁国的大夫其实相当于周王室的士。木金父的孙子防叔曾任鲁国防邑大夫，玄孙也就是孔子的父亲叔梁纥时，孔氏在社会上逐渐有了名气。

叔梁纥，名纥，字叔梁，古人喜欢将名字连在一起，所以称作叔梁纥。由于他曾担任陬邑大夫，所以《左传》中又称作陬人纥、陬叔纥。叔梁纥是春秋时期著名的将领，他力大善战，屡立战功。鲁襄公十年（前563），叔梁纥跟随鲁国军队出征，守城军队在放进一些攻城军队后突然放下吊起的城门，想关起门来打狗，消灭入城的军队。这时叔梁纥正好赶到门下，他用手托起城门，救出了入城军队。七年后，齐国军队包围了鲁国北部城市防邑，鲁国派军援助，但援军害怕齐国军队，畏葸不前。时在防邑的叔梁纥率领三百甲兵，趁夜突破齐军的包围，将守城主将送出，然后又带兵突破齐军包围回城固守，最终保住了防邑。

经过这两次战争，叔梁纥成为闻名诸侯各国的猛将。

虽然叔梁纥屡立战功，但终其身也不过是鲁国的一个基层官员，只做到陬邑大夫，一个小地方的主管，和现在的乡镇长差不多。陬邑在现在的尼山附近。鲁国的大夫其实就是周王室的士，所以孔子的身份也是士。过去批判孔子，说他出生在没落的贵族家庭里，是奴隶主的代言人，还真是抬举了孔子。

叔梁纥娶的妻子姓施，生了9个女儿，娶了个小妾生了个儿子孟皮却是个瘸子。一个瘸子作为家族的继承人有失体面，所以叔梁纥在六十多岁的时候，又向颜家求婚。颜家当时有3个女儿，父亲与3个女儿商量谁愿嫁给叔梁纥，年轻的女孩谁肯嫁给一个老头呢？老大、老二都不吭声，只有老三说听从父亲的安排，父亲就说看来只能把你嫁过去了，于是就把老三颜徵在嫁给了叔梁纥。结婚时，叔梁纥已经六十多岁，颜徵在还不到二十岁，所以司马迁说"纥与颜氏女野合而生孔子"（《史

昌平山

在曲阜东南30千米处，孔子故里今名鲁源村，位于昌平山阴，所以《史记》说孔子为昌平乡人。

记·孔子世家》，以下均只作《孔子世家》）。对于野合，唐代司马贞解释说"盖谓梁纥老而徵在少，非当壮室初笄之礼，故云野合，谓不合礼仪"，意思是年龄不相当，不合乎礼仪，所以称为野合。他还引用《论语》中孔子批评子路"野哉由也"，证明"野"就是不符合礼仪。春秋时期，在恋爱婚姻方面是很自由的，孔子整理过的《诗经》中，保留了很多描写爱情的民歌，有的写得很露骨。像《野有死麕》就说"舒而脱脱兮，无感我帨兮，无使尨也吠"——不要动我的围裙，不要让小狗叫起来。《诗经》原来的篇章很多，孔子曾经进行删订，但是保存了很多爱情方面的民歌，从这里也可以看出，孔子是很开明的。即使春秋时期人们在爱情方面再自由，一个不到二十岁的大姑娘，也不会和一个六十多岁的老头子偷情。也许有人会说，二十八岁的女人都会嫁给八十二岁的老先生，什么样的事不会有？这种事是有的，但是人家是自愿结婚的，不是偷情。

祷尼山图

婚后，叔梁纥与颜徵在一起到附近的尼丘山祈祷，祈求保佑早生儿子。据说孔子生下时，头顶中间低四周高，很像尼丘山的形状，所以给孔子取名孔丘，字仲尼。后人避讳避名不避字，所以就将尼丘山称作了尼山。

在古代社会中，对孔子的名是要避讳的，除《四书》《五经》外，凡"丘"字均作"邱"，一律读音"期"，这是清朝雍正皇帝亲自确定的。丘也要缺笔，省去中间那一小竖，人们一般读为"某"。

民间传说，孔子的家在尼山西南的鲁源村内，外祖母家在尼山东南的颜母山前。孔子出生前，颜徵在正在娘家。女儿不能在娘家生孩子，颜徵在急忙赶回婆家，途中临产，急切之中，将孔子产在了尼山脚下的山洞中，后人称为"夫子洞"，文人们取了个雅名叫"坤灵洞"。至今夫子洞东南的颜母山有一片山石上有星星红点，那里的草每到秋天就会变成红色，据说就是颜徵在初破羊水的地方。民间还传说，孔子出生前，有麒麟来到他家。出生时，两条龙绕护着他家的房子，五位仙人降落在院内，空中还响起了美妙的音乐。还有一种传说，说孔子是龙生虎养凤打扇，据说因为孔子生来鼻露孔，眼露睛，耳露轮，奇丑无比，所以父亲就把他扔到了山上，天气炎热，凤凰为他打扇，一只老虎把他叼到了

夫子洞

山洞里。孩子再丑，也是自己的连心肉啊！母亲不忍心，派人从山洞中找回了孔子。其实这些神话都是汉代人编造的，汉代谶纬学说盛行，孔子是圣人，圣人当然不能与常人相同，异人自有异相，为了神化孔子，编造这些神话，其实却是丑化了孔子。

叔梁纥老年得子，孔子的幼年应该是很幸福的。但是三岁时，父亲就去世了。母亲颜徵在在一大群妻妾子女的大家庭里可能很难生活，所以就带着年幼的孔子迁到离尼山老家20多千米的鲁国都城内居住。

阙里坊
在曲阜孔庙东侧阙里街上，是孔子故里的标志。

孤儿寡母自谋生路，幸运的是，年幼的孔子很懂事，喜欢礼仪，连做游戏时都要摆上仿制的祭祀礼器，像模像样地模仿大人磕头行礼。

人的不幸都是相连的。孔子大约十七岁时，母亲也去世了，年龄还不到四十岁。不知什么原因，母亲从没有告诉过孔子父亲的墓地，母亲去世以后，孔子无法将父母合葬在一起，只好将母亲的灵柩暂时安放在五父之衢。幸亏陬邑的老邻居轓父的母亲，告诉了孔子父亲的坟墓所在地，孔子才将父母合葬在防山的北侧。按照当时的风俗，埋葬是墓而不坟，坟墓与地一样平，地上也不设标志，孔子担心以后找不到坟墓——"丘也东西南北之人，不可以弗识也"（《礼记·檀弓上》），于是在墓上堆起了土堆。

现代人可能觉得不可理解，孔子的母亲不告诉他父亲的坟墓位置，难道孔子不为父亲扫墓吗？在古代并没有扫墓的风俗，祭祀都是在家庙中举行的，扫墓在墓前祭祀，是后来才流行的风俗。

母亲去世后，孔子自己谋生。家道中落，曾经饱受世人的白眼。鲁国执政大夫季孙氏设宴招待武士们，孔子出身士家庭，于是就去赴宴。可是

为儿嬉戏图

叔梁纥墓

为乘田吏图

命名荣贶图

一到季孙氏的大门，就被季孙氏的家臣阳虎拦住了："季氏飨士，非敢飨子也。"（《孔子世家》）——说我家主人招待武士，可是不敢招待你的，最终将孔子挡在了门外，孔子只好一言不发地回去了。

孔子青少年时期的活动，文献记载很少，能够确认的事情就是他曾经在鲁国执政上卿季孙氏家做过小吏。二十岁前后，孔子曾先后担任过季孙氏管理仓库的委吏和管理牛羊的乘田。他做事认真，管理仓库时计量公平准确，账目清楚；管理牛羊时，牛羊肥壮而且繁殖增加了很多，在社会上慢慢就有了好名声。

孔子十九岁时，与宋国的亓官氏结婚。二十岁时，生了个儿子，鲁国国君昭公听说后，派人送来鲤鱼祝贺。孔子为感谢国君的赏赐，就给儿子取名孔鲤，字伯鱼。

尼山书院观川亭
亭在尼山孔子庙前，相传为孔子观水感叹时间流逝处。

　　孔子晚年自述说"吾十有五而志于学"，一生"发愤忘食，乐以忘忧，不知老之将至"，都在如饥似渴地追求知识。青年时期，谋生之余，孔子的主要精力是学习。他以"食无求饱，居无求安"（《学而》）的精神追求知识，以"敏而好学，不耻下问"（《公冶长》）的态度学习。他说"学如不及，犹恐失之"（《泰伯》），学习如同拼命地追赶知识，生怕赶不上，学到了还怕记不牢再丢掉。由于重视学习，所以他对时间也非常重视，看到一去不返的河水，就联想到飞逝的时间。"子在川上曰：'逝者如斯夫，不舍昼夜。'"（《子罕》）以此教育弟子们要珍惜时间。弟子宰予白天睡大觉，孔子就骂他是朽烂的木头难堪大任、粪土似的墙不能粉刷（《公冶长》）。

　　孔子学习主要靠自学，虽然有书说孔子七岁时曾入晏平仲开办的乡学，但这是不可能的。晏婴是齐国人，在孔子出生前五年，就接替其父晏弱，担任了齐国的卿，景公时官至相国。虽然他曾在东阿为官，即使开办学校，东阿是齐国的领土，离鲁国都城也有二百多里地，一个七岁的穷苦儿童，能到那么远的地方去学习吗？

　　孔子虽然没有接受过专门的系统教育，却掌握了丰富的知识。推究他成功的原因：一是因为他一生都在不断地努力学习，二是他掌握了科学的学习方法，三是鲁国丰厚的文化底蕴为他自学成才提供了肥沃的土壤。

　　孔子学习十分刻苦，他学习《易经》韦编三绝，把串联竹简的牛皮绳都翻断了多次。

　　孔子学习注重穷根究底，向鲁国乐师师襄学习弹琴，接连十天都在练习一个曲子，师襄说可以换别的曲子了，孔子说还没有掌握技巧——"丘已习其曲矣，未得其数也"，还是练习同一个曲子。过了一段时间，师襄称赞孔子已经掌握了技巧——"已习其数，可以益矣"，孔子说还没有领会到作者的志趣——"未得其志也"，继续练习这个曲子。又过了一段时间，师襄说孔子已经领会了志趣了——"已习其志，可以益矣"，孔子认为还没有体察到作者的风范——"未得其为人也"，仍然练习这个曲子。再过了一段时间，孔子才主动停止了练习，他说："我体察到作曲者是个什么样的人了，他肤色黝黑，身材修长，眼睛明亮，目光深邃，好像是一个统治四方的君主，不是周文王又有谁能作这个曲子呢？"师襄听后大吃一惊，急忙起身离开坐位说："我老师说这个曲子就是《文王操》。"这件事，有的书说是在昭公十七年，有的说在昭公十九年，但不

学琴师襄图

论十七年还是十九年，都是孔子三十岁以前的事情（《孔子世家》）。

鲁国自古就是东方文化的中心之一，相传炎帝、少昊在此建都，黄帝出生于城东的寿丘，舜也曾在此制作器物。西周初年，大封天下，鲁国是周公姬旦的封地。周公是武王的弟弟、成王的叔叔，辅佐武王灭掉了商朝，辅佐成王平定了天下，制礼作乐制定了周代的国家制度，功劳巨大。虽然周公因辅佐成王没有到鲁国就封，而是派儿子伯禽就任，但封地和齐国一样都是当时最大的国家。分封时，分给了"祝宗卜史，备物典策，官司彝器"，文化本来就很发达。周公去世后，为褒奖周公的功绩，成王特命鲁国郊祭文王，并特许使用天子礼乐。鲁国是周天子以外唯一可以使用天子礼乐的国家，因此鲁国成为和周代京师一样文化最为发达的地方。西周末年，王室东迁，文化受到很大破坏。春秋时期，礼崩乐坏更为严重，只有鲁国还保存了丰富的古代文化。鲁襄公二十九年（前544），吴国公子季札出使鲁国，请求观看周代乐舞，鲁国乐工演奏了《周南》《召南》《邶风》《鄘风》《卫风》《郑风》《齐风》《魏风》《唐风》《陈风》

制礼作乐坊
坊在周公庙，庙在今山东曲阜城东。

《邶风》《小雅》《大雅》《颂》，几乎全部《诗经》记载的乐歌，表演了文王乐舞《像箾》和《南籥》、武王乐舞《大乐》、商汤乐舞《韶濩》、夏禹乐舞《大夏》、虞舜乐舞《韶箾》等，可见鲁国保存的古代文化多么丰富。昭公二年（前540），晋国韩宣子出使到鲁国，"观书于太史氏，见易象与鲁春秋"，看到了鲁国的文化遗存，不禁发出了"周礼尽在鲁矣"的感叹。

如此丰厚的文化遗存，加之孔子学无常师，博览群搜，所以才成为知识渊博的学者、古代文化的集大成者。

孔子的青少年时期是不幸的，但又是幸运的。艰难困苦的生活，磨练了孔子，也造就了孔子。孔子成名后，太宰问孔子的弟子子贡说："夫子圣者与？何其多能也？"子贡回答说，是上天要让他成为圣人，所以才让他多才多艺的。这话传到孔子那里，孔子说，太宰了解我吗？我小时候贫穷，所以才学会了不少的技艺。君子们会有这么多的技艺吗？不会有这么多的（《子罕》）。是低微的家庭出身和自己的刻苦学习，才使孔子成为了多才多艺的人。

三十而立，奠定基础

孔子说自己"三十而立"，三十岁的孔子都立了什么呢？

三十岁是孔子一生最为重要的阶段，三十而立，是说他打下了立足于社会的基础，奠定了一生事业的基础。我认为孔子三十而立，一是初步确立了自己的思想，二是开始收徒设教。

孔子说自己三十而立是可信的，从《史记》和《左传》记载的三件事就可以看出，三十岁的孔子已经有了自己的政治主张和是非标准，比较熟练地掌握了古代文献，而且在社会上也有了一定的名气。

孔子三十岁这年，齐国国君齐景公和宰相晏婴出访来到鲁国，专门约见孔子。齐景公问孔子说：秦穆公时秦国很小，位置又很偏僻，为什么他能称霸呢？孔子回答说：秦国面积虽然很小，但志向远大；位置虽然偏僻，但行为中正；特别是他"身举五羖，爵之大夫，起累绁之中，与语三日授之以政。以此取之，虽王可也，其霸小矣"（《孔子世家》）。秦穆公五年（前655），晋献公用玉璧良马向虞国借道攻打虢国，虞国大夫宫之奇劝国君不要答应晋国的要求，虞国与虢国如同嘴唇与牙齿的关系，唇亡则齿寒，晋国灭掉了虢国，虞国也就危险了。虞国国君不听，借道给晋国，结果晋国灭掉了虢国，回国的途中顺手牵羊又灭掉了虞国。晋国灭掉了虞国，俘虏了虞国大夫百里奚，后来将百里奚作为秦穆公夫人的奴隶陪嫁到秦国。百里奚感到耻辱，就偷偷地跑了，但逃到宛这个地方时被楚国人抓了起来。秦穆公听说百里奚是个贤人，一开始想用重金去赎他，后来一想，这样做可能会引起楚国人的重视反而不同意，就派人用五张黑色的公羊皮去赎他，那时百里奚已经七十多岁了，楚国人就把他放了回来。秦穆公与百里奚交谈了三天，对他的才能很赏识，就委以重任。由于百里奚是用五张黑色公羊皮赎回来的，所以称为"五羖大夫"。后来，秦穆公还把国家政事交付给他，最后百里奚辅佐秦穆公成为了霸主。孔子说，从这些情况来看，秦国统治天下都是可能的，称霸还是小的呢。齐景公听了孔子的话非常高兴，他很赞同孔子选拔重用贤人的观点。从这件事可以看出，这时的孔子不仅博学广识，而且还有了自己的政治主张。齐景公是春秋时期著名的诸侯之一，晏婴是春秋时期著名的宰相之一，他们到了鲁国专门约见刚刚三十岁的孔子，这也足以说明孔子当时在社会上已经很有名气了。

这年，郑国著名的大夫子产去世，临死前对大叔交代后事说：我死之后，你一定会主管国家大事，只有德行高尚的人用宽松的办法治理国家，才能使老百姓服从，其次最好的办法就是严厉。他还打了比喻说，火看起来猛烈，人看到就害怕，所以被火烧死的人很少；水看起来软弱，人就经常去玩耍，结果被水淹死的人就很多；所以用宽松的办法治理国家很难。大叔执政后，不愿用严厉的办法而是用宽松的办法治理国家，结果郑国盗贼增多，大叔很后悔地说"我如果早听了夫子的话，不至于到现在的地步"。于是发兵杀光了聚集的强盗，盗贼才有所收敛。孔子听说后评价说：政令宽松老百姓就会对政令不重视，不重视就要用严厉来

论穆公霸图

纠正；严厉了老百姓就会受到伤害，伤害了就要宽松来纠正。"宽以济猛，猛以济宽，政是以和"——用宽松救正严厉，用严厉救正宽松，政事才能和顺。孔子还引用《诗经》进一步进行阐述，以"民亦劳止，汔可小康。惠此中国，以绥四方"说明施政宽大；以"毋从诡随，以谨无良。式遏寇虐，惨不畏明"说明以严厉进行纠正；以"柔远能迩，以定我王"说明用和睦平定天下；以"不竞不绿，不刚不柔。布政优优，百禄是遒"说明施政和顺的极点（《左传·昭公二十年》）。从这段记述看，孔子不仅有了自己的治国观点，而且熟悉经典，能够活学活用。

也是这一年，卫国的齐豹、北宫喜、褚师圃和公子朝联合作乱。在杀死公孟絷之前，齐豹告诉给公孟絷担任骖乘的宗鲁不要和公孟絷同车，宗鲁不同意，他说是您的推荐我才得到公孟絷的信任，虽然公孟絷人不好，但他对我有恩，我不能离开他，如果我听说有难就事先逃走，也使您推荐我的话失去了信用。您做您的事吧，我会为您保密，我死在公孟絷那里是理所应当的。当齐豹用戈攻击公孟絷时，宗鲁用背保护公孟絷，

结果被砍掉了胳膊，公孟繁的肩膀也受了伤，最后二人都被杀死。弟子
琴张要去吊唁宗孟，孔子劝阻说：齐豹之所以作乱，公孟繁之所以被杀，
都是因为宗孟，君子不食坏人的俸禄，不接受作乱者的好处，不为私利
而被邪恶所害，不用邪恶对待他人，不掩盖不义的事情，不做不合于礼
的事情，像宗孟这样的人，是不值得去吊唁的。孔子已经用是否合乎道
义和礼，来评论人的行为。

这段记载还说明，三十岁以前，孔子就已经招收了弟子。

鲁昭公二十四年（前518），孔子三十四岁时，又招收了鲁国贵族孟
懿子和南宫敬叔兄弟二人为徒。这年，鲁国执政大夫之一的司空孟僖子
病重，临死前召集大夫们安排后事，告诫家人：死后一定要让两个儿子
去拜孔子为老师学习礼仪。

大夫师事图

孟僖子为什么临死前要安排两个儿子去向孔子学习礼仪呢？这得要
从鲁僖子的经历说起。鲁襄公二十九年（前542），孟僖子接替孟孝伯担
任司空。七年后，他辅助国君出使楚国，途经郑国时，郑简公慰劳鲁昭

公，孟僖子不懂礼仪，不能担任司仪；到了楚国，也不能答谢楚国的郊外慰劳之礼。孟僖子深以为耻，回国后，下决心学习礼仪，只要是懂得礼仪的人他都跟着去学习。他不想让儿子重蹈自己的覆辙，所以临死前遗言让两个儿子去拜孔子为师学习礼仪。孟僖子死后，孟懿子和弟弟南宫敬叔就遵照父命去拜孔子为师，他们是孔子最早的徒弟之一。

孟懿子和南宫敬叔拜孔子为师后，南宫敬叔拜见鲁昭公，请求鲁昭公资助随同孔子去洛邑学习周代的礼乐制度。鲁昭公同意了南宫敬叔的要求，给了一辆车、两匹马和一个仆人。

孔子和南宫敬叔到了洛邑，专门向老子请教周代礼制。老子姓李名聃，曾经担任过东周王室的柱下史、守藏史，管理周朝的档案文献，熟悉周代的礼仪制度。孔子请教了礼仪方面的问题，告辞时，老子对孔子说："聪明神察而常常受到死亡的威胁，那是因为好议论他人的缘故；博学善辩、见识广大而常常遭受危险，那是因为好揭发他人劣行的缘故。"（《孔子世家》）从这段话看，初次相识，老子就了解了孔子，因此才忠言相告。孔子马上恭恭敬敬地说："我听从您的教诲。"但是从孔子后来的所作所为看，他并没有将老子的话放在心上，依然我行我素。

在洛邑，孔子不仅向老子请教了礼仪制度方面的问题，向苌弘学习

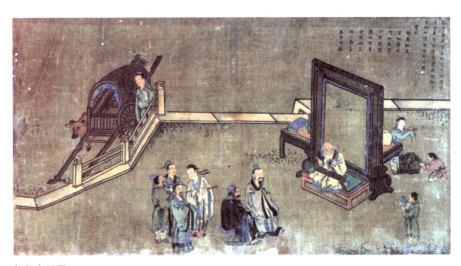

问礼老子图

观周明堂图

了音乐方面的知识，而且还参观了周朝祭祀天地的郊社，考察了周朝明堂的规制，了解了周朝宗庙和朝廷的法度，收获非常大，感叹地说："现在我知道周公的圣德和周朝之所以取得天下的原因了。"

孔子三十五岁时，鲁国发生了一件大事，历史上称作"斗鸡之变"。那时鲁国流行斗鸡，鲁国执政大夫季平子和另一个贵族郈昭伯斗鸡，季平子"芥鸡羽"，有人说是在鸡身上撒上芥子粉，两鸡相斗时可以迷对方的眼，有人说是给鸡套上皮甲，可以减轻对方的伤害；郈昭伯是给鸡按上金属爪子，以增强爪子的攻击力。同样都是作弊，但季平子权高位重啊，他非常生气，不仅责备郈昭伯，还抢占郈氏的土地扩建自己的府第，郈昭伯因此对季孙氏恨之入骨。

春秋时期，鲁国国君也失去了管理国家的权力，国家的权力掌握在季孙氏、孟孙氏和叔孙氏三家大夫的手中，由于他们都是鲁桓公的后代，历史上将他们称作"三桓"。

三桓中的季孙氏担任鲁国司徒，相当于宰相，掌握了鲁国的实际权

景公尊让图

力。季平子四面树敌，因听信叔仲子的谗言与叔孙氏产生了矛盾，因介入臧氏家族内部纠纷与臧昭伯结了仇，因家族内部纠纷与公若失和，因命宗庙舞者到自己家跳舞使襄公举行的国家祭祀无法成礼而犯了众怒，又因四分公室激起国君的仇恨。鲁昭公与儿子公为、公果、公贲联络臧孙氏、郈氏联合出兵，讨伐季孙氏。

事发突然，季平子毫无防备，被围困在府内的武子台上。为救燃眉之急，他先请求到城南沂水边等待国君调查罪过、等候处理，昭公不同意；季平子就请求软禁在自己的封地内，昭公也不同意；季平子最后请求带领五辆兵车逃亡外国，昭公还是不答应；东门氏子家懿伯建议接受季平子逃亡外国的请求，由于季孙氏执政太久，党徒很多，要防备他们的反扑，昭公也不同意，非要杀掉季平子不可。这时形势发生了变化，原来持观望态度的另一个执政大夫叔孙氏首先采取行动，其家臣们知道季孙氏灭亡后下一个被灭亡的就是他们，于是就率领家兵攻打昭公的军队。另一个执政大夫孟孙氏，本来也是持观望态度的，见叔孙氏出兵，也起兵相助，并捕杀了郈昭伯。鲁国的军队本来就在三家的掌握之中，三家联手马上就打败了鲁昭公，鲁昭公没有办法，只好逃亡到齐国。

春秋时期，社会丧失了秩序，虽然有人赞扬说"周礼尽在鲁矣"，就连鲁国都乱成这个样子，大夫们竟然赶走了国君。孔子不得不思考为什么社会出现这样的问题，如何去解决这些问题？孔子看不惯这种礼崩乐坏的局面，在鲁昭公逃亡齐国后，孔子也追随国君到了齐国。

孔子到齐国后，专门去拜见曾经相识的齐景公。齐景公问孔子如何治理国家，孔子回答说："君君，臣臣，父父，子子。"（《颜渊》）对孔子这句话，有的人解释说国君要像国君的样子，臣子要像臣子样子，父亲要像父亲样子，儿子要像儿子样子；对照下面齐景公的话，应该解释为要尽本分。齐景公高兴地说："善哉！信如君不君、臣不臣、父不父、子不子，虽有粟，吾得而食诸？"孔子的话之所以获得齐景公的激赏，恐怕是勾起了齐景公的心事。景公之兄庄公不守君道，与崔杼之妻通奸被崔杼杀死，齐景公即位后，崔杼和庆封执政，不久庆封又杀死崔杼专权，最后田、鲍、高、栾四家大夫联合赶走了庆封。但田氏大斗放债、小斗收债，邀买人心，已显露出取代国君的迹象，所以孔子的话很容易引起齐景公的共鸣。

有一天，齐景公问孔子如何治理国家，孔子回答说，治理国家要节省财力。

晏婴沮封图

孔子的观点很有针对性，齐国三面环海，有鱼盐之利，国家非常富裕，但也奢靡成风。齐景公觉得孔子很有能力，就想重用他，并打算把尼溪的土地分封给孔子。宰相晏婴坚决反对，他劝齐景公说：儒者能言善道，不能用号令来约束；高傲任性，自以为是，不能居于人下；重视丧事，竭尽悲哀，破产厚葬，不能成为风气；四处游说，谋求官职，不能让他们治理国家。自从圣贤下世以后，王室衰弱、礼崩乐坏已经好长时间了，现在孔子却强调仪容服饰，提倡的复杂礼仪几辈子都不能完全掌握，国君想用孔子的办法来改变齐国的风俗，这不是引导百姓的好办法。齐景公听从了晏婴的劝告，放弃了重用孔子的打算，就连以后见到孔子，再也不问有关礼仪的事情了。

过了一年多，齐景公又有了任用孔子的打算，但马上引起齐国大夫们的反对。齐景公一看大夫们反对，就对孔子说"我老了，不能用你了"，再次放弃了重用孔子的打算。虽然齐景公一时放弃了任用孔子的打算，但齐国大夫们仍然害怕齐景公会再次重用孔子，因为重用孔子，就会抢了他们的官位，于是他们就密谋加害孔子。孔子也听到了风声，就匆匆忙忙地离开了齐国，连饭也等不得吃，把正在淘洗的米捞出来就走了，米中的水随着车子洒了一路。这就是孟子所说的"孔子之去齐，接

在齐闻《韶》图

渐而行"(《孟子·万章下》)。

孔子在齐国待了不到两年时间，他一边等待从政的机会，一边学习齐国的文化。他曾经和齐国的乐师谈论音乐，听了齐国演奏的《韶》乐沉醉其中，以至三个月都吃不出肉的香味来——"在齐闻《韶》，三月不知肉味"。他还感叹地说："不图为乐之至于斯也。"(《述而》)——没想到音乐之美能到这样的境地。

四十不惑，洁身自好

春秋时期是中国历史上最为混乱的时期之一，旧的社会秩序被打乱，礼崩乐坏、权力下移、陪臣执掌国家大权，是各诸侯国普遍的现象。鲁国也是大夫执政，家臣掌权。孔子看不惯这种局面，不愿同流合污，洁身自好，一边学习，一边从事教育事业。为了教学的需要，还整理古代文献，编选教材。这段时间，孔子的思想逐渐完善，教育思想、教育方法日益成熟。弟子越来越多，规模越来越大，著名弟子颜回、闵子骞、冉求、子贡、冉雍等人，大约都是这期间投入孔子门下的。

记载这段时间孔子事迹的文献不是很多。大约在孔子四十六岁的时候，孔子带领弟子们到鲁桓公的庙去参观，看到欹器，就

孔子讲学图（明 佚名）

退修《诗》《书》图

问看庙的人是干什么用的，看庙的人说是"宥坐"之器。孔子对弟子们
说：这种器物叫欹器，里面没有水的时候是歪的，水刚好在中间的时候
是正的，水超过中间就会翻过来，聪明的人常常将它放在座位右侧作为
警戒。孔子让弟子们用水一试，果然是这样。孔子借此教育弟子们说：
聪明睿智就要用愚笨来守护，功被天下要用礼让来守护，勇力盖世要
用遵纪守法来守护，富有四海要用谦虚来守护，这就是"损之又损之道
也"，人要时时警戒自己，心存惊惧，谦虚克制。孔子通过一件平常的室

内装饰品，就引发了这样一个大道理。

这段时间内，孔子曾有过从政的机会，但他抵制住了做官的诱惑，绝不与家臣们同流合污。

大约在孔子四十七岁时，季孙氏的总管阳货曾经邀请孔子出来做官。阳货本是季孙氏的家臣，完全掌管了季孙氏的大权。由于季孙氏是鲁国的司徒，阳虎掌管

观敧器图（明 郭诩）

了季孙氏的权力，也就是掌管了鲁国的权力。陪臣执国命，是孔子最为深恶痛绝的，他怎么能到阳货那里去做事呢？

《论语》中详细记载了这件事。阳货想见孔子，孔子不愿见，阳货就心生一计，派人给孔子送去一头小猪。按照礼仪规定，接受人家的礼物，是要登门拜谢的。孔子提倡礼仪，怎么能不去回拜呢？阳货想逼孔子来见他，这一招是够阴的。孔子也有办法，我不想见你，就趁你不在家的时候去拜谢。可是万万没有料到，却在路上碰到了。这是很有戏剧性的一幕，阳货劝孔子出来做官，孔子却不作声，一开始话全是阳货说："来，予与尔言。"一副小人得志的样子，"怀其宝而迷其邦，可谓仁乎"？你孔子不是提倡仁德吗？有一身本领，却听任国家政治混乱，这叫做仁爱吗？孔子不吭声，阳货没办法，只好自问自答："不可。"接着又问："好从事而亟失时，可谓知乎？"——喜欢做事，却一次次错过机会，能说是明智吗？孔子还是不吭声，阳货只好再次自问自答："不可。"接着又劝孔子："日

拜胙遇途图

月逝矣，岁不我与。"——时光一去就再也回不来了，赶快出来做官吧。
阳货三问而不答，孔子觉得这样不够礼貌，最后终于说了一句话："诺。
吾将仕矣！"（《阳货》）孔子虽然说要去做官，但他还是没有去。其实，
孔子并不是不想做官，只是他不想在阳货这样的家臣手下做事罢了。

　　孔子四十不惑，确定了自己的政治目标，那就是恢复西周时期理想
的社会秩序。

五十知天，鲁国从政

　　鲁定公九年（前501），五十一岁的孔子等来了从政的机会，他被任
命为鲁国中都宰——鲁国一个重要城市的行政长官，辖区就在现在山东
的汶上县。孔子上任以后，制定了一系列养生送死的礼节，按照年龄分
配食物，按照身体强弱分配工作。实行一年后，市不二价，男女别途，
路不拾遗，各国都纷纷仿效。

化行中都图

　　鲁定公见孔子治理中都很有成效，第二年就任命孔子担任鲁国的司空，主管鲁国的工程建设和手工业生产。孔子首先区分土地的特性，然后按照土地特性种植不同的农作物，各种农作物都生长得很好。

　　不久，孔子又升任鲁国的司寇，主管鲁国的刑法。

　　定公十年（前500）春天，齐鲁两国修好。夏天，两国国君在两国交界的夹谷举行结盟仪式。鲁定公准备好车辆随从就要去赴会，孔子以司寇身份

司寇像（清人据唐吴道子同名画仿作）

夹谷会盟图

兼办会盟时的礼仪事务，他对鲁定公说："臣闻有文事者必有武备，有武事者必有文备。古者诸侯出疆，必具官以从。请具左右司马。"意思是有外交活动时一定要有军事准备，要带着军队去。鲁定公接受了孔子的建议，事先安排了军队。

齐鲁两国国君以国君相遇的简单礼节相见，相互拱手作揖谦让后登上了会盟台。首先进行了馈赠应酬的仪式，其后齐国官员上前请示演奏四方民族的乐舞，获得齐景公允许，被齐国灭亡了的莱国人手持矛、戟、剑、盾喊叫着拥了上来，企图劫持鲁定公。孔子见状不好，急忙跑过来，由于情况紧急，来不及按照礼仪拾级而上（一只脚先登上一级台阶，等后一只脚登上这个台阶后再去登上一个台阶），而是一步一个台阶地抢先上台，拉起鲁定公就往后退，命令鲁国将士赶快拿起武器上台保护国君，接着又对齐景公说：我们两国国君友好相见，被俘虏的边远之地的夷人怎么敢动武作乱？这可不是齐国国君号令诸侯的方法——"裔不谋夏，夷不乱华，俘不干盟，兵不逼好"，这样做对神是不吉祥的，是违背道义、失礼的，您一定不会这样做。齐景公感到很理亏，挥挥手就让莱人退下去了。

齐国人一计不成又生一计，就演奏宫中的乐舞，杂耍艺人和身材矮小的侏儒开始表演。孔子急忙跑过来，仍然是一步一个台阶地抢先上台，在离台顶还差一个台阶时说：匹夫胡闹迷惑诸侯的论罪该杀，请右司马立刻执行。鲁国右司马按照孔子的命令，腰斩了表演的侏儒。齐景公很害怕，脸上也露出惭愧的脸色。

齐国人此计不成再生一计，要求在盟誓的文书中添加文字说"齐国军队出境打仗，而鲁国不派出三百辆兵车跟随，就像这个盟约"，就是违背了盟约。孔子指派鲁国的兹无还回答说："如果不归还我国汶阳的土地，我国也奉命，也像这个盟约。"

齐国打算设享礼招待鲁定公，孔子不同意。他对齐国大夫梁丘据说：齐国、鲁国的典章制度您为什么没听说呢？事情已经完成了，再举行享礼，是白白辛苦办事人员。而且制度规定，牺尊、象尊不能拿出国门，钟磬之乐不能在野外和奏。举行享礼，备齐了礼乐祭器是违背礼制，不备齐礼乐祭器就不郑重。不郑重，君主就会感到耻辱；违背礼制，名声就不好，您为什么不好好考虑一下呢？享礼是用来显扬德行的，不能显扬德行就不如不办。最终没有举行享礼。

齐景公回国后，责备臣子们说"鲁以君子之道辅其君，而子独以夷狄之道教寡人"，让我得罪了鲁国国君，怎么办？齐国主管的官员说：君子有了过错就用实际行动向人家道歉，小人有了过错就用花言巧语来谢罪，您如果觉得很痛心，就用实际行动表示道歉吧！于是齐景公就按照

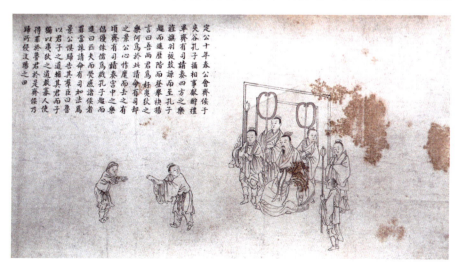

归田谢过图

礼堕三都图

孔子盟会时提出的要求，把以前侵占鲁国的郓、汶阳、龟阴的土地还给了鲁国表示道歉。

力挫强齐，取得外交上的胜利，孔子的地位更巩固了。他要实现自己的理想，削弱专权的大夫，强化国君的权力，重整社会秩序。定公十二年（前498），他向鲁定公建议说：根据礼制，臣子的家中不能收藏武器，大夫的封邑不能建筑高一长、长三百丈的城墙，应该收缴兵器，拆除超过规定的城墙。这个建议有利于加强鲁定公的权威，当然得到鲁定公的支持。于是孔子命令弟子子路担任季氏的总管，开始拆除三家的城堡。

春秋时期，季孙氏、叔孙氏、孟孙氏虽然执掌鲁国的大权，但是频繁的战争和外交活动占去了他们很多时间，三家大夫经常奔走在外，少则一个月，多则半年，甚至被扣为人质在国外一两年都回不了国，加之家臣年久，嗣主年幼，一些权力逐渐被家臣所夺取，城堡反成了家臣的据点。如定公五年，季孙氏的家臣阳虎因与季桓子的宠臣仲梁怀有仇就把仲梁怀抓了起来，季桓子很生气，阳虎干脆把季桓子也囚禁起来，逼迫季桓子签订盟约才把他放出来。

因此，对于拆除都邑，三家大夫的阻力也不大。叔孙氏首先响应，拆除了自己的城堡郈邑。季孙氏也同意拆除费邑，但他的家臣们明白，拆除了费邑他们就失去了立身之地，所以坚决反对。费宰公孙不狃和叔孙辄一不做二不休，率领费邑的人袭击国都。孔子和鲁定公以及三家大夫全部躲进季孙氏的府邸，登上府内的季武子台。公孙不狃等攻进季孙氏府邸，进攻到季武子台侧，孔子命申句须、乐颀率众打败了费人，公孙不狃和叔孙辄逃亡到齐国，终于拆除了费邑。拆除孟孙氏的成邑更加曲折，家臣公敛处父不同意拆除。他对孟懿子说："堕成，齐人必至于北门。且成，孟氏之保障也，无成是无孟氏也。"你就装不知道，我不拆。在孟懿子暗中支持下，公敛处父坚持不拆，从夏天一直拖到了冬天也没有拆除，鲁定公只好亲自出马。十二月，鲁定公派军队包围了成邑，却没有攻下来。最后，拆除三都的计划没有全部实现，但是拆除了两家的都邑，还是增强了公室的力量，削弱了大夫及其家臣的势力，对加强国君的地位还是大有帮助的。

孔子参预国政不久，国家就发生了很大变化。鲁国男人崇尚忠信，女子追求贞顺，贩羊的沈犹氏，再也不敢每天一早就把羊灌得饱饱的去骗人钱财；公慎氏休掉了过去不管不问的淫乱妻子；生活奢侈、违背礼法的深溃氏害怕被治罪，吓得逃离了鲁国。三个月后，贩卖牛马的商人不敢再在价格上骗人，贩卖猪羊的商人不再漫天要价，外地来到鲁国的宾客不论到了哪座城市，都不用再去求助官府，好像到了自己的家里。

鲁国大治图

　　齐国听说孔子治理有方，担心孔子执政下去鲁国很快强盛起来，对齐国形成威胁，于是齐国君臣决定实行离间计，离间孔子和鲁国君臣之间的关系。他们从全国挑选了80名漂亮的女子，穿上华丽的衣服，教会了《康乐》舞蹈；又挑选了长有漂亮花纹的120匹马，一并送给鲁国国君。女乐和马车都陈列在鲁国都城的南门外，季桓子听说后，换上便衣偷偷地到城外看了三次，很想接受下来。但害怕社会舆论，就劝鲁君借口外出视察偷偷看了一天，鲁定公就决定将齐国赠送的美女和宝马都接受下来。

女乐文马图

　　孔子的弟子们听说后非常生气，就劝孔子说："老师您可以走了。"孔子说："鲁国就要举行郊祭大典了，如果祭祀后还是按照礼制将祭祀用的肉分送给大夫们，那我还可以留下来。"季桓子接受了齐国的女乐，一连三天都不去处理国家事务，祭祀后也没有按惯例向大夫们分送祭肉，孔子彻底失望了，于是辞官离开了鲁国。

　　按照离开祖国的规定，孔子当晚住宿在鲁国的边境小邑屯地。鲁国乐师师己去送孔子，对孔子说："先生您是没有过错的。"孔子说："我唱一首歌可以吗？"于是唱道："彼妇之口，可以出走；彼妇之谒，可以死败。盖优哉游哉，维以卒岁。"师己回去后如实向季桓子回报，季桓子长叹一声

因膰去鲁图

说:"夫子罪我以群婢故也夫。"——孔子是怪罪我接受齐国的女乐啊。

孔子主动挂冠而去,表面看起来是季桓子荒淫无道、鲁国君臣已经不可救药,逼得孔子不得不辞官出走,其实这是孔子与三桓大夫矛盾发展的必然结果。孔子从政后,对国君毕恭毕敬,就连进入国君的宫殿大门都要低头鞠躬,这和三桓大夫赶走国君形成了鲜明的对比。这还不算,

敬入公门图

孔子处处、时时、事事维护国君的权威，削弱三家大夫的权力。让三家大夫最不能容忍的，是孔子竟然建议并亲自指挥拆除他们的城堡，事前三家大夫还认为拆除城堡对他们有利，可以清除家臣的势力，但在拆除成邑时，才被公敛处父一语点破：城堡是三家大夫的保障，没有了城堡也就没有了三家大夫。拆除三桓的城堡，表面看是削弱家臣，其实孔子的目的是削弱三桓，加强公室，清醒过来的三桓，能不恼恨孔子吗？孔子也深知与三桓的矛盾已经不可调和，在鲁国已经不可能再继续执政了，不如见机抽身而去。

周游列国，六十耳顺

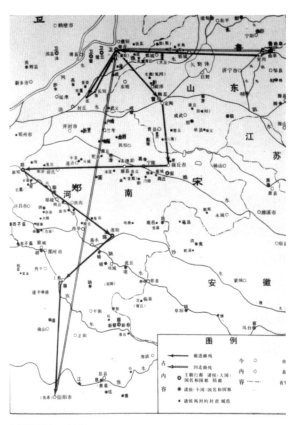

周游列国示意图

之所以把"六十耳顺"放在周游列国的后面，就是因为孔子达到耳顺的境界有一个过程，那就是历经的磨难教育了孔子，使孔子达到什么样的话都能听得进去的境界，而这个过程就是周游列国。

鲁定公十三年（前497）的春天，孔子匆匆忙忙地离开了鲁国，走时连祭祀的礼帽都没摘下来。孔子虽然知道鲁国是不可能再待下去了，但没有料到季桓子会荒唐到连祭祀的祭肉都不送给大夫们！离开鲁国太突然了，孔子毫无准备，也没计划。到什么地方去呢？鲁国的南面是宋国，北面是齐国，西面是卫国，夹谷会盟结怨齐国，当然不能去；宋国虽然是自己祖先的封地，但阔别数代，没有联系，无亲可投。幸好弟子子路妻子的哥哥颜浊邹是卫国有名的贤明大夫，而且卫国当时社会安定，经济富庶，所以孔子决定到卫国去。

孔子在鲁国官至司寇，又以博学著称，加上颜浊邹的推荐，所以一到卫国就受到卫灵公的礼遇。卫灵公得知孔子在鲁国的俸禄是谷子6万斗，也给与同样数量的粮食。但卫灵公是个平庸的君主，对孔子的治国主张没有兴趣，所以对孔子一直养而不用。孔子师徒在卫国没有事情可做，以孔子的性格，他是不会无所事事、饱食终日的，就去交往卫国的官员和名人，了解卫国的历史、文化、风俗等，搜集卫国的历史文献和民歌民谣。孔子师徒本来就是一个很大的团体，人才济济，这就引起了卫国大夫们的担心。他们担心孔子师徒被重用，于是就在卫灵公面前搬弄是非，说孔子的坏话，慢慢就引起卫灵公的怀疑。卫灵公就以照顾孔子的名义派公孙余假去监视孔子。孔子意识到卫灵公怀疑自己了，于是

匡人解围图（明 张楷）

决定尽快离开卫国。这次在卫国只停留了十个月。

孔子离开卫国南下去陈国，路经匡地，颜刻为孔子赶车。颜刻曾经来过此地，就指点着城墙的一个缺口说：上次是从那个地方进去的。鲁国的阳虎曾经祸害过匡地的人，孔子长得又很像阳虎，恰巧阳虎也是从那个豁口进来的，又见他们指指点点，认为阳虎又来了，于是拿起武器将孔子师徒团团包围起来。孔子师徒被包围了五天五夜，弟子们非常害怕，孔子鼓励他们说："文王既没，文不在兹乎？天之将丧斯文也，后死者不得与于斯文也。"意思是说周文王已经死了，周代的文化不就全在我这里吗？上天如果要毁灭这个文化，就不会让我们这些后死的人担负起维护它的责任。"天之未丧斯文也，匡人其如予何？"（《子罕》）——上天要保留这些文化，匡人能把我怎么样呢？最后，卫国的贵族出手相救，孔子师徒才脱离了险境。

孔子在匡地被困，还发生了一个小故事。孔子发现他最喜欢的弟子颜回不见了，非常担心，害怕颜回被害。所以颜回一回来，孔子就说："吾以为汝死矣。"颜回回答得非常巧妙："子在，回何敢死？"（《先进》）老师您还活着，我怎么敢死呢？从这个故事看出，孔子和弟子们的关系非常好，孔子非常关心弟子，弟子们也临危不乱，即使在惊恐之余，仍然改不了幽默风趣的习惯。

孔子师徒到了蒲地，过了一个多月又返回卫国，寄住在卫国著名的大夫蘧伯玉家。

卫灵公夫人叫南子，是宋国人，与宋子朝相好。卫灵公的太子蒯聩出使路过宋国，宋国就有人唱歌说"既定尔娄猪，盍归吾艾豭"——已经满足了你们发情的母猪，为什么还不归还我们那漂亮的老公猪，故意让蒯聩听到。南子派人召见孔子——像南子这样一个名声不好的人，孔子当然不愿意去见，立即推辞，但是南子一定要见，孔子也没有办法。南子虽然名声不好，但她是自己寄住国家国君的夫人，孔子推辞不掉，只好去见。孔子进了门，脸朝北跪拜行礼。南子坐在用细细的葛布做成的帷帐里再拜还礼，还礼时随身佩带的玉环、玉佩等都发出碰撞的清脆响声。事后孔子说"吾乡为弗见，见之礼答焉"——我本来不想见她，既然不得已见了她，就得按照礼节行礼。孔子的弟子子路生性耿直，对孔子去见南子而且行了最高的跪拜礼很不高兴——"子见南子，子路不悦"。孔子解释了一番，子路仍然不高兴，孔子没有办法，只好对子路发誓说："予所否者，天厌之！天厌之！"（《雍也》）意思是说，如果我有不对的地方，上天一定厌弃我！上天一定

子见南子图

厌弃我！上世纪20年代，有人曾经根据这个记载写了个剧本叫《子见南子》，描写孔子与南子眉目传情。孔子真比窦娥还冤，隔着帷幕连南子模样都没看到，却成了偷腥的猫！现在有人也老拿孔子见南子作文章，非说孔子与南子有什么风流韵事，这是大可不必的。孔子为人师表，做人严谨，又有那么多正直的弟子追随左右；而且南子是卫国国君的夫人，能会有这种事情吗？我们不要再恶搞古人，以己之心度他人之腹，还是让古人在天之灵安歇吧。

在卫国住了一个多月，有一天，卫灵公和夫人南子外出，夫妻同乘一辆车，却让孔子在另一辆车上跟在他们后面招摇过市。这可把孔子气坏了，孔子生气地说："吾未见好德如好色者也！"（《子罕》）于是再次离

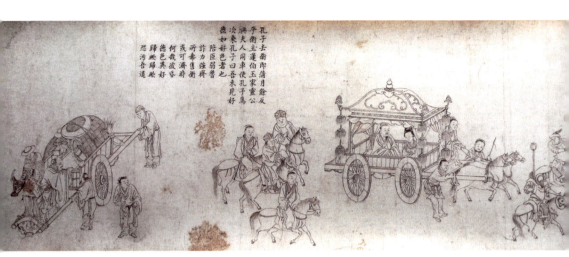

丑次同车图（明 张楷）

开卫国。

　　孔子到了宋国，就得罪了宋国司马桓魋。事情的起因是这样的，桓魋派人用石头为自己建造坟墓，那时的加工工具都是铜制品，铜制工具刻制石头是很难的，所以三年都没有造好。孔子对这种既违背礼制又奢侈无度的行为非常看不惯，就说："像这样奢侈，死了还不如赶快烂掉的好。"这句话不知怎么就传到了桓魋耳朵里，桓魋非常生气，就想找机会报复一下孔子。有一天，孔子和弟子们在一棵大树下演习礼仪，司马桓魋就派人伐掉了大树，给了孔子一个警告：再乱说，这棵树就是你的下场！弟子们催促孔子快走，孔子非常镇定地说："天生德与予，桓魋其如

宋人伐木图（明 张楷）

予何！"（《述而》）上天把道德交给了我，桓魋能把我怎么样！

　　话虽然这样说，但孔子和弟子们还是跑散了，他一个人孤零零地跑到郑国的东门外。弟子们找不到他，就向人打听。一个郑国人告诉子贡说，东门外有个人，累累若丧家之狗，你去看看是不是你的老师。子贡按照这个人的指点，果然在东门外找到了孔子，并把郑国人的话告诉了孔子。孔子一点也不恼，反而笑着说："形状，末也。而谓似丧家之狗，然哉！然哉！"他说的我的形象不一定对，但说我像条丧家狗，是的！是的！大难之后，孔子仍然不改幽默的性格。

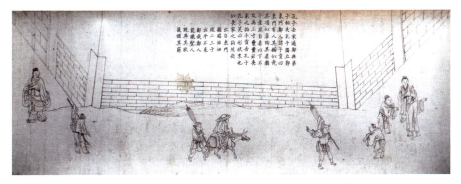

微服过宋图（明　张楷）

　　在郑国难以停留，孔子于是到了陈国，住在司城贞子家里。初到陈国，碰上陈国国君修建陵阳台，工程还没完就杀了几十个人，又要杀三名监工。孔子听说后，就去见陈湣公。与陈湣公一起登上陵阳台，赞叹说："这台真美啊！自古以来，圣明的帝王没有不杀一个人能做成台子的。"陈湣公知道孔子说的是反话，一句话也没说，回去就赦免了那三名监工。但陈湣公对孔子的批评可是耿耿于怀，不久就问孔子：周天子建造灵台杀人没有？孔子回答说："周文王建台时，天下九州已有其六，六州的百姓就像儿子给父亲做事一样来建台，没到预定时间就造好了，哪里还用得着杀人呢？"

　　陈湣公知道了孔子的性格，当然不会重用孔子。孔子周游列国，并非是为了找官做，如果只是找官做，根本不需要在国外待十多年，一个

陵阳罢役图

国家待上三两个月，不就摸清了该国国君的想法了吗？孔子周游列国，除了宣传自己的政治主张外，更重要的目的是游学，到各国搜集文献资料，了解各国的历史和风俗人情。周游列国活动的范围，正是《诗经》十五国风除齐、魏、秦、豳以外十一国和全部三《颂》产生或保存的区域，周游列国为孔子晚年整理古代文献打下了坚实的基础。这从楛矢贯隼就可以得到证明。

有一天，陈国宫廷中落下很多死去的隼鸟，都是被长一尺八寸、由楛木做箭杆、石头做箭簇的箭射死的。陈湣公很奇怪，就派人去问孔子。孔子说：这些鸟是从很远的地方飞来的，射死鸟的箭是肃慎部族的箭。周武王灭商后，通知周边的所有部族都要贡献自己的特产，借此提醒他们不要忘记各自的职责和义务，肃慎部族贡献的就是长一尺八寸、楛木箭杆、石头箭簇的箭。周初分封时，将珍宝玉器分给同姓诸侯，是为了表示重视亲族；将远方部族的贡品分给外姓的诸侯，是为了让他们不要忘记服从周王朝。周武王就把肃慎部族的箭分给了长女太姬，太姬嫁给

楛矢贯隼图

了虞胡公，虞胡公封在陈国，所以肃慎部族的箭就分给了陈国，陈国的仓库中应该还有这种箭。陈湣公马上派人到仓库中找，果然找到了这种箭。从这件事情看，孔子是非常熟悉陈国历史的。

孔子在陈国居住了三年，正是陈国不得安宁的时候，晋楚争霸，轮番攻打陈国，吴国也来攻打，形势十分危险。孔子和弟子们也无法发挥自己的才能，孔子感叹说："回去吧！回去吧！家乡的那些弟子志向高远，卓有文采，我都不知道怎样指导他们了。"于是带领弟子们离开陈国，打算返回卫国。

路过蒲邑，恰巧碰上蒲人叛乱，他们怕孔子到卫国走漏了消息，就将孔子师徒扣押了起来。孔子弟子中的公良孺，带领自家的五辆车子跟随孔子。他身材高大，勇敢有力，又拼命战斗，蒲人害怕了，就对孔子说："如果你们不到卫国去，就放了你们。"孔子答应了他们的条件，和蒲人签订了盟约，蒲人就从东门放走了孔子师徒。孔子一出蒲邑就直奔卫国，子贡问："盟约可以违背吗？"孔子说：在被要挟情况下订立的盟约，神是不会认可的。

因为是卫灵公和夫人南子同乘一辆车，让孔子跟在后面，使孔子感到羞耻生气离开卫国的。孔子这次重返卫国，卫灵公也许觉得上次失礼了，又知孔子曾经过叛乱的蒲邑，所以亲自到郊外去迎接孔子。他问孔子："可以讨伐蒲邑吗？"孔子说："可以。"卫灵公又问："我的大夫们认为不可以。现在蒲邑是防卫晋国、楚国的屏障，如果我们卫国的军队去攻打他们，恐怕不可以吧？"孔子回答说："蒲邑的男子有誓死保卫卫国的决心，妇女有保卫西河的志向，所讨伐的不过四五个带头叛乱的人罢了。"卫灵公认为很好，但最后却没有出兵。

此时卫灵公已经老了，他懒于处理国事，也不任用孔子。孔子周游列国，一方面是到处宣传自己仁政德治的政治主张，一方面是寻找推行自己政治主张、实现自己政治抱负的机会。但是在外风尘仆仆地奔波了这么多年，一无所成，孔子感叹地说："苟有用我者，期月而已可也，三年有成。"（《子路》）孔子虽然自视很高，但是没有哪个君主肯重用他。

在卫国闲暇的时候，孔子就击磬奏乐。一天，一个背着筐子的人路过孔子的门口，听到从门里传出的乐声就说："有心思啊！"听了一会，

灵公郊迎图

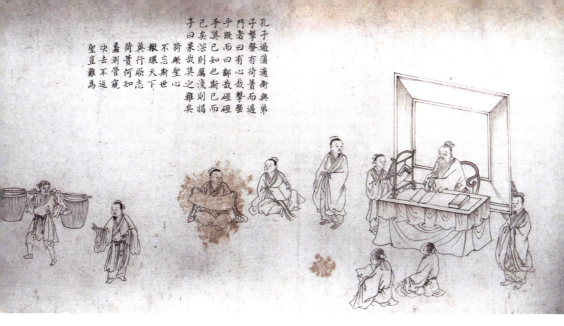

他又说："可鄙啊！磬声硁硁。没有人了解自己就算了！"他还引用《诗经》说："深则厉，浅则揭。"——水深的话，就穿着衣服淌过去；水浅的话，就撩起衣服走过去。孔子听到了他的话，就说："果哉！莫之难也。"（《宪问》）——这个人太坚决了！是没有办法说服他的。

在卫国无事可做，孔子想到晋国去见赵简子寻找机会。刚到黄河边，就听说窦鸣犊和舜华被杀的消息，于是放弃了去晋国的打算。孔子在河边叹息说："美哉水，洋洋乎！丘之不济此，命也夫！"子贡不理解，就上前去问："您这是什么意思哪？"孔子回答说：窦鸣犊、舜华都是晋国有才有德的大夫，赵简子没有得志的时候必须依靠这两个人才能从政，等他得志了，就杀了这两个人单独执政。君子忌讳伤害同类，我怎么能

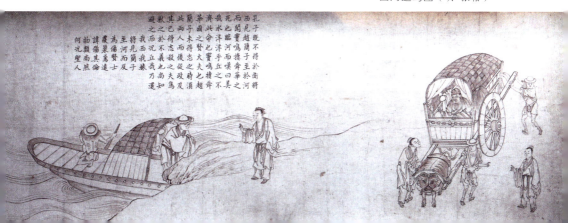

去晋国呢?

回到卫国,孔子仍然经常去见卫灵公。有一天,卫灵公问孔子带兵打仗的事情。孔子反对战争,就回答说:"俎豆之事则尝闻之矣,军旅之事,未之学也。"孔子明白了,第二天就离开卫国,再次去了陈国。

灵公问陈图

鲁哀公三年(前492)秋天,季桓子病重中乘车巡察鲁国都城,感慨地说:"过去这个国家就要兴盛了,因为我得罪了孔子,孔子离开了鲁国,所以没有兴盛起来。"对儿子季康子说:"我死后你一定要召回孔子。"季桓子死后,季康子执政,办完丧事,就想召回孔子,大夫公之鱼劝他说:"从前国君曾重用孔子,但没有善始善终,最后被诸侯耻

鲁国故城城墙
在今山东曲阜老城南。

笑。现在您再次任用他，若再不能善始善终，会再次招来诸侯耻笑的。"
季康子动摇了，就问："那召回谁为好呢？"公之鱼劝他召回冉求，于是
季康子派人去召冉求。冉求将要回国时，孔子对他说："这次召你回去，
不是小用你，而是要重用你。"并且感叹地说："归乎！归乎！吾党之小
子狂简，斐然成章，吾不知所以裁之。"子贡知道孔子也想回去，在送冉
求回去的时候说：回去一受到重用，就赶快请老师回去。

　　哀公四年（前491），孔子从陈国到蔡国。第二年，又从蔡国到了楚
国的叶邑。叶公向孔子请教为政的道理，孔子告诉他，为政的道理在于
让附近的百姓高兴，使远方的人归附（《子路》）。有一天，叶公向子路
问孔子的为人，子路没有回答，孔子对子路说："女奚不曰其为人也发愤
忘食，乐以忘忧，不知老之将至云尔。"（《述而》）历经磨难的孔子，仍
然是志气昂扬。

　　孔子离开叶邑返回蔡国，途中找不到渡口，看到两个人在并肩耕地，
就派子路前去打听。长沮问子路："那个拉着缰绳的人是谁？"子路说：
"是孔丘。"长沮又问："是鲁国的孔丘吗？"子路回答说："是的。"长沮
就说："他知道渡口。"桀溺问子路："你是谁？"子路说："我是仲由。"
桀溺说："你是孔丘的徒弟吗？"子路说："是的。"桀溺说："像洪水一样

子路问津图（明　张楷）

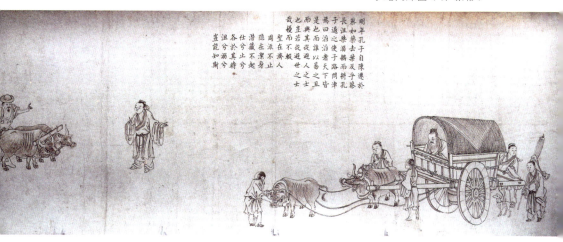

问津书院
相传子路问津处，宋代创建书院，在湖北武汉市新洲区。

的坏东西到处都是，你们和谁去改变它呢？与其跟着孔丘那种逃避坏人的人，你为什么不跟着我们这些逃避这个黑暗社会的人呢？"说完，继续种他的地。子路回来把整个过程告诉了孔子，孔子失望地说：我们不能和飞禽走兽合群共处，如果不同人打交道又同谁打交道呢？如果天下有道，我就不会从事改革了（《微子》）。

有一天，子路掉了队，就问一位除草的老人说："您见到夫子没有？"老人说："四体不勤，五谷不分，孰为夫子？"把拐杖插在地上继续拔他的草。子路一听是个有见识的人，就不敢再说话，拱手站在一边。天晚了，老人就留下子路住宿，又杀鸡又做饭，招待子路。第二天，子路找到孔子，把昨天的经过诉说了一遍。孔子听后说："这是个隐居的高人。"并派子路回去寻找，但那人已经不见了。子路回来说：不出仕做官是不合道义的，长幼之间的礼节是不能废弃的，君臣之间的大义怎么能废弃呢？隐居不仕只想洁身自好，却乱了人间大伦；君子出仕做官，是为了尽自己应尽的义务（《微子》）。

孔子到蔡国的第三年，楚国派人去请孔子。陈国、蔡国的大夫们听说楚国邀请孔子，害怕楚国重用孔子后楚国强大了对自己的国家不利，就派人把孔子师徒包围在旷野里。孔子师徒七天七夜都没有吃上饭，弟子们饿得都爬不起来了，但孔子仍然不停地给弟子们讲学、弹琴唱歌。

在陈绝粮图（明 张楷）

子路受不了了，气呼呼地去见孔子，开口就问：君子也有困窘的时候吗？孔子见子路脸色不好，就开导他说：君子在困窘的时候能够坚守，小人却会什么样的坏事都做得出来（《卫灵公》）。

　　孔子知道弟子们心中不高兴，需要赶快教育他们。他先把已经形之于色的子路叫来，先引用《诗经》中"匪兕匪虎，率彼旷野"两句诗，然后问子路：我们为什么会落到这种地步？子路认为："可能是我们的仁德还不够，所以人家不信任我们；想必是我们不够明智，所以人家不

弦歌台

放我们走。"孔子说："是这样吗？如果有仁德的人一定能使人信任，怎么能有伯夷、叔齐呢？如果明智的人一定能行得通，怎么能有王子比干呢？"

子路退出以后，孔子把子贡叫进来，也问他相同的话。子贡说："老师的学问博大到了极点，所以天下没有一个国家能容纳得下您，您为什么不稍微降低一下您的标准呢？"孔子教育他说："有修养的人能创建自己的学说，却不一定能为世人所接受。现在你不去完善你的学说，却降格去追求世人的接受，你的志向不够远大啊！"

子贡走了以后，孔子又把颜回叫进来，也问他相同的话。颜回说："老师的学问博大到了极点，所以天下不能容纳。虽然这样，老师您仍然推行自己的学说，不被接受没什么妨碍，不被接受才能显出君子的本色！"颜回的一席话使孔子非常高兴，赞许地说，有这样的话么！颜家的小子，如果你发了财，我给你当管家（《孔子世家》）。你看孔子多么幽默，在这种危险的情况下他还和弟子开玩笑。

子西沮封图

后来，孔子派子贡到楚国去，楚国派军队迎接，孔子师徒才幸免于难，来到楚国。

　　楚昭王想封给孔子方圆七百里的地方，宰相子西不同意。他问楚昭王说：大王的使臣有比得上子贡的吗？昭王说没有。又问：大臣有比得上颜回的吗？昭王说没有。再问：将帅有比得上子路的吗？昭王说没有。最后问：办事官员有比得上宰予的吗？楚昭王还是说没有。子西说：楚国的祖先在周朝受封，名义上是子爵，其实土地跟男爵相同，只有方圆50里。现在孔丘讲述三皇五帝的制度，宣传周公、召公辅佐天子的功绩，大王如果任用孔子，那么楚国怎么能够世世代代保有方圆数千里的土地呢？当年文王在丰邑，武王在镐京，只有百里的君主，最终却统治了天下。现在如果让孔丘拥有了七百里的土地，加上有才能的弟子们辅佐，这可不是楚国的福气啊！楚昭王听从了子西的劝告，打消了原来的想法。

　　孔子在楚国没有得到任用，也没有立即离开。有一天，一个楚国人唱着歌从孔子车边走过："凤兮凤兮，何德之衰。往者不可谏，来者犹可追。已而！已而！今之从政者殆而。"（《微子》）劝孔子赶快离开楚国。孔子急忙下车，想和他交谈，但他却立即躲开了。这年秋天，楚昭王死在了城父，孔子知道在楚国是没有希望了，于是又返回了卫国。

楚狂接舆图

币迎归鲁图

　　哀公十一年（前 484），齐国进攻鲁国，冉求担任了季孙氏的统帅，打败了齐国军队。季康子问冉求的军事才能是学来的还是天生的，冉求回答说是从孔子那里学来的。季康子就决心派人去接回孔子，于是孔子返回了鲁国。

　　孔子五十五岁周游列国，六十八岁时返回鲁国，在外奔波了 14 年，历经磨难，先后到过卫、曹、宋、陈、蔡、楚大小近 10 个国家，到处宣传自己的政治主张，寻找施展自己政治才能的机会，但没有一个国君肯采用他的主张，给他一个实现自己政治抱负的机会。

从心所欲，赍志而终

　　周游列国归来的孔子，虽然已经垂垂老矣，但历经磨难，并没有改变他的本性，仍然坚持自己的政治主张。

不对田赋图

季康子想实行名为田赋的征税方法，派冉求去征求孔子的意见，孔子可能认为季康子要重用自己，不愿与季康子发生正面冲突，就以不懂回答。冉求问了三次，孔子都不表示意见。冉求说："您是退休的大夫，国家等待您的意见办事，您为什么不发表意见呢？"孔子仍不表态，私下对冉求说："君子办事情要用礼来衡量，施舍要多，办事要适中，赋敛要少。如果这样，按原来的办法就足够了。如果贪得无厌，即使按照新的方法征税也还是不会够

洙泗书院

相传为孔子晚年整理文献和教学处，汉代名讲堂，元代改称洙泗书院。

的。"用田赋的方法比鲁国原来实行的丘法增加了税收，加重了税收剥削，这是孔子一向反对的。可能考虑到刚回鲁国，也许对季康子有所期待，所以孔子不想同季康子正面冲突，只是私下表示不同意见，想通过冉求向季康子转达自己的意见。但是，季孙氏没有听取孔子的意见，仍然实行田赋法收税。孔子大为恼火，他不想公开反对季康子，就把一腔怒火发泄在帮助季康子的冉求身上，公开宣称冉求不是自己的弟子，鼓动弟子们敲着鼓去讨伐他（《先进》）。孔子虽然没有正面攻击季康子，但季康子也知道孔子不是自己的同路人，也就不会再考虑重用孔子了。

鲁国不能再用孔子，孔子也失去了从政的热情。他知道，自己的政治理想已经不可能在自己手中实现了，只能寄希望于自己的弟子，寄希望于后世，所以他将自己晚年的精力放在了教育弟子和整理古代文献上，将自己的思想寄托在自己的著述中。

孔子晚年集中精力整理古代文献，他删编了《诗经》和《尚书》，修

删《诗》正《乐》图（明 张楷）

订了《礼》和《乐经》，为《周易》撰写了《系辞》，根据鲁国历史文献撰写了《春秋》。这六部书被后人称作"六经"，除《乐经》没有流传下来，其他五部都流传下来了，被称作"五经"，成为了教科书。孔子对古代文献的保存，做出了重大贡献。

古人说：人生有三不幸，少年丧父，中年丧妻，晚年丧子，孔子可以说是三不幸都占全了。他

孔鲤墓
墓在孔林孔子墓东侧。

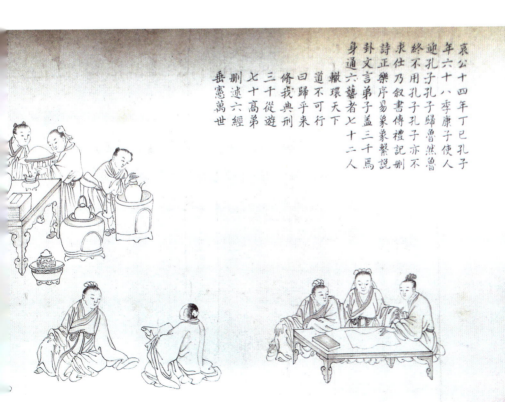

哀公十四年丁巳孔子年六十八季康子使人迎孔子孔子归鲁然鲁终不用孔子孔子亦不求仕乃叙书传礼记删诗正乐序易象象系说卦文言易象系说诗正乐序易象象系说身通六艺者七十二人辙环天下道不可行曰归乎来吾党之小子狂简斐然成章修我典刑三十从遊七十高弟删述六经垂宪万世

颜回墓

墓在今山东曲阜城东颜子林内。

子路祠

祠在今河南濮阳。

三岁丧父；去世前四年死去了独生子孔鲤；妻子虽然不算是中年时去世，但是孔子从五十五岁离开鲁国后再也没有见到她，在周游列国回来的前一年也就是孔子六十七岁的时候去世了。除了人生三不幸，孔子还有更多的不幸，那就是许多年轻优秀的弟子先他而去。

七十一岁时，孔子最喜爱的弟子颜回去世了。颜回去世时只有四十二岁，白发人送黑发人，孔子哭得非常悲痛，连呼："天丧予！天丧予！"弟子们说："老师不要太悲痛了！"孔子说："有恸乎？非夫人之为恸而谁为？"（《先进》）

第二年，忠心耿耿的子路死在了卫国的政变中。打仗时，他被人砍断了帽带，他说"君子死，冠不免"，于是放下武器结帽带子，结果被人砍成了肉酱。孔子听说子路被砍成了肉酱，害怕睹物生情，马上派人倒掉了厨房里的肉酱。

孔子晚年不顺心的事也不少。鲁哀公十四年（前481）一年，就有两件事：一是春天鲁国打猎打死一头怪兽，孔子听说后专门去看，他说"这是麒麟啊！"麒麟是一种瑞兽，只有在政治清明、社会安定的时候才会出现，现在是乱世，麒麟出现后就被杀害了，孔子认为天下清平无望，彻底绝望了，连正在编写的《春秋》也停笔不写了。

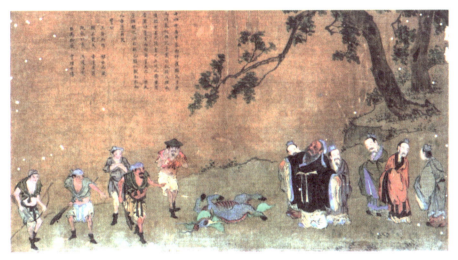

西狩获麟图

二是齐国的臣子陈恒杀死了齐国国君，孔子认为这是大逆不道的大事，于是斋戒三天，请求鲁哀公出兵讨伐，鲁哀公认为鲁国打不过齐国；孔子认为齐国有一半人不支持陈恒，加上鲁国就能战胜他。鲁哀公没有办法，就说你去告诉三家大夫吧。孔子一看没有希望了，就从鲁公的宫殿里退了出来，对别人说："因为我曾是一个大夫，所以我不敢不报告，国君却让我去告诉那三个人。"孔子虽然很不满，但还是去告诉了三家大夫，三家大夫也不同意，孔子对别人也说："因为我曾是一个大夫，所以我不敢不报告。"（《宪问》）

鲁哀公十六年（前479）四月，孔子的病已经很重了。子贡前来看

沐浴请讨图

望，孔子正拄着拐杖在门口散步，他看到子贡就说："你为什么来得这么
晚？"然后长叹一声唱起了歌："泰山颓兮！梁柱折兮！哲人萎兮！"一
边唱歌一边流泪，并对子贡说："天下失去正道已经很久了，没有人采用
我的主张。夏代人的棺材停放在东边的台阶旁，周代人的棺材停放在西
边的台阶旁，殷代人的棺材停放在两个柱子之间。昨天晚上我梦见自己

梦奠两楹图

坐在两个柱子之间接受祭奠，我是殷代的后裔啊！"孔子觉得自己快要死了。七天后，孔子就去世了。去世这天是周代历法的四月己丑，也就是夏历的二月十一日。

孔子去世后，鲁哀公曾亲自吊唁孔子，其诔词说："旻天不吊，不慭遗一老，俾屏余一人以在位，茕茕余在疚。呜呼哀哉！尼父，无自律。"意思是老天不怜悯，不留下这个老人，使他保护我在位治国，孤零零的我内心痛苦。呜呼哀哉！孔子，我没法控制自己！子贡听了哀公的诔词后说："国君恐怕不能在鲁国寿终正寝吧。老师孔子曾经说过：'礼失则昏，名失则愆。'活着的时候不能任用，死了以后却致词悼念，这是不合礼仪的。自称'一人'，这是不合名分的。国君这两方面都错了。"事实证明，子贡的判断是正确的，十一年后，鲁哀公被三桓所逼逃往越国。第二年，客死在那里。

孔子去世后，弟子们将他埋葬在曲阜城北的泗水南岸。弟子们守丧三年，然后洒泪告别。其后，弟子们散布于各国，将孔子思想也传播到各地。

孔子的一生，是追求知识的一生，诲人不倦的一生，济世救民的一

治任别归图

孔子墓
墓在今山东曲阜孔林内。

孔林
孔子及其子孙的墓地。

生，百折不挠的一生，努力奋斗的一生。正因为他具有高尚的品德和完美的人格，所以才被后人尊为万世师表。

博大精深的思想体系

孔子、颜回、曾参三圣像（明 佚名）
衣服上写满了《论语》。

孔子虽然出生在一个衰落的武士家庭里，家境贫寒，但他不甘沉沦，自幼潜心向学，以食无求饱、居无求安的精神，学无常师、不耻下问的学习态度，好古敏求，学而不已，一生如饥似渴地追求知识，终于使自己成为知识渊博、多才多艺的文化巨人。

孔子以济世化民为己任，积极入世，力图干预社会、改造社会。他主张仁政德治，提倡教化，反对苛政，主张轻徭薄赋，减少刑罚，建设"天下为公"的大同世界和"刑仁讲让"的小康社会。虽然治理鲁国小试牛刀，取得一定的成效，但壮志难酬。他兴学设教，对传统思想文化进行整理、总结，融会贯通，创立了博大精深的儒家思想体系，成为我国乃至世界历史上最伟大的思想家、政治家、教育家。

确如孟子所说，孔子"集古圣先贤之大成"。他既是既往历史思想文化的集大成者，又是新思想文化的开创者。他所创立的儒家思想体系，广博精深，包括哲学、政治学、伦理学、教育学、经济学、管理学、史学、文艺学、法学、美学、军事学等许多领域。

哲学思想

孔子虽然自称"述而不作"，但事实上却开创性地基本建立了一个包括世界观、天命观、认识论、方法论在内的哲学思想体系。孔子的哲学思想与西方哲学不同，不是进行纯哲学的研究，而是将哲学与政治、思想、文化、社会和伦理道德等社会科学和自然科学紧密结合起来，通过对政治、思想、文化、社会和伦理道德等社会科学和自然科学的历史研究和实际观察，又归结于政治、思想、文化、社会和伦理道德等社会科学和自然科学的实践，功利性非常强，所以德国哲学家黑格尔说："孔子只是一个实际的世间智者，在他那里，思辨的哲学是一点也没有的，只是一些善良的、老练的、道德的教训。"（黑格尔《哲学史讲演录》第1卷，商务印书馆1981年版，第119页）这固然是西方哲学家对东方哲学的偏见，但也不可否认，孔子的哲学思想确实缺少思辨。这主要是由孔

退修《诗》《书》图
首创私学就是孔子顺应社会发展的举动。

子述而不作和弟子记录孔子言论过于简练造成的。虽然如此，要知道孔子早于黑格尔 2300 多年，孔子的思想也就非常难能可贵了。

世界观

孔子的世界观尚未形成完整的体系，但是从他的言论中可以看出，他认为世界是在不断发展变化的，要顺应客观规律，已具有唯物辩证的成分。

孔子认为，世界是在不断地变化的，社会制度也在不断地变化，这种变化不是虚无缥缈的，而是可以推知的。弟子子张问：十世以后的事情能够预知吗？孔子说："殷因于夏礼，所损益可知也；周因于殷礼，所损益可知也；其或继周者，虽百世可知也。"（《为政》）社会制度的变化是可以预知的，殷商的礼仪继承了夏朝的礼仪，其增减是可知的；周朝的礼仪继承自殷商，其增减也是可知的；以后继承周朝的礼仪，即使是百世以后也是可以推知的。损益就是对旧的制度进行增减，适合的就保留，不适合的就废弃，不足的就创新。

在对历史的损益中，孔子一是主张要继承优秀的文化。"行夏之时，乘殷之辂，服周之冕；乐则《韶》舞，放郑声，远佞人。郑声淫，佞人殆"（《卫灵公》）——用夏代的历法（现在我们仍然把阴历称作夏历），商朝的车子，周朝的礼服，舜和周武王的音乐，舍弃郑国的音乐，斥退小人，因为郑国的音乐靡曼淫秽。二是主张变化要合理。"麻冕，礼也；今也纯，俭，吾从众"（《子罕》）——按照制度规定，礼帽应该是麻料的，现在都用丝料，虽然不合乎礼制，但节省费用，我随从大家的做法；"拜下，礼也；今拜乎上，泰也；虽违众，吾从下"——礼仪规定，拜揖应该在堂下，现在都改在堂上，倨傲不敬，虽然与众人不同，但我仍然坚持在堂下拜揖。前者节约，有利民生，变化是合理的，可以采用；后者无益民生，却倨傲不敬，就没有必要改变。

孔子不仅跟随时代的变化，而且敢为人先，改变社会。他首创私学，打破学在官府的传统，将教育扩展到民间，主张有教无类，不分富贵贫贱，对青年一并进行教育。更难能可贵的是，孔子认为社会在发展，后人一定会超过前人，即"后生可畏，焉知来者之不如今也"（《子罕》）。

天命观

在孔子以前的中国传统思想中，"天"是自然和社会的最高主宰，"命"是自己无法控制的异己力量。即使到了春秋时期，人们仍然认为天主宰着一切，支配着人的命运，鬼神也可祸福人类。受时代的影响，孔子也谈论天，谈论天命，谈论鬼神，但他重人道，轻天道，主张对鬼神敬而远之。更难能可贵的是，孔子敢于同命运抗争，"知其不可而为之"——明明知道做不到，但还要努力去试一试。

孔子很少谈论天，子路就说："夫子之文章可得而闻也，夫子之言性与天道不可得而闻也。"（《公冶长》）在《论语》中，孔子仅9次谈到天，如果把孔子谈的天分类的话，可以分作两类：一是无意识的自然天："天何言哉？四时行焉，万物生焉。天何言哉！"（《阳货》）二是具有意志的人格神：王孙贾问"与其媚于奥，宁媚于灶"的意思时，孔子说："获罪于天，无所祷也。"（《八佾》）没人了解自己时，孔子说："不怨天，不尤

人，下学而上达，知我者其天乎。"（《宪问》）孔子病重时，弟子子路违背礼制事先组织治丧班子，孔子病好后批评子路说："吾谁欺？欺天乎？"（《子罕》）在这里，天作为人格神的意志并不强。具有强烈意志的人格神，都是出现在艰难困苦时。"子见南子，子路不悦。夫子誓之曰：'予所否者，天厌之！天厌之！'"（《雍也》）"颜渊死，子曰：'噫！天丧予！天丧予！'"（《先进》）匡地被围，孔子说："文王既没，文不在兹乎？

接舆狂歌图
孔子明知改革社会的主张行不通，但他仍极力进行宣传。

天之将丧斯文也，后死者不得与于斯文也；天之未丧斯文也，匡人其如予何？"（《子罕》）桓魋伐树威吓孔子师徒时，孔子说："天生德与予，桓魋其如予何？"分别是孔子在困难、痛苦、最需要依靠的情况下发出的呼喊。在这里，天是有意志、能赏罚的人格神，能给孔子以心灵的慰藉、精神的力量，鼓舞孔子去斗争，但孔子对天并不相信。子贡认为孔子是"固天纵之将圣，又多能也"时，孔子说自己是"少也贱，故多能鄙事"（《子罕》），并不承认自己是天生的圣人。虽然他自认为"天生德于予"，老天给了我这样的品德，桓魋能把我怎么样，但当宋人伐树警告时，孔子还是选择了躲避。

杏坛

　　《论语》说"子罕言利，与命与仁"（《子罕》），孔子很少谈论命运，但并不是不谈。孔子也谈论命，论命也可分作两类：一类是人类可以掌握的自然界的客观规律："不知命，无以为君子"（《尧曰》），"君子有三畏：畏天命，畏大人，畏圣人之言。小人不知天命而不畏也"（《季氏》）。结合孔子的"四十而不惑，五十而知天命"来看，天命并不是冥冥之中不可把握的一种神秘的主宰力量，而是人类可以掌握的自然界的客观规律；一类是神秘的主宰力量："命矣夫！斯人也而有斯疾！"（《雍也》）"道之将行也与，命也；道之将废也与，命也；公伯寮其如命何！"（《宪问》）前者是探望病重将亡的好弟子冉耕时发出的无可奈何的哀叹，后者是听到公伯寮在季孙氏面前毁谤子路时显示的气愤。不论是天还是命，都是孔子心情不好时才去谈论的问题。在命运方面，孔子的可贵之处在于敢于同命运抗争——"知其不可而为之"（《宪问》）。他抛弃荣华富贵周游列国，到处宣传自己的政治主张，寻求实现自己政治抱负、改善社会的机会，以至于颠沛流离、饱受困苦而不悔，"天下有道，丘不与易也"（《微子》），天下无道，即使自己做不到，也要努力去改革。

《论语》说："子不语怪力乱神。"（《述而》）孔子很少讲鬼神，他重人事，轻鬼神，所以当弟子子路问如何侍奉鬼神时，孔子回答："未能事人，焉能事鬼？"问死时，回答："未知生，焉知死？"（《先进》）孔子对鬼神采取的是不相信的态度，主张"敬鬼神而远之"（《雍也》），这在认为鬼神掌管吉凶、可以祸福人类的春秋时期是难能可贵的。对于祭祀，孔子虽然要求"祭思敬"，但对祭祀的态度是"祭如在，祭神如神在"，"吾不与祭，如不祭"（《八佾》），对自己不能主持的祭祀是不会请别人代办的，因为"非其鬼而祭之，谄也"。墨子对儒家鬼神和祭祀的态度看得非常清楚，看法很精辟，"儒者执无鬼而学祭"——不信鬼神却学习祭祀礼仪。孔子不相信鬼神却主张祭祀，这是因为祭祀祖先是为了教育活着的子孙，增强宗族团结；祭祀神灵则是感谢有功于后人的先人，如教民稼穑的神农、发明车船的黄帝以及造福于社会的尧、舜、禹、汤等，这些祭祀与民间的祈福活动是有质的差别的。

孔子对天、天命、鬼神的态度是有矛盾的，造成这种矛盾的原因，

子路问津图

是当时社会的天命观、鬼神观念非常强烈，孔子要改造社会，必然会涉及社会的各个方面，必然涉及社会上流行的天、天命、鬼神观念，虽然孔子言语中多次涉及，但他并不那么相信。一部中国思想史，主要探讨人生社会而少讲天命，多讲人事而少讲鬼神，只谈生不谈死，只讲改善社会、修养品德而不讲灵魂不灭，这不能不说是孔子的功劳。

西方哲学的奠基者，是比孔子晚出生 82 年的苏格拉底（前 469—前 399），他提出了欧洲哲学史上唯心主义的目的论，认为一切都是神所创造和安排的，体现了神的智慧和目的。最有知的是神，知识最终从神而来，真正的知是服从神。苏格拉底造就了西方重视宗教的文化特质，而孔子造就了中国重视思想的文化特质，孰优孰劣，只要对比就很容易分辨出来。

认识论

哲学的根本问题，是存在与思维的关系问题，也就是认识的来源问题。孔子虽然把人分为"生而知之""学而知之""困而学之""困而不学"四等，但他从未推许过谁生而知之，也不承认自己生而知之，而是主张通过学习认识事物、了解事物。

孔子曾将人分为四等："生而知之者上也，学而知之者次也，困而学之又其次也，困而不学，民斯为下矣。"（《季氏》）世界上似乎有生来就有知识的人，但是在所有的文献中，孔子推崇过的人物虽然很多，但并没有一个被他推许为生而知之。对于自己，他也不承认是"生而知之"——"我非生而知之者，好古敏以求之者也"（《述而》），强调自己不是生而知之的人，而是爱好古代文化并勤奋地去追求的人。大宰问子贡说："夫子圣者与！何其多能也？"子贡说：老师是上天降下的圣人，所以才多才多艺。孔子听说后却不认同："大宰知我乎？吾少也贱，故多能鄙事。君子多乎哉？不多也！"（《子罕》）

孔子没有专谈认识论的言论，但他提倡的学习方法、观察分析事物的方法，却是合乎认识事物规律的。

职司委吏图

　　学习的方法：一是"每事问"。多问，多看，多听；二是随时随地向他人学习。"三人行必有我师焉"，"见贤思齐焉，见不贤而内自省也"；三是向有专门知识的人虚心求教。孔子就曾访官于郯子，学琴于师襄，访乐于苌弘，问礼于老子；四是专心学习。孔子在齐闻《韶》后，三个月都尝不出肉的香味来；五是刻苦学习。孔子研究《周易》，韦编三绝；六是学习要追根求源。孔子学琴师襄，反复练习，一直到弄清作曲人的志向、乐趣、形象才停止；七是学习触类旁通，举一反三。"闻一知十"，"下学而上达"，懂得一件事，可以推演而知十件事，学习基础的知识，可由此进而领会高深的道理，此即理性演绎的方法。孔子观敧器，就领悟出满招损、谦受益的道理；八是学思结合。"学而不思则罔，思而不学则殆"（《为政》）。思考要建立在已有知识的基础上，否则即为空想——"吾尝终日不食，终日不寝，以思，无益，不如学也"（《卫灵公》）。孔子的这些言论，已经接触到感性认识和理性认识的关系问题，而且相当重视理性认识；九是对知识采取实事求是的态度："知之为知之，不知为

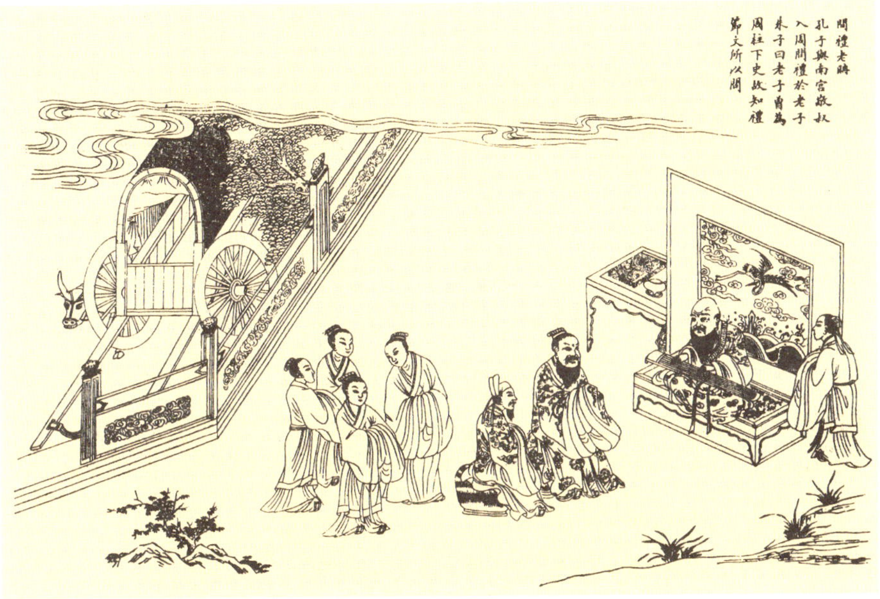
問禮老聃
孔子與南宮敬叔
入周問禮於老子
朱子曰老子曾為
周柱下史故知禮
節文所以問

问礼老聃图

不知，是知也”（《为政》），不能不懂装懂。“子绝四：毋意，毋必，毋固，毋我”（《子罕》），不平空猜测，不绝对肯定，不固执己见，不唯我独是。

观察分析事物的方法：一是对感性认识要持存疑、审慎的态度。孔

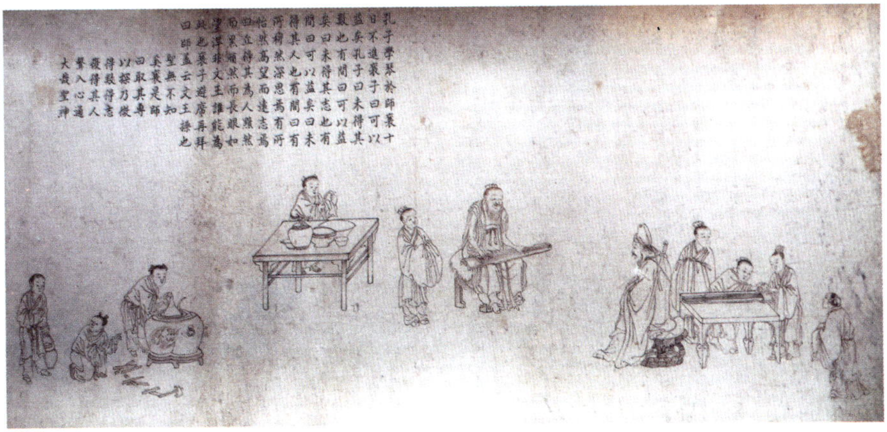

学琴师襄图

子说:"多闻阙疑,慎言其余,则寡尤;多见阙殆,慎行其余,则寡悔。"(《为政》)多听,对有怀疑的地方加以保留,谨慎地说出自信无疑的部分就能减少错误;多看,对有怀疑的地方加以保留,谨慎地实行自信无疑的部分,就能减少后悔;二是要进行分析。"法语之言能无从乎?改之为贵;巽与之言能无说乎?绎之为贵"(《子罕》),合乎原则的话能不顺从吗?改正错误才可贵;顺从己意的话能不高兴吗?分析一下才可贵;三是要综合考察。了解一个人要考察他的行动、方式方法和事后的心情,这样就不会被他所欺骗(《为政》);了解一个人不仅要听他说的话,而且还要考察他的行动——"始吾于人也听其言而信其行,今吾于人也听其言而观其行"(《公冶长》)。

上述分析不难看出,孔子认为知识是可以而且必须通过学习才能得到的,他的认识论比西方的哲学家要高明得多。在认识论方面,苏格拉底提出"自知自己无知"的命题,认为只有放弃对自然的认识、承认自己无知的人,才是聪明的人。最有知的是神,知识最终从神而来,真正

读《易》有感图

的知是服从神。另一个哲学大师柏拉图（前384—前322）认为，真正的知识是对理念的认识，是人出生以前灵魂早就具有了的；但在灵魂投生到人体以后，由于肉体的玷污，它被暂时忘却。人们要得到知识，只需要唤起自己的灵魂对理念的回忆。人活着的时候，因感官的束缚，使他不能很好地回忆起理念，只有死后，才能摆脱感官的干扰，获得对理念的认识。

方法论

孔子的方法论是中庸之道。"中"就是中正、中和；"庸"就是常，"用中为常道也"（《礼记·中庸》）。朱熹解释说"中庸者，不偏、不倚、无过、不及而平常之理"（《四书集注》）；二程解释说"不偏之谓中，不易之谓庸。中者天下之正道，庸者天下之定理"，中庸就是恰当地处理问题的正确、不能变易的原则。从文献看，孔子以前就有中的概念，但将中庸作为道德提出来的却是孔子——"中庸之为德也，其至矣乎！民鲜久矣"（《雍也》），把中庸当成最高的道德。

中庸的本意就是执两用中，反对过与不及，提倡和而不同。这是孔子在研究历史和实际观察中，以逻辑思维与形象思维相结合，经过多方面对事物发展、变化基本原因分析、综合得出的方法论。

中庸要求"允执其中"（《尧曰》），既不支持矛盾的肯定方面实行残酷斗争，也不站在矛盾的否定方面促成矛盾转化，而是站在中立的角度，使矛盾统一体协调地保持下去。强调矛盾的统一、调和，反对过头和不及，"过犹不及"（《先进》），"《关雎》乐而不淫，哀而不伤"（《八佾》），矛盾的两个方面——快乐与放荡、悲哀与痛苦，把握得恰到好处。治理国家要执两用中："舜其大知也与！舜好问而好察迩言，隐恶而扬善，执其两端，用其中于民，其斯以为舜乎！"（《中庸》）掌握过头和不足，取其中施行于民众。处理人际关系要中庸，"君子和而不同，小人同而不和"（《子路》），和而不同是允许保留不同意见之上的共识与和谐，同而不和是毫无原则的随声附和。个人修养要中庸，"质胜文则野，文胜质则史。

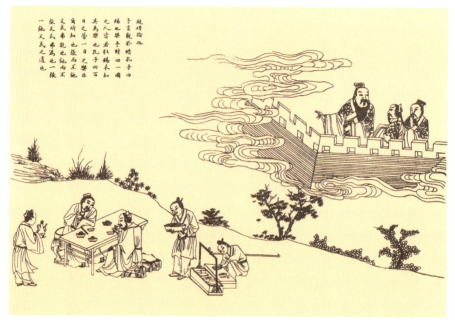

观蜡论俗图
辛勤劳作一年后农民的蜡祭狂欢，孔子认为是一张一弛。

文质彬彬，然后君子"（《雍也》）。生活也要中庸，"张而不弛，文武弗能也；弛而不张，文武弗为也；一张一弛，文武之道也"（《礼记·杂记下》），劳逸结合才是正确的生活方法。

孔子中庸方法论的特点，是承认矛盾，调和矛盾，使矛盾的两方面统一和谐。在具体的使用上，是不论处理任何事情，都要把握一个合适的度，把矛盾的诸方面处理得恰到好处。毛泽东称赞说："孔子的中庸观念，是孔子的一大发现、一大功绩，是哲学的重要范畴，值得很好地解释一番。"（《毛泽东书信集》）

政治思想

自汉武帝接受董仲舒"罢黜百家，独尊儒术"的建议以来，孔子创立的儒家思想，成为中国两千多年古代社会的思想基础和精神支柱，既是统治者治国安民的圭臬，也是平民百姓修身立世的准则，对中国社会的各个方面，都产生了非常深刻的影响。孔子虽然被尊为至圣先师，但对中国社会影响最深的，并不是他的教育思想，而是他的政治思想。

政治理想

孔子生活的春秋时期，是中国古代历史上空前混乱的时期之一，"王道衰，礼义废，政教失，国异政，家殊俗"（《诗经·大序》），大一统的周王朝已经名存实亡，周天子虽然名义上还是天下的共主，但王道衰微，礼仪废弛，社会严重失序，诸侯各自为政，互相攻伐，大夫掌握了国家的命运，家臣控制了大夫的权力，"君不君、臣不臣、父不父、子不子"成为时代的显著特点，百姓陷入水深火热之中。孔子为了重整社会秩序，解除百姓的苦难，针对当时的社会现实，通过考察古代政治制度的兴废、社会治乱和国家兴亡的历史，从仁的人本哲学思想出发，以怀古的方式憧憬未来，提出了大同世界和小康社会两个不同标准的政治理想。

大同世界是孔子的最高理想、远期的目标。他的美好蓝图见于《礼记·礼运》篇："大道之行也，天下为公，选贤与能，讲信修睦，故人不独亲其亲，不独子其子，使老有所终，壮有所用，幼有所长，矜、寡、孤、独、废、疾者皆有所养。男有分，女有归。货，恶其弃于地也，不必藏于己；力，恶其不出于身也，不必为己。是故谋闭而不兴，盗窃乱贼而不作，故外户不闭，是谓大同。"这是一幅多么美好的社会景象。孔子憧憬的理想社会，是传说中尧舜时代的社会美景，是孔子政治理想的最高境界。

小康社会是孔子较低的政治理想、近期的目标。他的蓝图也见于《礼记·礼运》篇："今大道既隐，天下为家，各亲其亲，各子其子，货力皆为己，大人世及以为礼，城沟池以为固，礼义以为纪。以正君臣，以笃父子，以睦兄弟，以和夫妇，以设制度，以立田里，以贤勇知，以功为己。故谋用是作，而兵由此起。禹、汤、文、武、成王、周公由此其选也。此六君子者，未有不谨于礼者也。以著其义，以考其信，著有过，刑仁讲让，示民有常。如有不由此者，在执者去，众以为殃。是谓小康。"小康社会实际上描述了私有制产生后理想的阶级社会的盛世，也就是夏、商、周阶级出现之初的社会景象，虽然没有大同社会那么美好，但还是和谐有序的社会。这是孔子近期的奋斗目标。

近代有学者认为，《礼记》是孔子以后才出现的著作，虽然大同、小康的描述，都出自孔子之口，但并不可信。实际上，大同、小康的思想，在《论语》中也有反映。孔子理想中的大同社会就是尧、舜时期，孔子称赞尧、舜重用贤人，"唐虞之际，于斯为盛"，盛赞尧"唯天为大，唯尧则之"；尧能像天一样大公无私，"巍巍乎，民无能名焉，巍巍乎其有成功也，焕乎其有文章"，恩惠广博，老百姓都不知道怎样赞美他，功绩很大，制度美好。称赞"舜、禹之有天下而不与焉"，贵为天子，富有四海，一点都不为自己（《泰伯》）。再结合《论语》中的仁爱、礼义、君臣、父子等观点来看，《礼记·礼运》中的思想，与《论语》中的孔子思想是一致的，大同、小康完全可以看作是孔子的理想。

孔子"天下大同"和"小康"社会的政治理想，对中国历史影响很大，不同历史时期、不同阶

大道之行也天下为公选贤与能讲信修睦故人不独亲其亲不独子其子使老有所终壮有所用幼有所长矜寡孤独废疾者皆有所养男有分女有归货恶其弃于地也不必藏于己力恶其不出于身也不必为己是故谋闭而不兴盗窃乱贼而不作故外户而不闭是谓大同

孙文

孙中山书天下大同

段，都有思想家、革命者提出过不同的憧憬蓝图，不同时代的思想家、政治家都有人曾经受到启发。康有为、谭嗣同都曾受到它的影响，近代民主革命家、思想家孙中山提出的"民族、民权、民生"三民主义，就是吸收了孔子的大同主张和儒家的民本思想并结合了西方资产阶级的思想。现在我国社会主义初期阶段，也以小康社会作为奋斗目标，虽然此小康并非彼小康。

政治主张

为了改变社会失序的局面，实现自己的政治理想，孔子提出了建设理想社会的一系列政治主张，主要有尊崇天子、实行仁政、富民教民、选用贤才等等。

春秋时期，社会失序，社会动乱，孔子认为，最主要的原因就是周天子失去了管理国家的权力，诸侯擅权，不尊王室，各自为政，互相攻

周公庙

侍席鲁君图

孔子认为国家的急务，是使百姓富裕长寿。节省力役、减少税收，百姓就会富裕；提倡教化、减轻刑罚，百姓就会长寿。

伐，给人们带来无穷的灾难。要使社会有序，必须尊崇周天子，维护周天子的绝对权威，恢复大一统的局面。他说："天下有道，则礼乐征伐自天子出；天下无道，则礼乐征伐自诸侯出。自诸侯出，盖十世希不失矣；自大夫出，五世希不失矣；陪臣执国命，三世希不失矣。"（《季氏》）随着执政者地位的降低，执政的时间逐渐缩短。孔子希望改变这种局面，但他自知人微言轻，难以扭转这种混乱局面，只能以笔代刀，将自己的观点寄托在著述中，力图通过《春秋》笔诛乱臣贼子，尊崇周天子，维护大一统。《春秋》开始就书"王正月"，《公羊传》解释说："王者孰谓？谓文王也。何谓先言王而后言正月？王正月也。何言乎王正月？大一统也。"周文王改定的周历正月，首书"王正月"就是表明天下统一，各地都实行周天子的政令。周天子被晋国很不礼貌地召到践土，这种不尊王室的行为是孔子所不能容忍的，也不是后世应该效法的，所以孔子不秉笔直书，而是为尊者讳，记载为"天王狩于河阳"，以此维护周天子的尊严。孟子说："世衰道微，邪说暴行有作，臣弑其君者有之，子弑其父者有之。孔子惧，作《春秋》。《春秋》，天子之事也，是故孔子曰：'知我者其惟《春秋》乎！罪我者其惟《春秋》乎！'""孔子成《春秋》而乱臣贼子惧"（《孟子·滕文公下》）。尊王实际上就是维护大一统，孔子大一统的思想，对中华民族的巩固统一做出了重要贡献。

孔子主张仁者爱人，爱人思想表现在政治上，就是要施行仁政，薄赋敛，轻徭役，厚施与，省刑罚，富民教民。

薄赋敛，就是减少向百姓征收的赋税。鲁哀公问有若："年饥，用不足，如之何？"有若建议将税收标准由十分之二改为十分之一，"盍彻乎"？鲁哀公说"二，吾犹不足"，怎么能减少呢？有若说："百姓足，君孰与不足？百姓不足，君孰与足？"（《颜渊》）百姓富足了，国君才能富足，百姓不富足，国君怎么能富足呢？这种以民为本的思想，是非常可贵的。这段话虽然出自孔子弟子有若之口，但无疑也反映了孔子的思想。季康子要增加土地赋税，派冉求去征求孔子的意见，孔子主张"施取其厚，事举其中，敛从其薄"，"若不度于礼，而贪冒无厌，则虽以田赋，将又不足"（《左传·哀公十一年》），反对季康子增加赋税。季康子没有听

晏婴沮封图
齐景公问怎样治理国家，孔子回答要节省财力。

从孔子的意见，照样增加田赋，冉求作为季氏的家臣积极帮助推行，孔子非常生气，公开宣布冉求不再是自己的弟子，鼓动弟子们敲着鼓去讨伐他。

轻徭役，就是少派百姓去从事不必要的国家建设。孔子认为"省力役，少赋敛，则民富矣"。孔子并不反对国家征用百姓从事国家建设，主张使用劳役要合乎道义——"使民也义"；使用劳役在农闲时节——"使民以时"，不误农时；使用劳役要做百姓愿意做的事情，对百姓有利的事情——"择可劳而劳之"。

厚施与，就是要多给百姓好处。孔子主张"博施于民而能济众"，给予百姓要多"施取其厚"，官员要"养民也惠"，教养百姓要有恩惠。孔子知道，要贵族平白无故地拿出财物给百姓也是很困难的，因此提倡"惠而不费"，给百姓以好处而自己却不破费，要"因民之所利而利之"。

省刑罚，就是对百姓少用刑律处罚，要"胜残去杀"。季康子问孔子"如杀无道以就有道"怎么样时，孔子明确反对，问他：你当政为什么要杀人呢？孔子反对残暴的政治，"苛政猛于虎"是他的著名观点。"孔子过泰山侧，有妇人哭于墓前而哀。夫子式而听之，使子路问之。曰：'子之哭也，壹似重有忧者。'而曰：'然。昔者吾舅死于虎，吾夫又死焉，今吾子又死焉。'夫子曰：'何为不去也？'曰：'无苛政。'夫子曰：'小子识之，苛政猛于虎也。'"（《礼记·檀公下》）老百姓为了躲避残暴的统治，宁愿冒着被老虎吃掉的危险而与老虎为邻，残暴的统治比老虎更凶猛、更可怕。

富民教民，是孔子的又一个重要政治主张。孔子初到卫国，看到人口众多，不仅赞叹说："庶矣哉！"弟子冉有问：人多了以后怎么办？孔子说"富之"，使他们富裕起来；冉有又问富裕了以后怎么办，孔子说"教之"，教育他们。春秋时期，地广人稀，人是宝贵的资源，人多既能多创造财富，还能增强国家的军力，所以国家非常重视增加人口。但孔子考虑问题的角度不同，他首先考虑的是改善人们的生活，让人们富裕起来。在人们富裕起来后，还要对人们进行教育，提高人们的文化道德素

泰山问政图

质。这段对话反映了孔子富民教民的重要观点，现代学者把它简称为庶、富、教。

治国方式

孔子主张仁政，实行以德治国、以法治国和以礼治国三结合的治国方式。

孔子提倡以德治国，主张依据道德来处理政事，进而形成了系统的以德治国的思想。他说："道之以政，齐之以刑，民免而无耻；道之以德，齐之以礼，有耻且格。"（《为政》）这段话最能反映孔子的德治思想和行政管理思想。管理国家如果只用政令来引导，用刑罚来整顿，老百姓即使能免于犯罪，但不会有羞耻之心；如果用道德来引导，用礼教来整顿，老百姓不仅有羞耻之心，而且能够诚心归服。用道德引导，用礼教整顿，这既是孔子行政管理思想的核心，也是孔子整个管理思想的核心。孔子的管理思想是为他的政治思想服务的，所以孔子非常重视用道德进行管

武城弦歌图
弟子子游任武城宰，教化百姓，受到孔子称赞。

理，他说"为政以德，譬如北辰，居其所而众星拱之"（《为政》）。

孔子主张德治，提倡进行教化，反对严刑峻法，但他并不否定刑罚，德治与刑罚是治国的两手，两手都要用，要交替使用。

郑国的子产在临死前对子大叔交代后事说："我死，子必为政。唯有德者能以宽服民，其次莫若猛。夫火烈，民望而畏之，故鲜死焉；水懦弱，民狎而玩之，则多死焉；故宽难。"子大叔执政后，不忍心用严厉的办法治理国家，"不忍猛，而宽，郑国多盗，取人于萑苻之泽"。他后悔自己没有听从子产的建议，"吾早从夫子，不及此"，"兴徒兵以攻萑苻之盗，尽杀之，盗少止"。孔子对这件事评论说："政宽则民慢，慢则纠之以猛，猛则民残，残则施之以宽。宽以济猛，猛以济宽，政是以和。"（《左传·昭公二十年》）

孔子虽然赞同用严厉作为宽大的补救，但反对不进行教育就严厉处罚，他说"不教而杀谓之虐"。《孔子家语》记载：孔子担任鲁国大司寇的时候，有个父亲和儿子打官司，孔子把他父子二人关在监狱里，三个

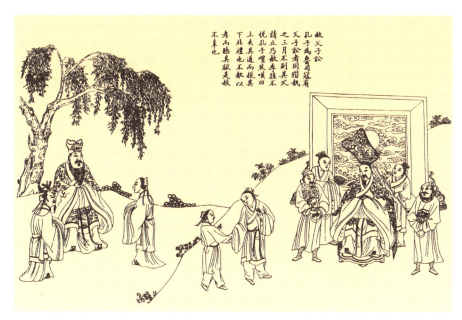

赦父子讼图

月都不判决。父亲请求撤诉，孔子就释放了他们父子。鲁国司徒季桓子听说后很不高兴，认为孔子欺骗了他。孔子曾经告诉他，治理国家首先要用孝道，现在杀掉一个不孝的儿子，就可以教育百姓孝敬长辈，孔子却释放了那个不孝之子。孔子听后说：管理者失去了正确治理国家的方法却杀害百姓，是不合乎道理的，不进行孝道教育就进行处罚就是杀害无辜的人。管理者不进行教育，百姓犯了罪，责任不在百姓而在管理者。在对百姓进行处罚前，要首先进行教育（《孔子家语·始诛》）。

　　孔子虽然主张法治，但他又主张省刑罚。他说："'善人为邦百年，亦可以胜残去杀矣。'诚哉是言也！"（《子路》）季康子问孔子"如杀无道以就有道"怎么样时，孔子就明确反对，认为执政哪里用得着杀人呢（《颜渊》）？孔子认为法治的最高标准是："威厉而不试，刑错而不用。"（《孔子家语·始诛》）

　　孔子提倡以礼治国，主张"道之以德，齐之以礼"。按照礼仪规范治理国家，国家就很容易治理，"上好礼，则民莫敢不敬"，"上好礼，则民易使也"。即使是国君，也要按照礼仪规范使用臣子——"君使臣以礼，臣事君以忠。"所以孔子主张以礼治理国家："能以礼让为国乎何有？不能以礼让为国，如礼何？"（《里仁》）"齐之以礼"，就是用礼仪来规范人们的行为，通过教育使百姓自觉地使自己的行动符合社会规范。孔子主张以礼治国，所以孔子一再教育弟子要"约之以礼"，严格用礼约束自己的行为，"非礼勿视，非礼勿听，非礼勿言，非礼勿动"，要"克己复礼"，努力克制自己，使自己的行为合乎礼的规定。

对于礼的作用，孔子的弟子曾参说得很明白，"礼之用，和为贵"，在于创造和谐的环境。和谐是社会发展的基本条件，不仅国家需要和谐的环境，一个单位、一个企业、一个家庭都需要和谐，只有在和谐的环境下，才能更好地发展。

现在人们一般都认为中国历史上是以德治国与以法治国相结合，其

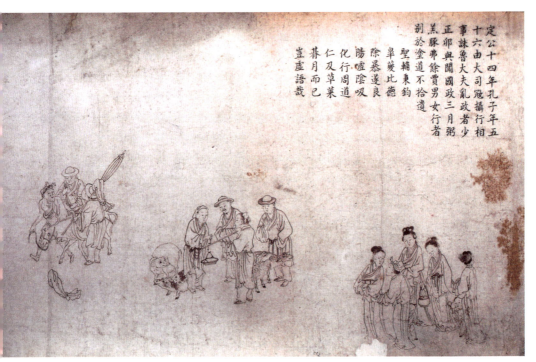

鲁国大治图
孔子任鲁国司寇，以德治、礼治和法治进行治理，鲁国大治。

实中国历史上是以德治国、以法治国和以礼治国三者相结合。

用道德治理国家，主要是对百姓进行思想教化，也就是我们现在所说的进行思想教育，它没有强制性，是软的；用法律治理国家，法律是强制性的，百姓必须执行，否则就会受到惩罚，是硬的；而礼介于两者之间，礼仪规范不像法律那样具有很强的强制性，一般的违背礼仪不会受到法律的严惩，但会受到社会舆论的监督，所以礼是约束人们行为的外在规范。在古代社会早期，法律并不健全，礼仪是在某些方面承担了法律的作用。即使到了专制集权社会，礼作为法律的补充，仍然承担了重要的社会作用。所以每当新的王朝建立后，首要的任务就是定正朔，易服色，制定本朝的礼仪制度。

中国传统的德治、法治、礼治三结合的治理方式是相对科学的。

伦理思想

伦的本意是辈，《说文解字》说："伦，辈也。从人，仑声。"后引申为类、条理、秩序、顺序，再引申为不同辈分与人际之间应有的关系，如父子、夫妇、长幼、朋友、君臣之间的亲、别、序、信、义等人伦关系。理的本意是

三圣像
中为孔子，左为颜回，右为曾参，衣纹上书写《论语》。

指治玉,《说文解字》:"理,治玉也。"治玉时要按照玉石的纹理剖析、分析,引申为纹理、条理,再引申为道理。《礼记·乐记》首先将伦理二字合用,"乐者,通伦理者也"。此后,伦理就用来概括处理人与人相互关系应该遵循的道理和准则。

与西方文化重思辨、重逻辑相比,中国文化最大的标志性特点,就是伦理思想特别发达,伦理思想的社会作用特别明显。在中国伦理思想中,儒家伦理思想的影响最大,作用也最明显,而儒家伦理思想中最主要的,还是孔子的伦理思想。

仁,是孔子思想的核心、基础,也是孔子伦理思想的核心、基础。孔子以仁作为最高道德理想和道德准则,在"仁者爱人"原则的指导下,对传统的伦理思想,既继承又有所发展,形成了一套完整的伦理思想体系。伦理思想是孔子思想的重要组成部分,以至德国哲学家黑格尔错误地认为,孔子的哲学就是"道德哲学"。

孔子伦理思想内容丰富广泛,包括仁、义、礼、智、信、孝、悌、

儒服儒行图
儒者要有刚毅自守、举贤援能、特立独行等品德。

廉、耻、忠、恕、温、良、恭、俭、让、宽、敏、惠、勇、直、悌、笃等众多道德条目。其中仁、义、礼、智、信被称作"五常"，礼、义、廉、耻被称作"四维"，孝、悌、忠、信、礼、义、廉、耻被称作"八德""八端"，成为人们行为的准则。五常、四维、八德，其实只有十个伦理道德条目，即仁、义、礼、智、信、孝、悌、廉、耻、忠，是中华民族的道德核心，笔者称其为"十德"。

仁

"仁"出现比较晚，甲骨文和西周金文中都没有见到，《尚书》中仅出现 1 次，"予仁若考"（《金縢》），《诗经》中出现 2 次，"洵美且仁"（《叔于田》）、"其人美且仁"（《卢令》），都是指好的品德。春秋时仁字大量出现，《左传》出现 33 次，《国语》出现 24 次，其中许多都出自孔子之口，《论语》中共出现 109 次，是《论语》中出现最多的道德条目。

仁是产生在人与人之间的伦理道德。孔子说"仁者，人也"（《中庸》），孟子也说"仁也者，人也"（尽心下），仁的意思就是人，是产生于人与人之间的伦理道德，《说文解字》解释说"仁，亲也。从人二"，两个人在一起就产生仁。

西河返驾图

孔子想去晋国见赵简子，听说赵简子杀害贤人不仁立马返回卫国。

　　仁是孔子思想的核心，基本意义就是《论语》中所记载的"樊迟问仁。子曰：'爱人。'"（《颜渊》）孔子生活的时代是古代社会的转型期，虽然奴隶主与奴隶都是人，但奴隶只是会说话的工具，并不被当作人来看待。孔子则不然，他认为奴隶也是人。《论语》记载："厩焚。子退朝，曰：'伤人乎？'不问马。"（《乡党》）问人不问马，现代人觉得太正常了。但在孔子时代，奴隶和马都是生产工具，但马的作用远远大于人，其价值也远远超过人，西周末年，一匹马就可以换五个奴隶。过去批判孔子，说孔子所说的民是奴隶，奴隶主才能称作人，身为奴隶主的孔子怎么会爱奴隶呢？其实孔子的身份只是士，比平民身份略高，但低于大夫，算不上是奴隶主，说孔子是奴隶主，其实抬举了孔子。人并不是专指奴隶主的，在马棚工作的人是奴隶主吗？孔子家有奴隶主吗？孔子的爱人思想，在当时是非常难能可贵的。

　　仁作为人的最高道德品质，包含了许多内容，如刚强、果断、质朴、说话谨慎四种品质。孔子教育弟子说："刚毅木讷近仁"，"巧言令色，鲜矣仁"。仁包括恭敬、宽厚、诚实、勤敏、慈惠五种美德。子张问仁，孔

受鱼致祭图
有位楚国人担心天热鱼会腐烂就送给孔子，孔子接受后马上举行祭祀。孔子认为渔民有仁德。

子说："能行五者于天下为仁矣。恭、宽、信、敏、惠，恭则不侮，宽则得众，信则人任焉，敏则有功，惠则足以使人。"（《阳货》）仁包括明大义，不拘泥于小节小信。齐桓公为争当国君杀死了公子纠，辅佐公子纠的召忽自杀，而同为辅佐的管仲却去辅佐了齐桓公，子贡和子路都认为管仲不仁，孔子从民族大义出发，称赞管仲有仁德，因为他不以战争而九合诸侯，抵抗外族入侵，使中华民族免遭外族统治："管仲相桓公，霸诸侯，一匡天下，民到于今受其赐。微管仲，吾其被发左衽矣！岂若匹夫匹妇之为谅也，自经于沟渎，而莫之知也！""桓公九合诸侯，不以兵车，管仲之力也。如其仁！如其仁"！仁包括仪态端正、工作严肃认真、对别人忠心诚意，樊迟问仁，孔子告诉他"居处恭，执事敬，与人忠"。仁包括结交品德高尚的人，子贡问仁，孔子说："工欲善其事，必先利其器。居是邦也，事其大夫之贤者，友其士之仁者。"（《卫灵公》）仁还包括己所不欲，勿施于人，仲弓问仁，孔子说："出门如见大宾；使民如承大祭；己所不欲，勿施于人。在邦无怨，在家无怨。"此段话包含了三个方面的内容，办事严肃认真，小心谨慎，自己不想做的事情不要强加于别人，不论在任何地方做任何事情都不要心存怨恨，在这三个内容中，最为重要的是己所不欲，勿施于人，在与人交往时体谅他人、尊重他人。孔子还说"夫仁者，己欲立而立人，己欲达而达人"，自己想有成就也得让别人有成就，自己想事事行得通也得让别人事事行得通。己欲立而立人，己欲达而达人，己所不欲，勿施于人，这是仁的最高标准，具有高度的人文主义和人道主义思想，是孔子思想最为可贵的内容之一。

孔子认为仁对于人非常重要："人而不仁如礼何？人而不仁如乐何？"（《八佾》）一个人如果没有仁德，得到的也会失去——"知及之，仁不能守之，虽得之，必失之。"（《卫灵公》）所以君子必须时刻不能离开仁德："君子去仁，恶乎成名？君子无终食之间违仁，造次必于是，颠沛必于是。"（《里仁》）

怎样做才能是仁呢？颜渊问仁，孔子说："克己复礼为仁。一日克己复礼，天下归仁焉。"也就是说，克制自己，使自己的行为合乎礼就

受饩分惠图
孔子将季桓子送给自己的粮食全部送给别人。

复礼门匾

是仁。颜渊又问仁的行动纲领，孔子说"非礼勿视，非礼勿听，非礼勿言，非礼勿动"，克制自己，使自己的言语行动合乎礼的规范。似乎人被礼和仁紧紧地束缚住了，其实不然，"为仁由己，而由人乎哉"？实践仁德全凭自己，一切操之在我。在日常生活中要当仁不让——"当仁不让于师"；在危难关头要敢于牺牲自己的生命，杀身以成仁——"志士仁人，无求生以害仁，有杀生以求

克复传颜图

孔子教育颜回"一日克己复礼，天下归仁焉"，后人因此分别命名曲阜颜子庙的门为克己门、复礼门、归仁门。

仁。"(《卫灵公》)

由于孔子的大力提倡，仁几乎成为道德的代名词，品质好就是仁慈、仁义、仁厚、仁孝、仁勇、仁德，品质不好就是不仁；品质好的就是仁人、仁政、仁心、仁方、仁里、仁言，仁成为中华民族的传统美德和评价是非标准，后人因此将其和义、礼、智、信合称为"五常"，成为孔子伦理思想中最为重要的德目之一。

义

"义"的本字为"義"，《说文》说"己之威义也，从我，从羊"，本义其实是仪表的"仪"，后来被借用为合理，而仪表的仪就在左边加了个"亻"部。

孔子说："义者，宜也。"(《中庸》)伦理学的义就是合理，孔子说："君子之于天下也，无适也，无莫也，义之为比。"(《里仁》)君子对于天下的事情没有规定怎么做，也没有规定不怎么做，怎么合理就怎么做，一切事情以合理为最高原则。汉代董仲舒说："仁者，人也；义者，我也。谓仁必及人，义必由中断制也。"仁一定涉及他人，而义由自己的内心来判断、决断。

在伦理学中，义表示合理性，合理的事物，合理的行为。义是孔子伦理思想的主要内容，在《论语》中共出现24次，涉及孔子的哲学、政治、教育等各个方面。

孔子十分推崇义，"君子喻于义，小人喻于利"（《里仁》），"君子义以为上"（《阳货》），"君子义以为质"（《卫灵公》），君子应该懂得义，崇尚义，以义为原则。要提高自己的道德水准，增强自己明辨是非的能力，就要以义为中心，唯义是从。子张问崇德辨惑，孔子说："主忠信，徙义，崇德也。"（《颜渊》）孔子也将不能唯义是从作为自己忧虑的内容之一，"德之不修，学之不讲。闻义不能徙，不善不能改，是吾忧也"（《述而》），是孔子所担心的。

脱骖馆人图
孔子曾经住过的馆驿的工作人员死了，他就把自己马车上的一匹马送给其家属帮助办理丧事。

孔子主张,将义作为评判人们思想、行为的道德准则。实行自己的主张,要依义而行,"行义以达其道"(《季氏》);面对不合乎义的富贵要毫不动心,"不义而富且贵,于我如浮云"(《述而》)。要见义而从,"见义不为,无勇也"。不按义而行,即使勇敢,也只能给社会带来祸乱——"君子有勇而无义为乱,小人有勇而无义为盗。"(《阳货》)义左右着勇的善恶,勇这种品德只有符合"义"的行为准则,才是善的,即使是君子,无义而勇,只会添乱;小人无义而勇就更可怕了,就会成为强盗。义作为社会伦理规范,也反映在君臣关系之中,"君臣之义如之何其废之"(《微子》),为国家服务是臣子的义务,国民的义务,就是君臣大义。

孔子主张管理者要崇尚道义:"上好礼,则民莫敢不敬;上好义,则民莫敢不服;上好信,则民莫敢不用情。"(《子路》)管理者推行自己的主张要依义而行,"行义以达其道"(《季氏》),"质直而好义"。子张问孔子:

孔宅故井
相传为孔子当年的吃水井,在今山东曲阜孔庙东路。

一个人怎样做才能称作达?孔子说"夫达也者:质直而好义,察言而观色,虑以下人;在邦必达,在家必达"(《颜渊》),通达的管理者要正直好义。

谈到义,就不能不谈义和利的关系问题。因为孔子以后,义和利的关系,成为后代思想家们关于道德行为和功利关系争辩的一个重要论题。

孔子推崇义,提倡义,但并不反对利。孔子承认,富贵是人的共同愿望:"富与贵,是人之所欲也,不以其道得之,不处也";"贫与贱,是人之恶也;不以其道得之,不去也"。因此孔子并不讳言追求财富,他说:"富而可求也,虽执鞭之士吾亦为之。如不可求,从吾所好。"(《述而》）古代执鞭的人有两种：一种是天子或者诸侯出入时在前面清路、警戒的人，这种人在队伍的前面挥舞鞭子，鞭子的响声让路上的行人赶紧躲开；另一种是市场的守门人，手执皮鞭维持秩序。这两种人都不是高贵的人，但他们都是通过自己的劳动获取报酬，属于自食其力的人，通过自己的劳动获得财富没有什么不光彩的。当然这两种人是不会富有的，所以孔子说"如不可求，从吾所好"，干我喜欢干的事情吧！

孔子不反对利，而是要求人们用义来节制利。他一再强调要"见利思义""见得思义"，要求人们在利益面前，首先要用义为标准分析利、衡量利、考虑利是否合乎义。当利合乎义的时候，孔子就并不排斥利，"义然后取"。当义与利两者冲突时，孔子主张取义舍利，"不义而富且贵，于我如浮云"，丝毫不为所动。为什么呢？孔子认为，只有合乎道义，贫贱之中仍然是有快乐的："饭疏食饮水，曲肱而枕之，乐亦在其中矣。"（《述而》）这就是贫而乐道。总的来看，孔子是主张以道义来节制求利的欲望，

馈食欣受图
有位俭朴吝啬的鲁国人用陶器送给孔子食物，孔子很高兴地接受了。孔子看重的不是食物而是义。

要重道义，但也不忽视利，更不要片面追求利、重利轻义、见利忘义。

礼

礼的本意是敬神。《说文解字》说："禮，履也，所以事神致福也。从示从豊。"段玉裁解释说："履，足所依也"，"礼有五经，莫重于祭，故礼字从示。豊者，行礼之器"。进入阶级社会以后，强调人与人之间的差别，突出尊卑长幼观念，就制定了礼。儒家推崇的周公制礼作乐，就是对宗法等级制度的补充和完善。社会礼仪经过长期的使用，逐渐成为人们的行为准则，行为准则又逐渐发展成为人们的道德规范，礼也就成为了伦理道德的重要组成部分。

春秋时期，宗法制度受到冲击，呈现礼崩乐坏的局面。为了重整社会秩序，孔子想用传统的礼来拨乱反正，他也深知，仅仅依靠传统的礼，是无法解决当时的混乱局面的，而且传统的礼并不完全符合孔子的思想。但传统的礼还是有一定的号召力，于是孔子借用传统礼的形式，加进自己的思想，将其改造为密切伦理关系、调整社会关系、改善社会关系的工具。

与传统的礼相比，孔子强调的礼，突出了仁的思想。如颜渊问仁，

礼堕三都图

孔子为强化国君的权利，削弱大夫势力，说三家都邑超过了礼制规定而拆除他们的都邑。

孔子说："克己复礼为仁。一日克己复礼，天下归仁焉。"克己复礼的目的就是培养自己的仁德，复礼是手段，培养仁德才是目的。孔子认为礼不仅仅是祭祀的祭品——"礼云礼云，玉帛云乎哉？"礼应该是什么？孔子的另一段话给出了答案："人而不仁如礼何？"仁才是礼的根本。对礼的作用，弟子有若说得很清楚："礼之用，和为贵，先王之道斯为美，小大由之，有所不行。知和而和，不以礼节之，亦不可行也。"（《学而》）礼的用途，在于和顺人心，增加社会和睦。

俎豆礼容图

孔子非常重视礼的作用。在治国上："道之以政，齐之以刑，民免而无耻；道之以德，齐之以礼，有耻且格。"（《为政》）管理者要依礼而行："上好礼，则民莫敢不敬"（《子路》），"上好礼，则民易使也"（《宪问》）；要以礼让治国，"能以礼让为国乎，何有？不能以礼让为国，如礼何"（《里仁》）。在政治上：国君要依礼使用臣子，"君使臣以礼"；臣子要按照礼节服事国君，"事君尽礼"。在修身上："不知礼，无以立也"，"不学礼，无以立"。只有知礼并以礼来约束自己，才不会离经叛道："君子博学于文，约之以礼，亦可以弗畔矣夫。"（《雍也》）孔子以此教育弟子，颜渊就曾感叹地说："夫子循循然善诱人，博我以文，约我以礼，欲罢不能。"（《子罕》）在学习上，"兴于《诗》，立于礼，成于乐"（《泰伯》），以诗引发，以礼进行，以乐完成。在家庭中，生养死葬和祭祀，都要循礼而行，"生，事之以礼；死，葬之以礼；祭之以礼"（《为政》），只有这样，才是孝。君子要依礼做事，"君子义以为质，礼以行之，孙以出之，信以成之"（《卫灵公》）。礼对人非常重要，即使是美德也必须受礼的节制，"恭而无礼则劳，慎而无礼则葸，勇而无礼则乱，直而无礼则绞"（《泰伯》）。礼如此重要，所以孔子要求"非礼勿视，非礼勿听，非礼勿言，非礼勿动"。

孔子并不抱残守缺，而是随时而进。对礼的态度也是如此，他认为礼是变化的，是不断增减的，"殷因于夏礼，所损益可知也；周因于殷礼，所损益可知也；其或继周者，虽百世可知也"（《为政》），而且这种增减变化有规律可循，是可以预知的。对于礼的变化，孔子持积极的态度，在分析的基础上进行取舍："麻冕，礼也；今也纯，俭；吾从众。拜下，礼也；今拜乎上，泰也；吾从下。"（《子罕》）有利民生的变化，孔子是支持的；无益于民生却显得臣子傲慢的变化，孔子就不会支持。

智

"智"在《论语》中作"知"，意思是指聪明、知识、才能、智慧、谋略、睿智、明智。孔子说："君子道者三，我无能焉：仁者不忧，知者不惑，勇者不惧。"（《宪问》）这里孔子明确指出知者为君子之道。在《中庸》中，孔子指出"知、仁、勇三者，天下之达德也"，将智纳入其道德规范体系中，并推其为通行天下的品德。

虽然孔子对智没有作系统的论述，但若对孔子所论述的知进行分类的话，可以分为知识、智慧和智者三类。

孔子论述知识有三个方面：一是实事求是。"知之为知之，不知为不知，是知也"（《为政》）；二是学习求知。"好学近乎知，力行近乎仁，知耻近乎勇"（《中庸》）。"好知不好学，其弊也荡"（《阳货》）。学习求知，是孔子的一贯主张，他认为"性相近也，习相远也"，后天的习染是可以改变人的品质的，人可以通过后天的学习提高自己、完善自己；三是知识可以从生活中获得。"多闻，择其善者而从之，多见而识之，知之次也"（《述而》），多看多听，择善而从，是次一等的知。

论述智慧仅一方面，即智慧不是万能的。孔子说："知及之，仁不能守之，虽得之，必失之；知及之，仁能守之，不庄以莅之，则民不敬；知及之，仁能守之，庄以莅之，动之不以礼，未善也。"（《卫灵公》）在这一章中，孔子提出仁是智慧的根本，但仅有仁德还不够，治理政事还必须有严肃认真的态度，还必须依礼使用百姓。

孔子论述智者有五方面：一是智者利仁。孔子说"不仁者不可以久处约，不可以长处乐。仁者安仁，知者利仁"（《里仁》）——有仁德的人志在实践仁德，不论身处困境还是安乐之中都安然处之，聪明的人知道仁德对自己有利便利用仁德。二是智者不惑。明智的人是不会被迷惑的，反之就不是智者。"里仁为美，择不处仁，焉得知"。鲁国大夫臧文仲，被时人称为智者，但他却给大乌龟单独修建房子，并且将房子修建得非常豪华，斗拱上有雕刻，柱子上有彩画——"臧文仲居蔡，山节藻棁，何如其知也"（《公冶长》），孔子就认为他不是智者。三是智者既不失人，也不失言。孔子说：

问礼老聃图

孔子曾到东周京师洛阳拜见老子，老子告诉孔子如何明智做人。

"可与言而不与之言，失人；不可与言而与之言，失言。知者不失人亦不失言。"（《卫灵公》）要做到既不失人也不失言是不容易的。君子不失言比较容易，少说话就行。如孔子弟子子张所说："君子一言以为知，一言以为不知，言不可不慎也。"（《子张》）但是与应该交谈的人却没有谈，从此人家不再相见，错失了人才是非常可惜的。所以《四书说约》说："人才难遇，觌面而失，岂是小事？"既不失人又不失言，关键是知人、了解人。

四是通权变。孔子赞扬"宁武子，邦有道则知，邦无道则愚。其知可及也，其愚不可及也"（《公冶长》）。这正如清代郑板桥所说的那样，"聪明难，糊涂难，由聪明而转入糊涂更难"。宁武子就是聪明而装糊涂的那种人。孔子赞扬宁武子通权变，就是要人们在政治黑暗时保全自己，不与社会同流合污，不助纣为虐，这才是孔子的本意和明智。五是"知者乐水，仁者乐山；知者动，仁者静；知者乐，仁者寿"（《雍也》）。孔子将智者、仁者的喜好、特点进行对照，智者通达事理，随遇而安，如同流水，所以喜欢水；智者思维活跃，当然好动；智者通达事理，遇事想得开，当然快乐。

怎样做才是智呢？推举贤人是智。樊迟问知，孔子告诉他"知人"，

在川观水图
孔子见水必看，他从水的流淌能联想到德、勇、志向、教化等。

樊迟不明白，孔子解释说："举直错诸枉，能使枉者直。"（《颜渊》）正确把握时机是智：阳货想见孔子，孔子不愿见，阳货就派人给孔子送去一头小猪，孔子不能不去拜谢，他就选择阳货不在家的时候去。不料在路上碰到了，阳货问孔子："好从事而亟失时，可谓知乎？"孔子对此没有回答，但最后同意了阳货的劝告，答应出来做官："诺！吾将仕矣。"（《阳货》）说明孔子是同意把握时机是智的。为政者致力于义，敬鬼神而远之，可以说是智——"务民之义，敬鬼神而远之，可谓知矣。"（《雍也》）

孔子关于智的论述中，争议最大的是"唯上知与下愚不移"（《阳货》）一语。此话比较难以理解，历史上许多学者进行了解释。王安石将善恶作为区分上智下愚的依据："习于善而已矣，所谓上智者；习于恶而已矣，所谓下愚者。"（《临川文集·性说》）程颢认为自暴自弃者是下愚："所谓下愚有二焉，自暴也，自弃也。人苟以善自治，则无不可移者，虽昏愚之至，皆可渐磨而进也。惟自暴者拒之以不信，自弃者绝之以不为，虽圣人与居，不能化而入也。"（《伊川易传》）清代李颙以能否存好心、行好事作为区分上知与下愚的标准："迟钝人能存好心，行好事，虽迟钝亦是上知；明敏人若心术不正，行事不端，不肯做好人，即明敏亦是下愚。"（《四书反身录》）这些解释似乎都有一定的道理，但上知、下愚都是移的结果、变化的结果，用困而不学解释下愚应该是对的。当然，困而不学的并不只有老百姓，社会各阶层的人都有，而且非常多，如果困而不学，恐怕是很难改变的。

信

"信"即诚实无欺。许慎《说文解字》说："诚也。从人，从言，会意。"段玉裁说："人言则无不信者。"古文信字左侧为心，段玉裁说"言必由衷之意"，就是说人要言行如一，诚实无欺，守信用，这是信的伦理意义。

孔子认为信是做人的根本、立身处世的原则："人而无信，不知其可

也。大车无輗，小车无
軏，其何以行之哉？"
(《为政》)诚实守信就
能走遍天下，"子张问
行，子曰：'言忠信，
行笃敬，虽蛮貊之邦行
矣；言不忠信，行不笃
敬，虽州里行乎哉？立
则见其参与前也，在舆
则见其依于衡也，夫然
后行。'"(《卫灵公》)
要把忠、信、笃、敬四
个字时时放在心上，站
着时四个字就像在面
前，坐在车里这四个字
就像刻在车前的横木
上。所以孔子非常重视
信，把信作为进行道德

拜胙遇途图

修养以完善人格的主要内容之一。"子张问仁于孔子。孔子曰：'能行五者
于天下为仁矣。''请问之。'曰：'恭、宽、信、敏、惠。'"(《阳货》)
信是仁人必须具有的五种品德之一，因为"信则人任焉"，诚实守信就
能得到别人的信任。孔子一再以信教育弟子，"子以四教：文、行、忠、
信"(《述而》)，诚实守信是教育弟子的主要内容之一；教育弟子要"主
忠信"，"入则孝，出则悌，谨而信，泛爱众，而亲仁。行有余力，则以
学文"(《学而》)，做人要秉持忠信，谨慎而诚实守信；教育弟子要"敬
事而信"(《学而》)，严肃认真地对待自己的工作，诚实守信。在孔子的
教育下，弟子们也非常重视信用，曾子将守信作为每日多次反省的三项
内容之一，"曾子曰：'吾日三省吾身，为人谋而不忠乎？与朋友交而不信

乎？传不习乎？'"（《学而》）；子夏也将"与朋友交言而有信"作为学习的表现之一。自己诚实守信，才能得到别人的信任，所以弟子问孔子志向时，孔子将朋友的信任作为自己的志向之一："老者安之，朋友信之，少者怀之。"（《公冶长》）

忠信济水图

信不仅是社会伦理、人际关系的准则，还是政治伦理、为政治国的准则。子贡问政，孔子说："足食，足兵，民信之矣。"子贡问："必不得已而去，于斯三者何先？"孔子说："去兵。"子贡又问："必不得已而去，于斯二者何先？"孔子说："去食。自古皆有死，民无信不立。"（《颜渊》）所以治理国家要严守信用，"道千乘之国，敬事而信，节用而爱人，使民以时"（《学而》）。管理者讲信用，就很容易治理好国家，因为"上好信，则民莫敢不用情"（《子路》），老百姓就不会不尽自己的本分。

孔子提倡守信用，但并不主张一味死守信用，他说"言必信，行必果，硁硁然小人哉"，对信要作具体分析，只有符合义的诺言才能去兑现，不分事非黑白地去兑现诺言是不可取的，"信近于义，言可复也"，弟子有若的这句话，正是对孔子上句话的补充。

五乘从游图

孔子的信就是诚信，因为在孔子时代，"诚"只作真正、真实讲，并没有现在伦理学上的诚实之意。《论语》中"诚"字仅两见，一为《诗经》引文，"诚不以富，亦只以异"；一为孔子的话"诚哉是言也"，都没有伦理学的意义。

孝

"孝"本来的意义是祭祀，《诗经》"以孝以享"、《论语》"菲饮食而致孝乎鬼神"、金文中的"虞司寇白吹作宝壶，用享用孝"中的孝，都是祭祀的意思，后来引申为孝敬。《诗经》"君子有孝子"、《论语》"弟子入则孝"和《左传》"父慈子孝"中的孝，都是孝敬的意思，孝也就成为了道德规范。

孝作为道德规范的形成是很早的，早在三代社会就已经成为了最高的道德规范和道德准则。上古三代是宗法社会，实行以亲亲为原则的家族和政治体制。天子是天下的共主，嫡长子继承王位为大宗，其他儿子为小宗，被分封到各地为诸侯，保护王室；诸侯嫡长子继位为诸侯，是诸侯国的大宗，其他儿子被封为大夫，是诸侯国的小宗。君臣关系既是政治关系也是宗族关系，两者是一致的。为了巩固统治、维护这种关系，孝就成了社会的最高道德规范和道德准则。所以孝字在西周的文献中大量使用，《尚书·尧典》称赞虞舜为"以孝烝烝"，孝德厚美，同书《康诰》指斥"不孝不友"为"元恶大憝"，罪大恶极。《诗经》中孝字凡 17 见，如"永言孝思，孝思维则"（《下武》）、"孝子不匮，永锡尔类"（《既醉》）、"孝孙有庆，报以介福，万寿无疆"（《楚茨》）、"孝孙有庆。俾尔炽而昌，俾尔寿而臧"（《閟宫》）等。孝是法则，孝顺之人可以辅佐天子，是君子的榜样；孝心不竭，神将永远赐福于他的后代，赏赐大福，赏赐万寿无疆。需要特别指出的是，《诗经》中的 17 个孝字，6 个见于《小雅》，6 个见于《大雅》，3 个见于《周颂》，2 个见于《鲁颂》，无一见于民歌《国风》，由此可见，孝主要还是贵族所热衷的伦理道德。

春秋时期，原有的社会秩序已经土崩瓦解，孝也逐渐失去了作为社会最高政治规范的意义，而只剩下社会道德规范的意义，所以孔子讲的，主要是社会道德规范意义上的孝。

一是行孝的原则。《论语》记载："孟懿子问孝。子曰：'无违。'樊迟御，子告之曰：'孟孙问孝于我，我对曰"无违"。'樊迟曰：'何谓也？'子曰：'生，事之以礼；死，葬之以礼；祭之以礼。'"（《为政》）在这里，孔子为孝确立了必须遵循的原则，那就是不论生养死葬还是死后的祭祀，都必须严格执行礼的规定，无违，就是不能违背礼法。后人将无违，解释为不能违背父母的意愿，要求不论父母的意见正确与否，子女必须一律遵从，倡言"天下无不是的父母"，提倡"父要子亡，子不得不亡"，错误地解释孔子的语意，将提倡愚孝的罪名加在孔子的头上，这对孔子真是天大的冤枉。

《孝经》传曾图
孔子将孝道传授给曾子，曾子作《孝经》。

二是行孝的态度。《论语》记载："子游问孝。子曰：'今之孝者，是谓能养。至于犬马，皆能有养，不敬，何以别乎？'"（《为政》）子女孝顺父母不能仅仅满足于能够供养，如果不心存敬爱，那与养狗养马有什么区别呢？"子生三年，然后免于父母之怀"（《阳货》），能不孝敬父母吗？要报答父母的养育之恩，就

子路负米图
子路家贫，自吃野菜，到百里外为父母背米，事入《二十四孝》。

必须心存孝敬，只有发自内心的爱敬，才是真正的孝。敬爱父母，就要做到对父母和颜悦色。"子夏问孝，子曰：'色难。有事弟子服其劳，有酒食先生馔，曾是以为孝乎？'"侍奉父母一时一事和颜悦色是不难的，但时时、事事都和颜悦色就是很难的。人活在世上，难免会有不顺心的事情，难免会将不顺心表现出来，也难免不被父母觉察到，所以说和颜悦色最难，只有对父母心存爱敬，才能在不论何种情况下都能保持和颜悦色。

鞭打芦花处

后母虐待闵损，用芦花为他做棉衣，拉车时因天寒抱不住车绳，父亲生气，用鞭子打破衣服发现是芦花，要赶走后母，闵损以"母在一人寒，母去三子单"劝阻了父亲。事入《二十四孝》。

三是行孝是政治作用。《论语》记载："或谓孔子曰：'子奚不为政？'子曰：'《书》云：孝乎唯孝，友于兄弟，施于有政，是亦为政，奚其为为政？'"（《为政》）身在政界的官员更应该带头行孝，发挥表率作用。季康子问如何使百姓尽心竭力，孔子告诉他"孝慈则忠"，为政者孝敬父母，慈爱幼小，百姓自然就会尽心竭力。

孔子谈孝的语言虽然不多，但对如何行孝却谈得非常具体、全面，孝必须合乎礼法，必须心存敬爱，要通过自己的孝行影响社会，改善社会风气。汉代以来，历代王朝大都提倡以孝治天下，孝和睦了家庭、安定了社会，对社会的发展也起了积极作用。

悌

"悌"是个晚出的字,在《论语》中均作"弟",本意是敬爱兄长。《论语》中孔子谈论悌只有3处:一处在《学而》篇,孔子曰:"弟子入则孝,出则弟,谨而信,泛爱众,而亲仁。行有余力,则以学文。"一处在《子路》篇,子贡问曰:"何如斯可谓之士矣?"子曰:"行己有耻;使于四方,不辱君命,可谓士矣。"曰:"敢问其次?"曰:"宗族称孝焉,乡党称弟焉。"曰:"敢问其次?"曰:"言必信,行必果;硁硁然,小人哉!抑亦可以为次矣。"曰:"今之从政者何如?"子曰:"噫!斗筲之人,何足算也!"另一处在《宪问》篇,"原壤夷俟。子曰:'幼而不孙弟,长而无述焉,老而不死,是为贼。'以杖叩其胫"。

从前两章看,"弟"都是在外尊敬年长的人,第三章可以理解为在家敬爱兄长,也可理解为在外尊敬长上,由此看来,悌既是家庭伦理,也是社会伦理。

孔子非常看重悌的社会作用。有人问他为什么不去从政,孔子引用《尚书》的话说:"'孝乎惟孝,友于兄弟,施于有政',是亦为政,奚其

射矍相圃图
孔子教育人要孝悌好礼。

为为政？"孝敬父母，友爱兄弟，把这种风气推行到治理上去，这就是参政了，为什么一定要做官才能是从政？将宗族内的友爱推行到社会上去改善社会。受孔子的影响，弟子有若更加重视悌的作用，说："其为人也孝弟，而好犯上者，鲜矣；不好犯上，而好作乱者，未之有也。君子务本，本立而道生。孝弟也者，其为仁之本与！"（《学而》）将悌提高到仁的根本的高度。

廉

"廉"是个晚出字，甲骨文和金文中都没有发现。本指堂的侧边，也就是堂周墙外至台明外侧的地方，因为狭窄，所以《说文解字》说："廉，仄也。从广，兼声。"廉平直，有棱角，所以引申为正直、刚直、品行方正和廉洁，这就是廉的伦理学意义。

孔子谈论廉的话语不多，《论语》中仅有一章："子曰：'古者民有三疾，今也或是之亡也。古之狂也肆，今之狂也荡；古之矜也廉，今之矜也忿戾；古之愚也直，今之愚也诈而已矣。'"（《阳货》）这里的廉，就是传统伦理学的第一个意义：品行方正。

子贡辞行图

廉的伦理学第二个意义，见于《孔子家语》。子贡将任信阳宰，向孔子辞行，孔子教育他说："治官莫若平，临财莫若廉，廉平之守不可改也。"（《辩政》）做官公平最重要，面对财物，廉洁最重要。

做官廉洁从明

代开始成为官箴的主要内容，"吏不畏吾严而畏吾廉，民不服吾能而服吾公。廉则吏不敢慢，公则民不敢欺。公生明，廉生威"，虽然将平改成了公，但毫无疑问是从孔子的廉平操守演变来的。

耻

"耻"也是个晚出的字，不见于甲骨文和金文，古代作恥。《说文解字》说："恥，辱也。从心，耳声。"其伦理学意义就是知耻辱，保持羞耻之心。孔子对耻非常重视，《论语》中记录孔子谈耻有 10 次。

孔子主张人要知耻辱。弟子原宪问什么是耻，孔子说："邦有道，谷；邦无道，谷，耻也。"（《宪问》）。"邦有道，贫且贱焉，耻也；邦无道，富且贵焉，耻也"。那么怎样做官才行呢？"笃信好学，守死善道；危邦不入，乱邦不居；天下有道则见，无道则隐"（《泰伯》），要坚定自己的信念，努力学习，至死不变；不进入危险的国家，不居住在动乱的国家；天下清明就出仕做官，天下昏暗就隐居不仕。

要明辨耻辱，要明白什么是耻辱的行为，什么是不应该感到耻辱的行为。

什么是耻辱的行为？花言巧语，伪善的面容，十足的恭顺，是可耻的——"巧言、令

丑次同车图

三省自治坊
坊在今山东嘉祥曾子庙前。

色、足恭，左丘明耻之，丘亦耻之。"（《公冶长》）掩藏怨恨却与之交好是可耻的——"匿怨而友其人，左丘明耻之，丘亦耻之。"（《公冶长》）说话言过其实是可耻的——"君子耻其言而过其行。"（《宪问》）

什么是不应该感到耻辱的行为？虚心向地位低的人请教不是耻辱，要"不耻下问"（《公冶长》）；穿着破烂的衣服与衣着华贵的人在一起并不是耻辱——"衣敝缊袍，与衣狐貉者立，而不耻者，其由也与！"（《子罕》）

人应该怎样做才能避免耻辱？要时刻保持羞耻之心，"行己有耻"（《子路》）；说话要慎重，"古者言之不出，耻躬之不逮也"（《里仁》），说到而做不到是可耻的；要有高尚的追求，"士志于道，而耻恶衣恶食者，未足与议也"（《里仁》）；治理国家要使百姓有羞耻之心，"道之以政，齐之以刑，民免而无耻；道之以德，齐之以礼，有耻且格"（《为政》）。

忠

"忠"字出现较晚，甲骨文中没有，金文最早始见于战国晚期约公元前310年左右的中山王鼎、壶铭文："余智（知）其忠（信）"、"竭（竭）志尽忠"。忠在文献中使用也很晚，《尚书》《诗经》中无忠字，《左传》中忠字才出现数十次。桓公六年（前706），季梁劝随君说："所谓道，忠于民而信于神也。上思利民，忠也。"忠要求国君利民、忠于百姓。庄公十年（前684），齐鲁长勺之战前，曹刿论战，庄公认为衣食分人、祭祀以信可以为战，曹刿认为小惠未遍、小信未孚，民不从，神不佑，不可为战。当庄公认为"小大之狱，虽不能察，必以情"时，曹刿认为可以为战，因为此为"忠之属也"，这里的忠指的是国君忠于职守、忠于百姓。以后有僖公九年（前651）晋人荀息说"公家之利，知无不为，忠也"；成公九年（前582）晋范文子说"无私，忠也"；襄公十四年（前559）楚人子囊说："将死不忘卫社稷，可不谓忠乎？"昭公六年（前541）赵孟称赞叔孙说"临患不忘国，忠也"，以上忠均指利国、利公、利民，并非臣事君的道德要求，这是忠的本意。

专指臣事君道德要求的忠，在《左传》中也出现了。僖公五年（前655），晋国士蒍奉命为公子修筑城堡，故意将柴草放置在城墙中。当国君责问时，士蒍回答说，筑城于国家不利，容易被人用来对抗国君，筑城不坚固是不敬，筑城坚固被敌人利用是不忠——"守官废命，不敬；固仇之保，不忠。失忠与敬，何以事君？"将忠作为事君的要求之一。

作为政治伦理的忠，之所以出现得很

因膰去鲁

孔子主张以道事君，不可则止，鲁国祭祀后没有按照礼制将祭品分赐大夫们，孔子主动辞官而去。

晚，是社会制度造成的，是宗法社会实行以亲亲为原则的家族和政治体制，这种制度到西周初年已逐步完善。在这种制度下，君臣关系既是政治关系，也是具有血缘关系的宗族关系，孝才是社会的最高规范和道德准则，既是家庭道德，也是社会道德。

忠作为政治道德，是随着封建关系的产生而产生的。春秋时期，随着生产力的发展，生产关系和政治制度逐渐开始变化。奴隶主或开辟土地致富，或经商致富，或从事制造业致富，逐渐形成大夫富过诸侯、诸侯富过天子的局面。致富的诸侯开始争霸，致富的大夫开始夺位，而未富的诸侯和大夫，也不甘心失去自己原有的地位。为了达到争霸、夺位和自保的目的，诸侯、大夫争相招贤纳士，招纳了许多没有血缘关系的人士为官，逐渐突破了宗族关系的政治体制，原有的孝道已经无法用来维护新的政治关系。为了约束这些没有血缘关系的官员，维护新生的政治关系，忠作为新的行为准则出现了，它要求臣子忠诚于自己的君主，忠君的思想于是产生了。

忠在《论语》中18见，其中单独出现11次，以忠恕合词出现1次，忠信合词出现6次。从内容看，分别属于从政、事君、治民、交友、处世、修养等问题，大都属于处理人际关系的范围。把这些处理人际关系的言语进行分类，最为突出的是交友、治民、事君三大类，分别属于个人与个人、个人与集体之间的关系。

忠在朋友关系中，指接人待物要尽心竭力、真诚专一。孔子谈论忠，最多的是交友，直接谈论交友的有7章（内一章重复），涉及待友的原则、择友的标准、待友的方法，内容很丰富。

朋友关系是一种重要的人际关系，与君臣关系、父子关系、夫妇关系、兄弟关系并称为五伦，是人与人之间最基本的关系之一。在五伦中，朋友关系是最不稳定的，父子、兄弟有血缘关系维系，夫妇有爱情关系维系，君臣有禄位的授受关系维系，而朋友既没有血缘的、情感的关系维系，也没有政治的关系可以借助，孔子认为朋友关系只能依靠忠来维系。

忠一直被孔子当作交友的基本原则，交友属于人与人之间的关系，孔子将忠列为人与人关系的道德原则，这是孔子对忠内容的扩大。

《论语》记载："樊迟问仁。子曰：'居处恭，执事敬，与人忠，虽至夷狄，不可弃也。'"（《子路》）对人忠诚，被孔子当作人的最高道德品质——仁的重要内容。忠诚于朋友，要对朋友进行教育："忠焉，能勿诲乎？"（《宪问》）发现朋友有了问题，要忠心劝告，好好引导，如果不听从，那就罢了，不要自找羞辱，伤害了朋友感情——"子贡问友。子曰：'忠告而善道之，不可则止，毋自辱焉。'"（《颜渊》）所以孔子一再教育弟子"主忠信""言忠信""言思忠"。在孔子的教育下，弟子们非常重视待人以忠，曾子就曾把"为人谋而不忠乎"作为"吾日三省吾身"的首要内容，是深得孔子交友原则真谛的。

忠在官民关系中要求官员忠于职守。"子张问政。子曰：'居之无倦，行之以忠。'"（《颜渊》）"季康子问曰：'使民敬，忠以劝，如之何？'子曰：'临之以庄，则敬；孝慈，则忠；举善而教不能，则劝。'"（《为政》）这两章的"忠"属于两种类型，前者要官员尽心竭力，后者讲执政官员怎样才能使人民尽心竭力，其实这两章都是对执政官员的要求。执政官员希望人民尽心竭力，但要想人民尽心竭力，官员必须从自身做起，要孝顺长上，慈爱幼小，勤勤恳恳，尽心竭力。

君臣关系是一种被注入政治伦理的特殊人际关系，在这种关系中，主体和客体的关系是不平等的：客体君居于主导地位，主体臣位于从属地位。但事君不仅仅是人与人之间的关系，而且还是个人与集体之间的关系，因为国君是国家的代表，事君就是服务国家。

忠在君臣关系中要求双方都要符合礼。"定公问：'君使臣，臣事君，如之何？'孔子对曰：'君使臣以礼，臣事君以忠。'"（《八佾》）"臣事君以忠"，是孔子对春秋中期以来忠君思想的继承，但这绝不是简单的继承，而是进行了发展。这个发展，就是"君使臣以礼"，将臣子单方面的忠君义务，修正为君臣双方互有条件的义务。"臣事君以忠"是有前提的，这个前提就是"君使臣以礼"。国君只有依礼使用臣子，臣子才能忠心地服事君主，这是孔子提出的君臣关系的准则。如果国君不依礼使用臣子，臣子应该怎么办？孔子在此章中没有说，但在其他章中说得很明白——"以道事君，不可则止。"（《先进》）孔子是这样说的，也是这样做的，当鲁国国君没有按照礼仪在祭祀后向大夫们分送祭品时，孔子毫不贪恋荣华富贵，毅然辞官出走。在《论语》中，孔子还多次提到事君的原则，要"事君尽礼"（《八佾》），以礼事君；对国君的不良行为，要"勿欺也，而犯之"（《宪问》）。

孔子给忠增加了利他的含义，使忠从利民、利公、利国、利君的单纯政治伦理范围，扩大到利他的社会伦理，忠不再仅仅是处理人与集体关系的准则，还成为处理人与人关系的准则。

东汉时，随着集权制的加强，孔子主张的"君使臣以礼、臣事君以忠"的君臣关系，被僵化成"君为臣纲"，忠君思想强化了专制集权，禁锢了人们的思想。20世纪以来，人们将孔子当作"君为臣纲"的始作俑者、专制集权主义的祖师爷而大加挞伐，其实这是不公正的。

孔子论忠主要是朋友关系，虽然也谈了忠君问题，但忠君是有前提的。结合《论语》中孔子关于事君的论述、评价看，孔子的忠君观念是很淡薄的：一是孔子没有后世儒家所强调的"君权神圣不可侵犯"的观念。商汤、周武王作为臣子发动战争，分别推翻了残暴的君主夏桀和商纣王，孔子不但没有非议这种"弑君"行为，反而称赞他们为君子。在《论语》中，就称赞商汤举伊尹的行为，称赞武王有至德。由此可见，孔子不但没有后世的忠君思想，反而赞成推翻残暴的君主。二是孔子没有后世所提倡的"忠臣不事二主"的概念。管仲是公子纠的老师，公子纠被齐桓公逼死，管仲不仅没有为公子纠尽忠，反而为公子纠的敌人齐桓公效力，帮助齐桓公成就霸业。像管仲这样一位"贰臣"，孔子不仅没有指责他，反而高度评价他具有"仁"德——孔子心目中最高的品德："桓公九合诸侯，不以兵革，管仲之力也。如其仁！如其仁！"（《宪问》）后人将"君为臣纲"的始作俑者强指为孔子，是毫无道理的。

忠君只是忠的特殊政治涵义，是利国、利公、利他意义的转化，将利国、利公、利他的对象限定为国君一个人，将个人与国家的关系界定为与国君一人的关系。在历史上，忠君与爱国是联系在一起的，国君是国家的代表，忠君就是爱国。岳母在岳飞背上刺"精忠报国"，尽忠的目标就是国家。虽然中国历史上出现过许多不分青红皂白只效忠于一姓的愚臣，但真正的忠臣，并不是忠于某姓或某位国君，而是忠于中华民族。南宋末年，李庭芝拒不执行投降了蒙古的小皇帝和谢太后令他降元的旨意，文天祥在南宋灭亡后仍然坚不降元，他们才是真正的忠臣。古人都能正确

岳母刺字雕像

对待忠君与爱国，我们就不能正确对待忠君思想吗？何况，帝制已经垮台了一百多年，早已没有了国君。只要我们将忠的特殊政治涵义，定位为忠于国家，就可以继续发挥忠的作用。

恕

"恕"字出现很晚，孔子之前的文献《尚书》《诗经》等均未见，《论语》中虽然只出现两次，但这不影响其作为孔子思想的重要组成部分和伦理思想的重要内容。

《说文解字》说"恕，仁也。从心，如声"，是形声字，解释并不准

确。恕应该是个会意字，恕就是随从自己的心，《说文解字》"如，从随也"，从随就是随从，再引申就是像，像自己的心。随从自己的心，就是在对外交往中以自己的心去随从他人的心；像自己的心，就是对待他人就像要求别人对待自己一样，以己之心度他人之心。

在《论语》中，孔子仅有一次谈到恕。子贡问："有一言可以终身行之者乎？"孔子回答说："其恕乎！"进而解释说："己所不欲，勿施于人。"（《卫灵公》）《中庸》中，孔子也有内容与此相同的话——"忠恕违道不远。施诸己而不愿，亦勿施于人。"孔子还以自己为例，作了详细的解释："君子之道四，丘未能一焉：所求乎子以事父，未能也；所求乎臣以事君，未能也；所求乎弟以事兄，未能也；所求乎朋友先施之，未能也。"君子的行为准则有四条：用要求人子应有的行为侍奉父亲，用要求臣子应有的行为去事奉君主，用要求弟弟应有的行为去事奉兄长，用要求朋友应该做到的行为，自己首先去做到。可见孔子讲的恕，是人己统一的情操，体现了人与人关系的平等，表现了孔子对他人人格的尊重。

《论语》中的第二个恕，来自弟子曾参对孔子的评价。孔子自述"吾道以一贯之"，但并没有解释具体的内容，曾子解释说："夫子之道，忠

忠恕堂内景
堂在孔府内，为纪念"夫子之道忠恕而已矣"而建。

恕而已矣。"（《里仁》）将忠与恕看作是贯穿孔子思想的基本观念。对忠
恕，朱熹解释说："尽己之谓忠，推己之谓恕"，恕就是推己及人。

　　《左传》也记载了孔子关于恕的一段话："有臧武仲之知而不容于鲁
国，抑有由也，作不顺而施不恕也。《夏书》曰：'念兹在兹。'顺事恕施
也。"（《襄公二十三年》）臧武仲以幼代长成为臧氏宗子，且又帮助季武
子废长立幼，所以孔子批评他不顺于事理、不合于恕道，自己做事已经
违背了事理，怎么能再帮他人做违背事理的事情呢？

子羔仁恕图

　　《礼记》中也有孔子讲恕的记载："无服之丧，内恕孔悲。"（《孔子闲
居》）君子对于五服亲人之外的丧事也很悲伤，因为别人的丧事如同自己
的丧事一样，也体现了孔子恕的思想。

　　现代学者认为"己所不欲，勿施于人"是恕的低等境界，而"己欲
立而立人，己欲达而达人"才是恕的更高境界。孔子在回答子贡另一次
提问时说："夫仁者，己欲立而立人，己欲达而达人。能近取譬，可谓仁
之方已。"（《雍也》）汉代孔安国解释说："但能近取譬于己，皆恕己所欲

而施之与人",认为己欲立而立人、己欲达而达人是恕,是恕己所欲而施之与人。朱熹赞同孔安国的意见,他说:"近取诸身,以己所欲譬之他人,知其所欲亦犹是也,然后推其所欲以及乎人,则恕之事而仁之术也。"(《四书集注》)认为近取于己,以自己的欲望比于他人,他人的欲望与自己相同,然后将自己的欲望放在他人身上,就是恕的内容和实行仁德的办法。

恕可以通过以己度人、推己及人,达到人际关系的和谐。反映了古代思想家追求人与人之间平等、对人宽容体谅的美好愿望,是一种与人为善、成人之美的优秀品格。

让

《说文解字》说"讓,相责让,从言,襄声",是个形声字。此说恐怕不确,让的本意恐怕不是相责让。《尚书》中让字出现 11 次,无一作责让讲;《诗经》中出现一次,"受爵不让",也不作责让讲;《论语》中出现 7 次,均不作责让讲。作责让讲的让字,最早出现在《左传》中,桓公八年(前 704)"使蔿章让黄";僖公五年(前 655),晋献公派士芄为二公子修筑城邑,墙里放进了木柴,"公使让之",派人去责备士芄。《尚书》《诗经》《论语》中的谦让、辞让、推让,就是让的伦理意义。

孔子主张礼让贤能。泰伯为了实

题季札墓图
季札是吴国公子,谦让不任国君,决定兄弟轮流担任,三个哥哥都当了国君,他最后还是不当。孔子很佩服他,为他题写墓碑。

现父亲的意愿，与二弟仲雍出国南走，让国于幼弟季历，孔子盛赞："泰伯其可谓至德也已矣，三以天下让，民无得而称焉。"（《泰伯》）推许他有最高的品德，人们都找不出合适的语言赞颂他。孔子主张礼让治国——"能以礼让为国乎，何有？不能以礼让为国，如礼何？"（《里仁》）礼让治国是礼仪的本质，不能以礼让治理国家，那礼仪还有什么用处呢？

四子侍坐塑像
孔子让四个弟子各谈志向，批评子路不谦让。

孔子提倡谦让，他派弟子漆雕开去做官，漆雕开回答说"吾斯之未能信"，对自己的能力还没有信心，孔子听了很高兴，认为漆雕开在世人所追崇的权位上能够做到谦让（《公冶长》）。相反，弟子子路抢先回答，就受到孔子的讥笑。孔子要弟子们谈论各自的志向，子路抢先回答说："千乘之国，摄乎大国之间，加之以师旅，因之以饥馑，由也为之，比及三年，可使有勇且知方也。"孔子对他报以面带讥刺的微微一笑，其后他对曾皙解释说："为国以礼，其言不让，是故哂之。"（《先进》）应该以礼让治国，子路却抢先发言，一点都不谦让，如何礼让贤能，解决他所说的那种内忧外患的国政问题呢？国家要兴起礼让之风，就需要管理者以身作则——"君子贵人而贱己，先人而后己，则民作让。"（《礼记》）对谦让要进行分析，在仁德面前，就是自己的老师也不能谦让——"当仁，不让于师。"（《卫灵公》）

让并不是一味地相让，什么都相让，而是在功、名、权、利上先人后己，而在职责、义务上先己后人。孔子曾这样教育弟子："孟之反不伐，奔而殿，将入门策其马，曰：'非敢后也，马不进也。'"（《雍也》）孔子以此教育弟子，在荣誉面前要推让。孔子强调说："善则称人，过则称己，则民不争；善则称人，过则称己，则怨益亡"；"善则称人，过则称己，则民让善"；"善则称君，过则称己，则民作忠"；"善则称亲，过则称己，则民作孝"（《礼记·坊记》），就会改善社会风气，创造良好的社会环境。

孔子推崇谦让，反对有悖于谦让的行为。弟子原宪问他："克、伐、怨、欲不行焉，可以为仁矣？"孔子回答说："可以为难矣，仁则吾不知也。"（《宪问》）如果能做到没有好胜、自夸、怨恨、贪心这四种毛病是很难的，但不好胜、不自夸并不是谦虚礼让，所以还不能算是仁德。

让还有谦逊的意思，这是孔子每到一个地方了解本地政事的一个手段。子禽曾问子贡："夫子至于是邦也，必闻其政，求之与？抑与之与？"子贡回答说："夫子温、良、恭、俭、让以得之。"（《学而》）孔子对一个国家政事的了解，是通过谦逊等办法来取得的，他获取的办法和别人是不同的。

恭

《说文解字》说："恭，肃也，从心，共声"，"肃，持事振敬也……战战兢兢也"。做事恭恭敬敬、小心谨慎，如同在深渊的边缘。结合两者来看，恭的意思是敬肃、恭敬和顺，自己容貌举止端庄严肃，对他人谦虚和顺。

恭是传统的伦理道德之一，《尚书》中已频繁使用，《诗经》中也出现6次，除个别作奉行讲外，大多为伦理意义的恭。《论语》中出现13次，8次出自孔子之口，2次是对孔子的评价，由此可见孔子是很重视恭这种伦

舞雩从游图

理道德的。

孔子非常重视恭，认为恭不仅是个人的举止问题，还是道德问题。"樊迟问仁，子曰：'居处恭，执事敬，与人忠，虽之夷狄，不可弃也。'"（《子路》）平日容貌端庄，对工作严肃认真，对别人忠心耿耿，被孔子当作最高的道德规范仁的内容。弟子子张问仁，孔子告诉他"能行五者于天下为仁矣"，并解释五者是"恭、宽、信、敏、惠"（《阳货》），恭敬就不会遭受侮辱，能够将恭、宽、信、敏、惠推行于天下就是仁人。孔子认为，一个好的政治家，态度要庄严恭敬，他赞扬子产"有君子之道四焉：其行己也恭，其事上也敬，其养民也惠，其使民也义"（《公冶长》），个人容颜庄严恭敬是君子之道之一；赞扬舜"恭己正南面而已矣"。当然无为而治仅靠端庄严肃地坐在朝堂上是不行的，还必须选拔重用贤人才可以。

所以孔子非常注意容貌举止，他说："君子有九思：视思明，听思聪，色思温，貌思恭，言思忠，事思敬，疑思问，忿思难，见得思义。"

（《季氏》）"貌思恭"，容貌举止庄严和顺，是君子必须考虑的九项内容之一。孔子是这样说的，也是这样做的，《论语》中说他"温而厉，威而不猛，恭而安"（《述而》），温和而严厉，威严而不凶猛，庄严而安详。子禽问子贡，孔子到了一个国家，很快就了解了这个国家的政事，是孔子打听来的呢，还是别人主动告诉他的呢？子贡说："夫子温良恭俭让以得之。"

任何一个人都应该对人恭敬，但不是越恭敬越好，而是应该合乎礼。孔子说："恭而无礼则劳。"（《泰伯》）容貌端庄，词色恭谨，不合礼节，劳而无功，只能徒增劳倦。弟子子夏说："君子敬而无失，与人恭而有礼，四海之内皆兄弟也，君子何患乎无兄弟也。"（《颜渊》）另一个弟子有若说："恭近于礼，远耻辱也。"（《学而》）恭必须合乎礼。

恭是美德，但不能虚伪，"巧言，令色，足恭，左丘明耻之，丘亦耻之"（《公冶长》），花言巧语，伪善的容貌，十足的恭顺，孔子认为是最可耻的。

敬

《说文解字》说"敬，肃也"，与恭的内容一致。现在人们也恭敬连用，其实，恭与敬还是有很大差别的。在《论语》中，敬字共出现

孔子塑像
1530 年，明朝规定除曲阜孔子庙保留孔子塑像外，其他孔庙一律改为牌位。

21次，其中16次出自孔子之口。敬的内容除了与恭相同的端庄恭谨外，还有尊敬、尊重和慎重、严肃认真等含义。所以敬包括三方面的内容：一是对工作、对事业的慎重、严肃认真；二是对他人的尊敬；三是居家行事的端庄恭谨。

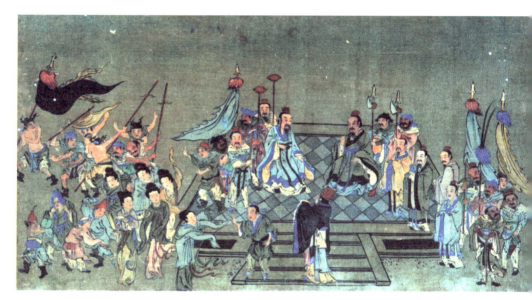

夹谷会齐图

对工作，孔子主张"事思敬""执事敬"，工作前就要考虑严肃认真地对待工作，工作中要采取严肃认真的工作态度。孔子是这样说的，也是这样做的。齐鲁两国国君夹谷相会，鲁弱齐强，弱国无外交，本来就处于劣势的鲁国，很容易在这种外交活动中吃亏，但孔子有严肃认真的工作态度，未雨绸缪，"文事而有武备"，事先设置了两个司马，在会盟地点附近布置了军队，盟会时据礼力争，挫败了齐国的一个又一个阴谋诡计，最后不但使鲁国在外交上获得了胜利，而且取得了军事上没有取得的胜利，收回了被齐国用武力夺取的土地。

对他人要尊敬，包括对父母、对国君、对朋友的尊敬。对父母要敬——"今之孝者，是谓能养。至于犬马皆能有养，不敬，何以有别乎？"（《为政》），对父母尊敬，是人与动物的根本区别。对待父母要心

子赞子产图（江逸子绘）

存恭敬，对父母不对的地方要婉转地劝谏，自己的意见没有被接受，也要"又敬不违"。对国君要敬，孔子赞扬子产"事上也敬"，对国君的尊敬要落实在工作中，"事君，敬其事而后其食"，先做好自己的工作然后再考虑自己的报酬，这也是职业道德问题。对朋友要敬，楚人天热怕鱼腐烂赶快送给孔子，孔子接受后仍然举行祭祀；朋友送给他用陶器煮熟、盛放的食物，孔子也很高兴地接受，这是对朋友的尊敬。

居家行事要"行笃敬"，做事忠厚严肃；行礼要敬——"居上不宽，行礼不敬，临丧不哀，何以观之哉？"（《八佾》）

管理者希望治下的百姓都能认真对待自己的工作，但要百姓有严肃认真的工作态度，管理者首先要提高自己的修养，"修己以敬"，修养自己，严肃认真地对待工作。其次要用严肃认真的态度来治理，"临之以庄，则敬"，"不庄以临之，则民不敬"（《卫灵公》），治理百姓要"居敬而行简"，"敬事而信"，态度严肃认真，处理事情要简易，不烦民，不扰民。管理者要想得到百姓的尊敬就要讲究礼节，"上好礼，则民莫敢不敬"

（《子路》）。

教育思想

孔子是中国历史上也是世界历史上第一个伟大的教育家，他提倡有教无类，首创私学，广收门徒，弟子三千，贤人七十二，培养了一大批德才兼备的人才。他一生诲人不倦，积累了丰富的教育经验，创造了科学的教育方法和教育方式，创立了完整的教育理论，为继承、发展和传播古代文化做出了重大贡献。他十五志学，学无常师，学而不已，为后人留下一套珍贵的学习方法。孔子的教育主张、教育目的、教育方法以及学习方法，直到今天仍然闪耀着智者的光辉。

教育主张

孔子主张"有教无类"（《卫灵公》），教育不分富贵贫贱，每个人都可以教育，每个人也都应该接受教育。孔子之所以提出这样的主张，这是因为孔子认为"性相近也，习相远也"（《阳货》）。孔子的观点是正确的，存在决定意识，成长过程中的家庭和社会环境，决定着人的思想意识的形成。人的思想意识是后天形成的，是可以通过教育培养的。人通过教育，可以培养良好的道德，掌握丰富的知识，所以人人都可以而且应该接受教育。

有教无类在当时是一个革命性的口号，它打破了贵族阶级对教育、对文化知识的垄断。在孔子之前的社会中，教育主要是官办和自办，"古之教者，家有塾，党有庠，术有序，国有学"（《礼记·学记》），在党、术、国等各级政区有名称为庠、序、学的各级学校，贵族家庭也开办私塾。但到孔子生活的时代，官办教育已经衰落了，教育主要在贵族中进行，只有贵族有能力开办家塾，平民是办不起家庭学校的，奴隶更没有受教育的资格，只有贵族子弟才有接受教育的资格和权力，平民子弟接受教育的可能性很小。

孔子不仅提出有教无类的教育主张，而且将"有教无类"的主张付诸实施。他首创私学，将教育扩大到民间，将受教育的对象扩大到平民子弟。孔子终生从事教育事业，弟子三千中，虽然有南宫敬叔、司马牛等贵族子弟、子贡等富商巨贾，但更多的是出身低微的平民、贱人和野人。孔子最喜欢的弟子颜回一箪食、一瓢饮、家住陋巷，是个平民；著名弟子子路戴着雄鸡式的帽子，佩着公猪皮装饰的宝剑，穿着以乱麻为絮的袍子，是个野人；另一个著名弟子原宪"终身空室蓬户，褐衣疏食"，也是个穷人。所以当时有人就说"夫子之门何其杂也"，子贡解释说："君子正身以俟，欲来者不拒，欲去者不止。且夫良医之门多病人，檃栝之侧多枉木，是以杂也。"（《荀子·法行》）这充分说明，孔子确实是实践了自己有教无类主张的。

孔子不仅教育优秀的青少年，还重视教育愚顽落后的青少年。《论语》记载："互乡难于言，童子见，弟子惑。"孔子教育弟子们说："与其进也，不与其退也，唯何甚？人洁己以进，与其洁也，不保其往也。"人家要求进步，就要鼓励他，不要死记他的过去。

有教无类，充分表现了孔子思想的平民性和民主性，是孔子"泛爱众，而亲仁"仁爱思想的具体实践。孔子有教无类的教育主张，是中国教育史、文化史上划时代的口号；有教无类的实践，是中国古代教育史、文化史上的创举；有教无类的主张和实践，为中国开创了文化下移和教育普及的道路，对传统文化的广泛传播和中国的进步和发展，都做出了重大贡献。

教育目的

孔子对于自己创办教育的目的没有明说，倒是弟子子夏道出了孔子兴办教育的真实目的——"学而优则仕。"孔子确实是提倡"学而优则仕"的，他说："先进于礼乐，野人也；后进于礼乐，君子也。如用之，则吾从先进。"这实际上是主张学而优则仕，将学习与做官联系起来。

学而优则仕的主张，多年来一直受到批判，认为是落后的，但在当

时却是一个革命的口号。孔子时
代，采用的主要是世卿世禄制度，
官位由贵族世袭，而且一般是父
死子继。像当时的鲁国，司徒由
季孙氏家族世袭，司空由孟孙氏
家族世袭，司马由叔孙氏家族世
袭，鲁国的权力就由这三家贵族
把持。孔子主张学而优则仕，使
学习成绩优秀的平民子弟能够做
官从政，这就打破了贵族世卿世
禄的制度，进步性、革命性是不
言而喻的。

　　孔子不仅主张学而优则仕，
而且鼓励弟子们努力学习，不必
担心没有官做，不要担心没有人

杏坛设教图（明 吴彬）

圣门四科图

了解自己，只去考虑学好本领就行了，学好本领自然就有人赏识你，自然有官做——"不患无位，患所以立"，"不患人之不己知，患其不能也"。他也是按照学而优则仕的目标培养弟子的，季康子曾经分别问孔子的弟子仲由、端木赐、冉求可以从政为官吗？孔子回答说："由也果，于从政乎何有？""赐也达，于从政乎何有？""求也艺，于从政乎何有？"对弟子们的才干，孔子是非常自负的。他确也培养了一大批人才，许多弟子或早或迟地都参加了政治活动。如孔子在世时，冉求、子路、子游、子贡、宓子贱等人已经走上政治舞台，显示了卓越的从政能力。弟子子路任蒲地的行政长官，孔子一进入他的辖区就再三称赞，子贡感到不理解——还没有看到子路如何处理政务就先称赞起来了。孔子说：土地平整，沟渠通畅，荒地开垦，说明子路为政认真诚信，老百姓尽力；城市内城墙、房屋坚固，树木茂盛，说明子路为政忠信宽厚，民风淳厚；衙门清静，工作人员尽心尽力，说明子路为政没有扰民。孔子的弟子们确实是卓有才干，推行了孔子的政治主张。

过蒲赞政图
子路为蒲宰，恭敬忠信，治理得很好，显示了政治才干。

为了改造社会，实现自己的政治理想，孔子后半生带着弟子们周游列国，栖栖遑遑，席不暇暖，奔走于各国诸侯之间，到处宣传自己的政治主张，寻求推行自己政治主张的机会。但是他"削迹于卫，伐树于宋，穷于商周，围于陈蔡"，吃尽了闭门羹，奔波14年也没有找到施展自己政治抱负的舞台。孔子一生不得志，就把实现自己政治理想的希望寄托在弟子们身上。他首创私学，目的就是培养推行仁政德治的政治人才，通过培养上事君以忠、下使民以惠的贤臣，实现小康社会，创造天下为公的大同世界。孔子去世后，弟子们"散游诸侯，大者为师傅卿相，小者友教士大夫"，在各诸侯国担任了高官，推行孔子的治理主张。在学术上，儒分为八，形成了八个不同的儒家流派，扩大了孔子思想的影响。不论在政治上还是在学术上，都形成了强大的儒家集团。孔子思想之所以产生这么大的影响，孔子的弟子们发挥了很大作用。

学而优则仕的教育主张，有利于推行贤人政治，改良社会政治，与孔子的举贤才思想是一致的，反映了当时的社会需要。打破不学而仕的世袭制，为平民从政开辟了道路，也为中国历史以后千余年的文官主政开辟了道路。孔子的学而优则仕思想，在世界历史上

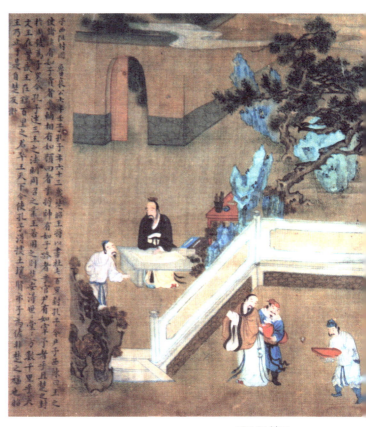

子西沮封图
楚国令尹（宰相）认为，孔子的弟子具有不同的才干。

也发挥了重要的作用，中国、朝鲜、越南和日本历史上，都曾经长期实行科举制度，把学习与出仕做官联系起来，形成了悠久的文官主政传统，既促进了文化的发展，也促进了社会的整体进步。

教学方法

孔子三十岁左右开始收徒设教，终身从事教育，在长期的教学实践中，孔子采用灵活多样的教学方式，因材施教、循循善诱、举一反三、不废不启、启发教学、循序渐进、教学相长，创造了一系列科学的教育方法，为后人留下了宝贵的遗产。

因材施教　教学活动不同于一般的生产活动，教育对象是各个不同的有着独立意识的人，而孔子有教无类，弟子的智力、性格、志趣千差万别，就决定在教学活动中不能采用同一种方式、方法教育所有的受教育者。孔子很早就注意到这一点，创造性地施行了因材施教的教学方法。

孔子说："中人以上，可以语上也；中人以下，不可以语上也。"（《雍也》）孔子并非要把弟子分成三六九等，而是要根据学生资质上的差异进行不同的教育。孔子说"柴也愚，参也鲁，师也辟，由也喭"（《先进》），孔子是很了解弟子的，当然要根据弟子的智力、性格进行有针对性的教育。《论语》记载了这样一件事：子路问孔子"闻斯行诸"，听到后就去做吗，孔子说："有父兄在，如之何闻斯行诸？"冉求又问同样的问题，孔子告诉他"闻斯行之"，听到后马上就去做。这使一旁的公西华大为不解，子路、冉求问的是同样的问题，老师你怎么给予完全不同的答案呢？孔子告诉他说，冉求做事退缩，胆子小，我就教他凡事要果断，听到了就马上去做；子路胆子大，我怕他冒失惹祸，就教他遇事先同父兄商量。这是孔子因材施教的一个非常好的例子。为了更好地因材施教，孔子经常通过交流，了解弟子的志趣，《论语·先进》篇中记载孔子要子路、冉求、公西华、曾点谈志向，《公冶长》篇中记载孔子要颜渊、子路谈志向，《孔子家语》记载孔子要子路、子贡、颜渊谈志向等，师徒谈论志向，使孔子了解了弟子，也使他能够有针对性地进行因材施教的教育。

循循善诱 孔子积极引导弟子潜心向学,"知之者不如好之者,好之者不如乐之者"。他以颜回为例,教育弟子要安贫乐道:"颜回一箪食,一瓢饮,在陋巷,人不堪其忧,回也不改其乐,贤哉回也。"激励弟子积极向上,"君子上达,小人下达"。教育弟子不要贪图安逸,"士而怀居,不足以为士矣",贪图安逸就不能算是士了。鼓励弟子追求仁德,"仁远乎哉?我欲仁,斯仁至矣"。鼓励弟子努力上

陋巷故址与陋巷井

进,赞扬颜回说"吾见其进也,未见其止也"。难怪弟子颜回说:"夫子循循然善诱人,博我以文,约我以礼,欲罢不能。"

舞雩台

舞雩台圣贤乐趣碑
孔子师徒经常活动的地方，在鲁国城南。

启发式教学 孔子教育学生，不是采取简单灌输的方式，而是采用启发式教学。他说"不愤不启，不悱不发，举一隅不以三隅反，则不复也"。教育弟子要独立思考，触类旁通，闻一知二，闻一知十，"告诸往而知来者"。

教学相长 《论语》还记载了这样一个故事，孔子说："有鄙夫问于我，空空如也，我叩其两端而竭焉。"（《子罕》）勤学好问，不仅自己增长了知识，也帮别人解决了问题。

在教学中，孔子提倡相互切磋，共同讨论，《论语》的许多篇章都是这种讨论切磋的记录。子贡问："贫而无谄、富而无骄，何如？"孔子说可以，"未若贫而乐，富而好礼者也"。子贡说《诗经》"如切如磋，如琢如磨"就是这个意思吧，孔子高兴地说，可以和你讨论《诗经》了，你能举一反三了。在学习中，他鼓励弟子们勇于发问，"不曰'如之何，如之何'者，吾末如之何也已矣"（《卫灵公》）。颜回虽然是孔子最喜欢的弟子，但不好提问，孔子就批评他"回也非助我者也，于我言无所不说"。子夏提问后，孔子就表扬他"起予者商也"，说子夏的提问对他自己也大有启发。

孔子之所以采用教学相长的方法，首先在于孔子对受教育者的重视，对年轻人的重视，他说："后生可畏，焉知来者不如今也？"

针对性教育　孔子的教育非常具有针对性，弟子问仁、问孝、问政、问君子，孔子几乎没有一个相同的答案。颜渊问仁，孔子的答复是，克己复礼，"克己复礼为仁，一日克己复礼，天下归仁焉"（《颜渊》）。子贡问仁，孔子告诉他"工欲善其事，必先利其器。居是邦也，事其大夫之贤者，友其士之仁者"（《卫灵公》）。子张问仁，孔子告诉他，能将恭、宽、信、敏、惠推行天下就是仁了——"恭则不侮，宽则得众，信则人任焉，敏则有功，惠则足以使人。"（《阳货》）仲弓问仁，孔子的回答是"出门如见大宾，使民如承大祭。己所不欲，勿施于人。在邦无怨，在家无怨"（《卫灵公》）。即使是同一个人问同样的问题，孔子也会给出不同的答案。樊迟三次问仁，孔子第一次回答说"仁者先难而后获，可谓仁矣"（《雍也》）；第二次答"爱人"（《颜渊》）；第三次回答"居处恭，执事敬，与人忠，虽之夷狄，不可弃也"。孔子与弟子的问答，没有记载下来问答的背景，所以难以理解孔子的针对性。但司马牛问仁，《史记》却记载了下来。司马牛问仁，孔子说"其言也讱"。司马牛又问，说话很难就是仁吗？孔子说"为之难，言之得无讱乎"？司马牛多言而躁，话多又急躁，所以孔子教他少说话，孔子的教育针对性是很强的。季康子问政，孔子说："政者，正也。子帅以正，孰敢不正？"针对性也是很强。季康子以大夫而执鲁国国政，鲁公成了傀儡，当然就名不正言不顺，自己不正难正人，你自己带头行正道，谁还敢不正呢？

创建和谐的教育环境　历代推崇孔子及其思想，将孔子神化；而历代艺术家创造的孔子形象，也是严肃端庄、不苟言笑。其实，孔子是一个很和善的长者，幽默健谈，与弟子们关系非常融洽。陈蔡绝粮时，七天七夜没有吃上饭，弟子们都饿得爬不动了，有的弟子开始怀疑孔子的思想，建议孔子降低自己的标准以适应社会，独有颜回认为，社会难以接受孔子的政治主张，这不是孔子的过错，是执政者的耻辱，孔子非

农山言志图
孔子师徒游农山，孔子让子路、颜回、子贡各谈志向。

常高兴，对颜回开玩笑说："颜氏之子，使尔多财，吾为尔宰。"（《史记·孔子世家》）《论语》还记载，子游任武城的行政长官，孔子带领弟子们来到武城，听到弦歌之声，孔子很高兴，说"割鸡焉用牛刀"？子游说："过去我听老师说，'君子学道则爱人，小人学道则易使也'，我用道来治理武城不对吗？"孔子马上承认自己刚才"割鸡焉用牛刀"的话说错了，对弟子们说："二三子，偃之言是也，前言戏之耳。"弟子子贡好议论别人的短长，孔子对他说："赐也贤乎哉？夫我则不暇。"意思是说，子贡你什么事情都做得那么好吗？评论别人，我可没有那闲功夫。

学习方法

孔子认为，人只有通过学习才能获得知识、提高能力、修养品德，即使你有追求良好品德和才能的愿望，如果不努力学习，也不会实现的。孔子曾指出不好学习的六种毛病："好仁不好学，其蔽也愚；好知不好学，其蔽也荡；好信不好学，其蔽也贼；好直不好学，其蔽也绞；好勇不好学，其蔽也乱；好刚不好学，其蔽也狂。"（《阳货》）仁德、智慧、诚实、直率、勇敢、刚强都是美德，但是只是喜好而不学习，就会分别带来愚蠢、放荡、被伤害、伤害、闯祸、狂妄等弊端。孔子主张，学习的内容不在多而在于应用，他说："诵《诗》三百，授之以政，不达，使于四方，不能专对，亦奚以为？"（《子路》）知识

学琴师襄图

学得再多，不会运用，就不会有任何意义。

孔子自述"吾十有五而志于学"，"学而不已，阖棺乃止"，他学无常师，敏而好学，发愤忘食，乐以忘忧，一生都在如饥似渴地追求知识。在长期的学习过程中，孔子总结出每事问、时习总结、学思结合、举一反三、不耻下问等学习方法。

每事问　孔子主张学习要每事问，对不懂的问题必须问，"知之为知之，不知为不知，是知也"。这就是知识，不能不懂装懂，不懂的地方就要向懂的人请教，请教问题不要计较被请教人的地位、身份、年龄，要"不耻下问"。"子入太庙，每事问"，以至于别人认为他不懂得礼仪——"孰谓鄹人之子知礼乎，入太庙，每事问"。懂得礼仪，进入太庙每事都

金人铭背图

要问，孔子说，这就是礼，不懂的地方就要问。

学无常师　孔子是自学成才的，没有专门的老师，谁有专长他就向谁学习。他曾向苌弘学习音乐，向郯子请教过古代的官制。向郯子问礼，是孔子青年时期唯一具有确切纪年的事情。鲁昭公十七年（前525），郯国国君郯子到鲁国访问，鲁国执政大夫叔孙昭子问起少昊以鸟名为官名的问题，郯子讲了黄帝、炎帝、共工、太昊、少昊的官制，孔子听说后，专门去向郯子请教，了解了许多古代历史知识，事后他赞叹说："吾闻之，'天子失官，学在四夷'，犹信！"这年，孔子二十七岁。

随时随地向人学习　孔子处处时时虚心好学，从不放过任何学习的机会，他说："三人行，必有我师焉。择其善者而从之，其不善者而改之"，"见贤而思齐焉，见不贤而内自省焉"。他是这样说的，也是这样做的。与别人一起唱歌，别人唱得好听，就一定请人再唱一遍，自己跟着学。他到了鲁国太庙，每事都要问，以至于别人认为他不懂得礼——"孰谓鄹人之子知礼乎？入太庙，每事问。"孔子知道后说"这就是礼啊"，自己不懂的问题就要问。问要不分对象，不计较身份高低，要不耻下问——"有鄙夫问于我，空空如也，我叩其两端而竭焉。"有个乡野之人提了个问题，孔子本来不懂，他就从问题的首尾两头去问他，最后不仅自己懂得了这个

观器论道图
孔子参观鲁桓公庙，借欹器"中则正，满则覆"教育弟子谦逊守成。

问题，增长了知识，还帮助别人解决了难题。

时习总结　学习是一个把外在知识转化为内在能力的过程。这样一个过程漫长而复杂，因此不可能一时一地将所有的知识全部内化为自身的能力，而要经过长期不断的积累。这就需要对已学过的知识，不断进行复习总结。所以孔子说"学而时习之"（《学而》）、"温故而知新"（《为政》），不断地复习学习过的内容。当然，这种复习不能是机械重复，也不能是简单的重复记忆。每次复习，都要有不同的角度、不同的重点、不同的目的，这样每次复习才会有不同的感觉和体会，一次比一次获得更深的认识，知识的学习与能力的提高，就是在这种不断的重复中得到升华的。

学思结合　孔子说"学而不思则罔，思而不学则殆"（《为政》），对"学"与"思"的辩证关系做出了十分精辟的论述。学就是要占有知识材料，思就是对看到的知识材料进行分析思考。学是思的基础，只有不断

楛矢辨隼图

正是掌握了正确的学习方法，孔子才成为博学的学者。

地充实新的知识，思考才能有所依据，才能不至于陷入毫无根据的臆想，所以孔子又说："吾尝终日不食，终夜不寝，以思，无益，不如学也。"（《卫灵公》）思是学的灵魂，在学习中，知识固然重要，但更重要的是驾御知识的头脑。如果一个人不会思考，他只能做知识的奴隶，知识再多也无用，而且也不可能真正学到好知识，产生新的思想和新的知识。对孔子学、思结合的学习方法，清初王夫之曾说："致知之道有二：曰学，曰思……学非有碍于思，而学愈博则思愈远，思正有助于学。"（《四书训义》卷6）认为学习和思考是相辅相成的关系。

由于受孔子思想的影响，历代王朝大都崇尚文化，重视教育，所以将孔子推崇为至圣先师，奉为万世师表，作为思想文化的代表，奉祀在国家的各级学校——文庙中。孔子的教育思想，内容非常丰富，他的教育方法是他一生从事教育事业的经验积累，很多都是人类思想的精华，具有永恒的价值，值得现代教育借鉴和仿效。

经济思想

孔子关于经济的论述不多，相关言论零散且不成系统，散见于《论语》等文献中。但孔子并非没有经济思想，仔细分析归纳，还是可以理出孔子经济思想大概的。

孔子非常重视物质生产，"所重民、食、丧、祭"。粮食是仅次于百姓被优先重视的事情，"足食足兵，民信之矣"（《颜渊》），所以孔子主张富民。初到卫国，他赞叹人口众多，冉求问，人口多了以后怎么办，孔子说"富之"，使他们富裕起来；冉求又问，富裕以后怎么办，孔子回答说"教之"（《子路》）。孔子的富、教主张，既体现了他的经济思想，也反映了他的政治思想，他的经济思想是为政治思想服务的。

在生产观点上，孔子认为生产劳动是小人的事情，君子、士人不应从事生产劳动——"君子谋道不谋食"（《卫灵公》），"君子怀德，小人怀土"（《里仁》），所以樊迟向他请教种庄稼和蔬菜，孔子不仅不教他，背后还骂他是小人。这并非是孔子看不起劳动，因为孔子要培养的是治国理政的人才。

在生产上，孔子提出了许多有利发展的主张：一是可持续利用自然资源。《论语》说孔子"钓而不纲，弋不射宿"（《述而》）。受孔子的影响，弟子宓不齐任单父宰时，就规定只准捉大鱼，不准捉小鱼，打鱼的人捉到小鱼都自觉地放回去。二是根据土地性质，合理种植农作物。孔子任鲁国司空时，将土地分成五类，因地制宜地种植各种农作物，结果"物各得其所生之宜，咸得厥所"（《孔子家语》）。三是不要耽误农时。中国自农业文明出现后一直以农立国，农业经济实际上就是国家经济。所以孔子一再提出要"使民以时"，国家从事建设，一定要选在农闲季节，不要在农忙时征用农民，以免影响农业生产。

在商业流通方面，孔子一是主张废除关卡，自由贸易。鲁国臧文仲

放鱼知德图

设置六关征收过往商品税，就遭到孔子的坚决反对。二是反对商业行为中的弄虚作假和欺诈行为。孔子治理鲁国三月以后，卖羊的沈犹氏再也不敢在早晨将羊灌得饱饱的，卖马牛的不敢再漫天要价，卖猪羊的不敢再以次充好了。三是支持弟子经商。孔子虽然反对弟子樊迟学种地，但不反对弟子子贡经商，反而称赞他"亿则屡中"，能准确地预测商品的行情。

　　在社会财富的分配上，孔子主张均衡，要兼顾贵族和劳动者双方的利益。孔子提出"不患寡而患不均"（《季氏》）的观点，主张薄赋敛，减少赋税，"敛从其薄"，征税要少。鲁哀公问孔子的弟子有若："年饥，用不足，如之何？"有若回答"盍不彻乎"，为什么不将税收标准由十分之二改为十分之一呢？鲁哀公认为"二，吾犹不足"，有若说："百姓足，君孰与不足？百姓不足，君孰与足？"（《颜渊》）这种以民为本的思想是非常可贵的，虽然是出自弟子有若之口，但无疑也反映了孔子的思想。孔子反对增加对农民的税收。西周初年实行助耕公田的贡赋法，将国家土地分作官田和私田，私田授给农民耕种，以解决其生活的需要，作为条件，农民必须无偿耕种公田，公田的收入归国家所有，被称为"什一而藉"，国家征收了大约十分之一的税，同时，国家还征收军赋，用于军事活动。但是到了春秋时期，随着社会的发展，旧的土地制度已经被打破，土地私有，赋税制度也必须改革。宣公十五年（前594），鲁国首先实行了"初税亩"制度，按照土地面积收税，大多学者认为，征税比例提高到十分之二，增加了一倍。哀公十一年（前484），季康子欲"用田赋"，将过去"有军旅之出则征之，无则已"的军赋，也改为按照土地面积征收而且改为年年征收的常赋。季康子事前派冉求去征求孔子的意见，刚刚被季康子迎接归国的孔子，也许对季康子有所期待，没有公开反对，私下对冉求表达了他的反对之意："君子之行也，度于礼，施取其厚，事举其中，敛从其薄"，要采用周公之典，收税要少。当冉求帮助季孙氏推行田

鲁国大治图

赋时，孔子大怒，鼓动弟子们"鸣鼓而攻之"，反对季孙氏的横征暴敛。

在消费上，孔子主张：一是国家财政开支要节用克俭。孔子三十多岁时逗留齐国，齐景公向他问政，孔子回答说"政在节财"。孔子还说"道千乘之国，敬事而信，节用而爱人，使民以时"（《学而》），这和他的仁政思想是一致的；二是个人消费要依礼而行，既不能奢侈，也不能吝啬，要俭奢合度。他说："奢则不孙，俭则固，与其不孙也宁固。"（《述而》）"礼，与其奢也宁俭；丧，与其易也宁戚"（《八佾》），以礼行事，都要坚持节俭的原则。

管理思想

孔子的管理思想是一个比较完整的体系，内容非常丰富，包括行政管理、经济管理、军事管理、人才管理、教育管理等方面，其基础是仁，核心是道德教化，手段是德治、法治和礼治的三结合，特点是重视人才，原则是中庸，最高标准是无为而治，目的是创造和谐的社会。

管理思想的基础　孔子管理思想的基础是仁。仁是孔子思想的核心，按照孔子的解释，仁就是爱人。孔子主张仁者爱人，在管理中重视人的作用，以人为本，以人为核心，进行人性化管理。孔子说"己所不欲，勿施于人"，处理任何事情，首先以自己的感受从他人的角度来考虑，以己之心，度他人之腹。又说"己欲立而立人，己欲达而达人"。孔子的这种观点，体现了对他人的尊重，对他人的关怀，替他人着想，为他人谋利。不论管理者还是被管理者，都应该具有这种情怀；不论是管理还是经营，都应该遵守这样的原则。

国家管理方式　孔子爱人的思想，表现在政治上也就是在国家管理上，就是要进行德治，推行仁政，实行以德治国、以法治国和以礼治国三结合。

孔子提倡以德治国，主张依据道德来处理政事，形成了系统的以德治国的思想。他说："道之以政，齐之以刑，民免而无耻；道之以德，齐之以礼，有耻且格。"（《为政》）用道德引导，用礼教整顿，既是孔子行政管理思想的核心，也是他整个管理思想的核心。

化行中都图

    孔子主张德治，提倡进行教化，反对严刑峻法，但并不否定刑罚。郑国子产在临死前对子大叔交代后事说："我死，子必为政。唯有德者能以宽服民，其次莫若猛。夫火烈，民望而畏之，故鲜死焉；水懦弱，民狎而玩之，则多死焉，故宽难。"子大叔执政后"不忍猛，而宽，郑国多盗，取人于萑苻之泽"。子大叔后悔自己没有听从子产的建议，"吾早从夫子，不及此"，"兴徒兵以攻萑苻之盗，尽杀之，盗少止"。孔子对这件事评论说："政宽则民慢，慢则纠之以猛，猛则民残，残则施之以宽。宽以济猛，猛以济宽，政是以和。"（《左传·昭公二十年》）孔子虽然赞同用严厉作为宽大的补救，但反对不进行教育就严厉处罚，他说"不教而杀谓之虐"。担任鲁国大司寇时，有父子打官司，孔子把他们关在监狱里三个月都不审理，父亲请求撤诉，孔子就释放了他们。鲁国司徒季桓子认为应该杀掉儿子以教育百姓孝敬长辈，孔子说："上失其道而杀其下，非理也。不教以孝而听其狱，是杀不辜。三军大败，不可斩也；狱犴不治，

不可刑也。何者？上教之不行，罪不在民故也。"（《孔子家语·始诛》）

孔子虽然主张法治，但同时又主张省刑罚。他赞同"善人为邦百年，亦可以胜残去杀"（《子路》）的观点。季康子问孔子"如杀无道以就有道"怎么样时，孔子就明确反对："子为政，焉用杀？"（《颜渊》）孔子认为法治的最高标准，是"威厉而不试，刑错而不用"（《孔子家语·始诛》）。

孔子提倡以礼治国，主张"道之以德，齐之以礼"。按照礼仪规范治理国家，国家就很容易治理——"上好礼，则民莫敢不敬"，"上好礼，则民易使也"。即使是国君，也要按照礼仪规范使用臣子——"君使臣以礼，臣事君以忠。"所以，孔子主张以礼治理国家："能以礼让为国乎何有？不能以礼让为国，如礼何？"（《里仁》）"齐之以礼"就是用礼仪规范人们的行为，通过教育使人们自觉地使自己的行动符合社会规范。孔子主张以礼治国，所以一再教育弟子要"约之以礼"，严格用礼约束自己的行为："非礼勿视，非礼勿听，非礼勿言，非礼勿动"，要"克己复礼"，努力克制自己，使自己的行为合乎礼的规定。

对于礼的作用，孔子的弟子曾参说得很明白："礼之用，和为贵。"礼的作用就在于创造和谐的环境，和谐是社会发展的基本条件，不仅国家需要和谐的环境，一个家庭也都需要和谐，只有在和谐的环境下，才能更好地发展。

现在人们一般都认为，中国历史上是以德治国与以法治国相结合，其实中国历史上是以德治国、以法治国和以礼治国三者相结合的。

用道德治理国家，主要是对百姓进行思想教化，如同现在的思想教育，没有强制性，是软的；用法律治理国家，法律是强制性的，百姓必须执行，否则就会受到惩罚，是硬的；而礼介于两者之间，礼仪规范不像法律那样具有很强的强制性，一般的违背礼仪不会受到法律的严惩，但会受到社会舆论的监督，所以礼是约束人们行为的外在规范。在文明社会早期，法律并不健全，礼仪是在某些方面承担了法律的作用。

行政管理　在行政管理方面，孔子主张要政令统一，要讲诚信，要名正言顺。

　　管理要政令统一，不能政出多门。孔子说："天下有道，则礼乐征伐自天子出；天下无道，则礼乐征伐自诸侯出。自诸侯出，盖十世希不失矣；自大夫出，五世希不失矣；陪臣执国命，三世希不失矣。"发布政令者的地位越低，灭亡得就越快。

　　管理者要讲诚信。孔子的弟子子贡问怎样管理国家，孔子说："足食，足兵，民信之矣。"子贡又问："必不得已而去，于斯三者何先？"孔子回答说："去兵。"子贡再问："必不得已而去，于斯二者何先？"孔子回答说："去食。自古皆有死，民无信不立。"（《颜渊》）诚信比军备、粮食都重要。

　　管理要名正言顺。孔子说："名不正则言不顺，言不顺则事不成，事不成则礼乐不兴，礼乐不兴则刑罚不中，刑罚不中则民无所错手足。故君子名之必可言也，言之必可行也。君子于其言，无所苟而已矣。"（《子路》）名不正，管理者发布的政令就不顺畅，政令不顺畅事情就不能成功，政事不能成功就不能推行礼乐制度，礼乐制度不能推行，法律就不能正确执行，法律不能正确执行，老百姓就不知所措。管理者一定名正，名正才可以发布政令，政令才能推行。

　　人才管理　在人才管理方面，孔子主张举贤才。孔子深知，政治的好坏取决于执政者，他说："文武之政，布在方策。其人存，则其政举；其人亡，则其政息。……故为政在人。"（《中庸》）鲁哀公问政，孔子一次回答说"尊贤为大"，一次回答说"政在选臣"，也就是说治理国家选择贤人最重要，治理好国家的关键是选拔人才。孔子特别强调贤人的重要，他说："舜有天下，选于众，举皋陶，不仁者远矣；汤有天下，选于众，举伊尹，不仁者远矣。"（《颜渊》），选用了贤才，连坏人都没有了存身之地。

　　贤才如此重要，所以孔子提出要"举贤才"。弟子冉雍担任季孙氏的总管，向孔子请教如何进行管理，孔子告诉他"先有司，赦小过，举贤才"。冉雍又问怎样识别选拔人才，孔子说："举尔所知。尔所不知，人其舍诸？"（《子路》）选拔自己所了解的优秀人才，自己不了解的人才，别人也会推荐的。弟子子游任武城宰，孔子便问他你得到人才没有——"女得人焉耳乎。"

鲁哀公问怎样才能使老百姓服从，孔子说"举直错诸枉则民服，举枉错诸直则民不服"（《为政》）。要选拔重用正直的人，"举直错诸枉，能使枉者直"（《颜渊》），提拔重用正直的人，使之处于不正直的人之上，连不正直的人也会正直起来。

孔子主张举贤才，但深知人才难得，"舜有臣五人而天下治"，孔子感叹地说："才难，不其然乎？"人才难得，不是这样吗？所以樊迟问什么是明智时，孔子深有感触地说"知人"，善于识别人才，才能算得上是明智。对于如何识别人才，孔子提出了一套有效的原则和办法。

孔子选拔人才的第一个原则是"无求备于一人"。他说："君子易事而难说也。说之不以道，不说也；及其使人也，器之。小人难事而易说也。说之虽不以道，说也；及其使人也，求备焉。"（《子路》）人无完人，金无足赤，没有缺点的人是没有的，用人要看他的长处。看人要向前看，"后生可畏，焉知来者之不如今也"。看人要看大节，弟子子夏说"大德不逾闲，小德出入可也"，对人不能苛求。第二个原则是"不以言举人，不以人废言"（《卫灵公》）。

选拔人才首先要进行考察，考察的方法：一是"听其言观其行"。他说"始吾于人也，听其言而信其行；今吾于人也，听其

大舜画像

言而观其行"（《公冶长》），考察一个人不仅要听他如何说，还要看他如何做，看他是不是言行一致；第二个方法是进行认真仔细的考察——"视其所以，观其所由，察其所安，人焉廋哉！人焉廋哉！"（《为政》）。第三个方法是考察要从大处进行。孔子说："君子不可小知而可大受也，小人不可大受而可小知也。"（《卫灵公》）第四个方法是不要被社会舆论所左右。弟子子贡问一个人被满乡的人都喜欢怎么样，孔子认为不行。被满乡的人都厌恶怎么样，孔子认为也不行，"不如乡人之善者好之，其不善者恶之"（《子路》）。因为"众恶之，必察焉；众好之，必察焉"（《卫灵公》），一定要仔细考察，只有这样才能发现真正的人才。

孔子知道，实现自己的政治理想需要大量的人才，他创办私学的目的，就是要培养能够推行自己主张的德才兼备的贤才，所以当季康子问弟子是否可以从政时，孔子极力推荐，"由也果"，"赐也达"，"求也艺"，"于从政乎何有"（《雍也》）。

管理思想的原则　孔子管理思想的原则，是中庸之道。

孔子中庸之道的本意是执两用中，反对过与不及，提倡和而不同。管理工作中，就是要把握一个合适的度，这个度就是中，超过了这个度就是过，达不到这个度就是不及。过与不及都是不可以的，必须"执两用中"，不能超过，也不要达不到。

管理的最高境界　孔子的管理思想所希望达到的最高境界，是"无为而治"。"无为而治者其舜也与？夫何为哉？恭己正南面而已矣"（《卫灵公》），赞颂舜能自己端坐朝堂而使天下太平。其实，舜时的天下并非不需要治理，孔子说"舜有臣五人而天下治"，是舜任用了五位得力的官员，不需要他亲自处理国政而天下大治。孔子的无为而治，与道家的无为而治是有很大不同的，道家的无为而治是顺应自然，不求有所作为而使国家得到治理；孔子的无为而治，是最高统治者通过任贤使能、以德化民而使国家大治，最高统治者无为而治，其实国家还是有为而治的。孔子认为，按照他的治理理念，重视教化，实行仁政，以德治国与以礼治国和依法治国相结合，重用贤人，管理者修身正己，以身作则，是能够达到无为而治境界的。

对管理者的要求　孔子认为管理者承担着重要的责任，所以他对管理者提出了很高的要求。

职司乘田图

管理者要忠于职守。弟子子张问如何从政，孔子告诉他"居之无倦，行之以忠"。管理者对百姓的事情要严肃认真，鲁国执政大夫季康子问孔子："使民敬，忠以劝，如之何？"孔子对他说："临之以庄则敬，孝慈则忠，举善而教不能则劝。"（《为政》）管理者处理政事要庄严恭敬。孔子赞扬郑国著名的贤良大夫子产说："有君子之道四焉：其行己也恭，其事上也敬，其养民也惠，其使民也义。"（《公冶长》）管理者要敬事而信，对老百姓讲信用，"信则人任焉"，只有对老百姓诚信无欺，才能得到百姓的信任；"信以成之"——讲究信用才能成功；"上好信，则民莫敢不用情"。管理者要切记"自古皆有死，民无信不立"。管理者要以身作则，季康子问政，孔子说："政者，正也。子帅以正，孰敢不正？"因为"其身正，不令而行；其身不正，虽令不从"。对于管理者来说，以身作则是非常重要的，"苟正其身矣，于从政乎何有？不能正其身，如正人何"（《子路》）？如果自身端正，治理国家还有什么困难吗？连自身都不能端正，怎么去端正他人呢？管理者要严于律己，宽以待人："躬自厚而薄责于人，则远怨矣。"（《卫灵公》）管理者要崇尚道义，"上好义，则民莫敢不服"（《子路》）。管理者要公平廉洁，孔子弟子子贡出任信阳宰，上任前向孔子辞行。孔子教育他说："知为吏者，奉法以利民；不知为吏者，枉法以侵民，民怨之所由也。治官莫若平，临财莫若廉。廉平之守，不可改也。"（《孔子家语》）管理者要崇尚礼仪规范，按照礼仪规范去治理，孔子说"上好礼，则民莫敢不敬"，"上好礼，则民易使也"。管理者不能急功近利，不能贪图小利：子夏担任莒父宰，问孔子如何管理，孔子告诉他说："无欲速，无见小利。欲速则不达，见小利则大事不成。"（《子路》）管理者不要把个人待遇放在第一位，要首先做好自己的工作。孔子说："事君，敬其事而后其食。"（《卫灵公》）

军事思想

《论语》和《史记》都记载，卫灵公曾经问孔子如何排兵布阵，孔子说："俎豆之事则尝闻之矣，军旅之事未之学也。"（《卫灵公》）其实这是孔子不愿回答卫灵公的遁词，孔子并不是不懂军事。

孔子的军事思想，主要表现在军政大计方面：一是主张军权集中。

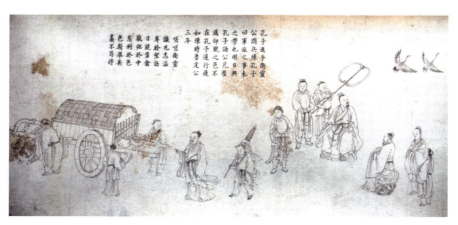

灵公问陈图

孔子说："天下有道，则礼乐征伐自天子出；天下无道，则礼乐征伐自诸侯出。"（《季氏》）诸侯相互攻打就是天下无道，就造成了社会的动乱，给百姓带来痛苦。二是主张国家军备充足。子贡问政，孔子说："足食，足兵，民信之矣。"（《颜渊》）将粮食充足、军备充足，当作国家大计。三是主张加强战备，教民习武备战。"善人教民七年，亦可以即戎矣"（《子路》），反对不进行战争训练就让人民去作战——"以不教民战，是谓弃之"（《子路》）。四是主张文武两手结合、军事外交互相配合。齐鲁国君夹谷相会，鲁定公准备车马就要去赴会，孔子认为："有文事者必有武备，有武事者必有文备。"建议设置左右司马，预先准备军队，才挫败了齐国的一个又一个阴谋，取得了外交上的胜利（《史记·孔子世家》）；五是讲究谋略战术。子路问孔子：让您统率三军，您找谁共事呢？孔子说"暴虎凭河，死而无悔者，吾不与也。必也临事而惧，好谋而成者也"（《述而》）；六是对战争要谨慎。孔子最谨慎的是斋戒、战争和疾病："子之所慎：斋，战，疾。"（《述而》）七是主张和平，反对战争。季孙氏准

夹谷会齐图

备攻打颛臾，孔子强烈反对，认为不能"谋动干戈于邦内"，认为"远人不服，则修文德以来之"（《季氏》），要用礼乐教化招徕他们，不能用战争征服。

孔子出身武士家庭，习武是必须的。孔子也教育弟子们学习军事技能，六艺中的射和御就是教习射箭和驾驭马车的。在孔子生活的年代，马车是重要的作战工具，射和御都属于军事技能。除射、御基本技能外，孔子还对弟子进行军事知识教育。《左传》记载，哀公十一年，齐国入侵，季康子问冉求如何抵挡。冉求建议季孙、叔孙、孟孙三家一家守国，一家跟随季康子御敌于国境，季康子认为做不到；冉求就建议在郊外抵抗，季康子与孟孙氏、叔孙氏商量后也不同意；冉求最后建议季孙氏一家背城而战，季孙一家的兵车就比齐国来犯的军队多，不用担心战败，而且大敌当前，不随你作战的就不是鲁国人。季孙执政，叔孙氏、孟孙氏当然不愿出兵，而季康子不出战就无颜面对诸侯。季康子上朝，与孟孙、叔孙商量，让冉求在外等候。叔孙武叔把冉求叫过去咨询作战问题，冉求不愿回答，就说"君子们有长远考虑，小人知道什么"？孟懿子一定要他回答，冉求说"小人考虑了自己的才干才说话，根据自己的能力来效力"。叔孙武叔明白了，他说"你是说我不是大丈夫"！于是回去就整理军队，准备抵抗齐国入侵。季康子命冉求率领左军，孔子的另一个弟子樊迟做他的车右，季康子认为樊迟太小，冉求却认为樊迟能够完成任务。开战后，鲁国军队不敢过沟与齐军交战，樊迟对冉求说"军队不是不能过沟，是不相信你，请你三申

冉求画像

号令，然后带头过沟"。冉求的战车首先过沟，大军随之过沟攻击齐军。交战时，孟孙氏本来就不想打仗，一接战就带头逃跑，被齐军赶过泗水。在右翼败退的情况下，冉求亲自挥矛作战，带领左军打败了齐军，斩首甲士80人。齐军连夜逃跑了，冉求三次请求追击，季康子均不同意。事后，季康子问冉求，是学会的打仗还是生来就会，冉求说是跟孔子学的。由此可见，孔子是教弟子们学习过军事的。

史学思想

《汉书·艺文志》说："古之王者，世有史官，君举必书，所以慎言行、昭法式也。左史记言，右史记事。"文字发明以来，中国就有了记载历史的传统，积累了众多的历史资料。但是，早期史官主要对历史事实进行简单的记载，虽然也有一些史官善于分析形势，并能对历史趋势进行判断，但总的来看，对历史现象所反映的历史规律，还缺乏必要的探索。在古代史学的初始阶段，虽然已经有了秉笔直书的传统，但作为史学思想则尚未形成。

从孔子所作《春秋》和其他言论看，孔子奠定了中国史学思想的基础。一是记述历史，进行政治、道德或伦理的评判。中国古代史官记事直书，注重记事准确，很少对事情进行评价。孔子虽然高度评价古代史官秉笔直书的传统，但在著书时并不信守这个传统，而是"笔则笔，削则削"，把自己的思想观点渗透到史书的字里行间。孟子说："王者之迹熄而《诗》亡，《诗》亡然后《春秋》作。晋之《乘》，楚之《梼杌》，鲁之《春秋》，一也；其事则齐桓、晋文，其文则史。孔子曰：'其义则丘窃取之矣。'"（《孟子·离娄下》）孔子说，他著《春秋》就不一样，是借用了《诗经》褒善贬恶的大义。《春秋》就充分表现了这一点，"吴楚之君自称王，而《春秋》贬之曰'子'，践土之会实召周天子，而《春秋》讳之曰'天王狩于河阳'"（《史记·孔子世家》），以一字寓褒贬，显示"微言大义"，后世称之为"春秋笔""春秋笔法"。所以孟子评价孔子作

《春秋》说："世衰道微，邪说暴行有作，臣弑其君者有之，子弑其父者有之，孔子惧，作《春秋》。《春秋》，天子之事也。是故孔子曰：'知我者其惟《春秋》乎！罪我者其惟《春秋》乎！'"孔子对社会失序和道德沦丧感到担心，所以编著《春秋》。孟子高度评价孔子作《春秋》："孔子作《春秋》而乱臣贼子惧。"（《孟子·滕文公下》）孔子编纂史书具有明确的社会目的，而且也确实发挥了预期的社会作用。二是通过对历史事件的考察，探索出历史规律。他说："天下有道，则礼乐征伐自天子出；天下无道，则礼乐征伐自诸侯出。自诸侯出，盖十世希不失矣；自大夫出，五世希不失矣；陪臣执国命，三世希不失矣。"（《季氏》）权力中心越往下移，掌权者的寿命就越短，这是孔子对他那个时

孔子作《春秋》处
旧址在今山东曲阜息陬村内。

代及其以前历史考察后得出的结论。所以说，自孔子开始，中国史学思想开始了大发展。三是将历史的继承性和发展性有机统一，提出了"因、损、益"结合的历史观。弟子子张问"十世可知也"时，孔子说："殷因于夏礼，所损益可知也；周因于殷礼，所损益可知也。其或继周者，虽百世可知也。"（《为政》）通过分析历史上的因、损、益，就能把握将来的制度。四是治史要慎重。孔子说："吾犹及史之阙文也……今亡矣夫。"（《卫灵公》）主张对待历史要慎重，缺失了的字，宁愿空着也不要随便去补。五是治史要重史料。孔子说："夏礼，吾能言之，杞不足征也；殷

礼，吾能言之，宋不足征也，文献不足故也。足，则吾能征之。"（《八佾》）历史研究要以文献为依据，所以在《论语》中，孔子只谈尧舜时代和尧舜以后的事情，尧舜以前的历史不太涉及，因为尧舜以前的史料非常少，所以孔子避而不谈。六是主张要有文采。孔子说："言之无文，行而不远。"（《左传·襄公二十五年》）"质胜文则野，文胜质则史"，"文质彬彬，然后君子"（《雍也》）。

孔子虽然对历史采取"笔则笔，削则削"的态度，但这只是在需要表现自己的政治观点时偶尔采用，总的看来，孔子是赞成秉笔直书传统的。晋灵公不合君道，横征暴敛，随意弹打百姓，杀死烹治熊掌不熟的厨师，臣子劝谏不听，还阴谋杀害大臣赵盾，逼得赵盾逃亡国外。赵穿杀死晋灵公，赵盾没出国境就返回来重新执政。晋国史官董狐记载说"赵盾弑其君"，并宣示于朝。赵盾不同意，董狐说："子为正御，亡不越竟，反不讨贼，非子而谁？"对此，孔子评价说："董狐，古之良史也，书法不隐。赵宣子，古之良大夫也，为法受恶。惜也！越竟乃免。"赞扬董狐是位好史官，依法直书其事而不加隐讳；为赵盾惋惜，如果逃亡出了国境，就可以免除杀君的恶名了。

洙泗书院
孔子晚年整理古代文献的地方，在今山东曲阜城北 5 公里处。

功垂后世佑中华

18 世纪中期，西方开始了轰轰烈烈的工业革命，而中国正处于康乾盛世。以天朝大国自居的清朝皇帝，根本看不起西方的雕虫小技，错失了跟随时代潮流发展的机遇。随着清政府的颟顸无能、西方列强坚船利炮的攻击，中国逐步衰落。受到西方思想影响的中国士大夫们，不敢指责满清政府，却将孔子当做替罪羊，认为是孔子思想的保守，造成了中国的落伍，甚至认为孔子思想造成了中国两千多年的落后。其实他们根本不了解中国历史，自公元前 2 世纪汉武帝推行"罢黜百家、独尊儒术"以来，孔子思想成为中国社会的指导思想，推动了中国社会的进步、多民族国家不断巩固和发展、民族文化不断发展和繁荣，民族经济在大多数时间里一直走在世界的前列，即使在西方工业革命半个世纪以后，到 19 世纪初，中国国民生产总值仍然占到世界的三分之一。孔子没有亏待中华民族，他为中华民族的思想、文化、经济等方面的发展，都做出了重大贡献。

退修《诗》《书》，整理文献

孔子及其思想对中华民族的贡献是多方面的，最大的贡献就是创立了博大精深的儒家思想，其次是整理古代文献和首创私学，为中华民族古代文化的传承和发展做出重大贡献。

中国是一个具有悠久历史的国家，非常重视保存古代文献，但到春秋时期，礼崩乐坏，历史文献受到破坏，许多已经散失，孔子开始创办私学时，就已经发觉了这个问题，有感于教材不足，就对古代文献进行搜集和整理，编纂使用的教材。

孔子周游列国 14 年，人们一般认为孔子只是到处宣传自己的思想，寻找推行自己政治主张的机会，如果仅仅如此，孔子完全没有必要在国外逗留那么长时间。周游列国活动的范围正是《诗经》十五国风除齐、魏、秦、豳外十一国和全部三《颂》产生或保存的区域。孔子应该是每到一地，就搜集各地历史文献和民歌，调查了解各地的民俗文化。晚年回归鲁

孔子燕居画像

国，集中精力，对古代文献进行了全面、系统的整理，后人将他整理古代文献的工作称之为删《诗》《书》、订《礼》《乐》、系《周易》、作《春秋》，后代称为"六经"。

《易》原本是古代占卜的书。古人出于对自然现象的不了解，认为冥冥之中有神灵在主宰着一切，虽无力改变自然，无力主宰自己的命运，却希望趋吉避凶，于是寄希望于神灵，希望通过神灵的启示，决定自己的行动，这就产生了占卜。早在原始社会时期，占卜之风就已盛行，以后又产生了以占卜为业的筮者和卜人。筮者和卜人在占卜过程中，逐渐积累了丰富的占卜资料，并将占卜资料归纳总结以便以后借鉴参考，于是占卜的书也就出现了。据说伏羲时（有人说是夏代），就有了占卜专著《连山》；黄帝时（有人说是商代），出现了占卜专著《归藏》；周朝时，又产生了《周易》。孔子时，《连山》《归藏》均已失传，只有《周易》还在流传。《周易》有经、传两部分，传统的说法是，伏羲创作八卦，文王演为六十四卦，创作了卦爻辞，孔子创作了《上彖》《下彖》《上象》《下象》《上系》《下系》《文言》《说卦》《序卦》《杂卦》，被称作"十翼"或《易传》。

孔子作《易传》的说法，最早见于司马迁的《史记》。司马迁说："孔子晚而喜《易》，序《彖》《系》《象》《说卦》《文言》。"（《史记·孔子世家》）又说："孔子传《易》于瞿，瞿传楚人馯臂子弘，弘传江东人矫子庸疵，疵传燕人周子家竖，竖传淳于人光子乘羽，羽传齐人田子庄何，

韦编三绝图
孔子刻苦钻研《易经》，连穿系竹简的牛皮绳都翻断了好多次。

何传东武人王子中同，同传菑川人杨何。何元朔中以治《易》为汉中大夫。"(《史记·仲尼弟子列传》)孔子不仅作过《易传》，而且还传授给弟子商瞿，商瞿以后弟子师承有序，至司马迁时师承关系仍历历可数。但这种说法争论了两千多年，至今尚无定论。从宋代欧阳修开始，就对孔子作十翼提出质疑，认为十翼"皆非孔子所作……亦非一人之言"。近世学者一般认为，卦爻辞作于商周之际，十翼作于战国末年，而且不是一人所作，并非出自孔子之手。

孔子确实研究过《周易》，他曾说："加我数年，五十以学《易》，可以无大过矣。"(《述而》)孔子学习《易经》，非常认真刻苦，司马迁说"孔子晚而喜《易》"，"读《易》，韦编三绝"，连穿编《易经》竹简的牛皮条都翻断了多次。从上述记载看，孔子研究《易经》的时间比较晚，但孔子凭着执著的态度是能够很快就学有所得的。1973年，在湖南长沙马王堆出土的帛书《周易》卷后所附的佚书《要》等两篇，记录了孔子与弟子研讨《易》理的问答，就能说明这一点。

　　司马迁（前145—前86？）上距孔子仅300余年，记载《易经》如此传承有序，且杨何在武帝元朔中（前128—前123）还健在，任中大夫，与司马迁同时，应该有交往，不可能是毫无根据的杜撰。综合《论语》记载和新出土的历史资料看，是否孔子曾经作"传"，诸人传承过程中又有所增益？当然不一定是全部的十翼。

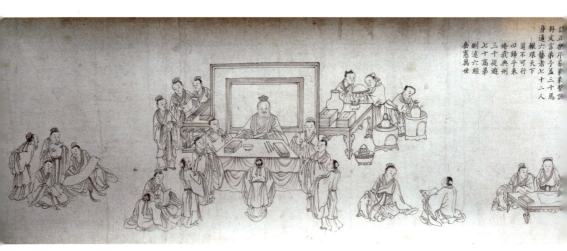

删述六经图（明　张楷）

　　《书》又称《尚书》，"尚"就是"上"，《尚书》就是上古之书、远古之书，是周代及周代以前历史文献和部分追述古代事迹著作的汇编。孔子以前，就有称为《书》的古代文献流传，孔子是在这些历史文献的基础上编纂了《尚书》。司马迁说："孔子之时，周室微而《礼》《乐》废，《诗》《书》缺，追迹三代之礼，序《书传》，上纪唐虞之际，下至秦缪，编次其事。"（《史记·孔子世家》）秦始皇焚书坑儒时，《尚书》也遭禁毁，幸赖学者们藏匿而得以保存。西汉文帝时访求遗书，伏生将藏在墙内的《尚书》取出，但已经毁掉了一部分，只剩下29篇，由晁错用当时的文字隶书抄写，被称为"今文尚书"，列为学官，成为国家法定教科书。孔子九代孙孔鲋，也将《尚书》《论语》《孝经》等藏在孔子故居墙内，由于他南下投奔陈胜起义军，客死南方，所藏古迹无人知晓。武帝时，鲁恭王刘馀为扩建宫室拆除孔子故宅时才发现。这批文献是用古代的篆书书写的，所以被称作"古文尚书"。孔子十一代孙孔安国，将能够释读的部分经典用隶书誊录出来并加以训注，撰成《古文尚书传》，上献国家，请求立于学官，因逢巫蛊事起未成功。后来，其孙孔衍再次请求立于学官，也未成功。王莽当政时，经刘歆极力争取，曾一度列入学官。但到东汉光武帝时，又被废止了。虽然《古文尚书》未能成为国家法定教科书，不能成为进身之阶，但孔安国后裔一直在传承，直到东汉末年第十一代孙孔猛，因绝嗣才失传。

东晋时，豫章内史梅赜上献《尚书》25篇和《孔安国尚书传》，用隶书写成，其后范宁用楷书缮写后广为流传，疏解者不绝。直到宋代吴棫、朱熹，才开始怀疑其真实性。明代梅鷟，考证为皇甫谧伪作。

《尚书》相传有100篇，按照时代顺序分为《虞书》《夏书》《商书》和《周书》四部分。现存本有文58篇，系合《今文尚书》与伪《古文尚书》而成。其中：《虞书》5篇，其实为2篇；《舜典》是从《尧典》中分出的，记载尧舜事迹；《益稷》是从《皋陶谟》中分出的，记载皋陶和舜、禹的一些谋议以及大禹治水的方法和事迹；而《大禹谟》则出自伪《古文尚书》。《夏书》存文4篇，《禹贡》记载地理区划和风土物产，是古代重要的地理学文献；《甘誓》为夏代君主讨伐有扈氏的誓师之词，表达了夏代的天命思想；而《五子之歌》和《胤征》2篇，则出自伪《古文尚书》。《商书》记载商代史实，有17篇，但除《汤誓》《盘庚》上中下

鲁壁
孔鲋藏书处，在今山东曲阜孔庙内。

《高宗肜日》《西伯戡黎》《微子》7 篇外,《仲虺之诰》《汤诰》《伊训》《太甲》上中下及《咸有一德》和《说命》上中下 10 篇均出自伪《古文尚书》。《周书》记载周代史实,有文 32 篇,但《泰誓》以下 13 篇均为伪书。《尚书》文体有典、谟、誓和诰等。典是载于长大简册上的记事,谟是记载谋划之事的文章,誓是誓师之词,诰是告示、告诫之词。

《尚书》最重要的思想,是敬德保民和以德配天,不能依赖频繁的祭祀和丰盛的祭品祈求上帝鬼神的保佑,只有有良好的德行,才能得到上帝鬼神的保佑和赐福。这种思想是商、周之际宗教思想的重大转变,奠定了儒家重人事的思想基础。

《诗》原是人们在劳动中口头创作的民歌,本来是歌、舞、乐三位一体的艺术表演形式。古代官方有专门搜集民歌的官员,目的是通过民歌了解民俗和从政的得失,同时还将它整理后作为宫廷、贵族演出的内容。中国是诗的国度,远古时期就产生了大量的民歌,民歌不断产生,不断被官方搜集整理,逐渐积累形成了《诗》。《诗》的数量是很大的,司马迁说:"古者《诗》三千余篇,及至孔子去其重,取可施于礼义。上采契、后稷,中述殷周之盛,至幽厉之缺。始于衽席,故曰'《关雎》之乱为《风》始,《鹿鸣》为《小雅》始,《文王》为《大雅》始,《清庙》为《颂》始'。三百五篇孔子皆弦歌之,以求合《韶》《武》《雅》《颂》之音。礼乐自此可得而述,已备王道,成六艺。"(《史记·孔子世家》)孔子对原来官方保存的三千多首诗歌进行整理,以有利于礼义教化为标准进行取舍,将流传下来的《诗》删减至 305 首,而且全部可以配乐演唱。

孔子整理《诗》是可信的,《诗》是孔子教育弟子的内容之一,而且孔子非常重视《诗》,以《诗》教育弟子治理国家和从事外交活动:"诵《诗》三百,授之以政,不达;使于四方,不能专对;虽多,亦奚以为?"(《子路》)孔子把《诗》当成修养道德、陶冶情操、齐家治国的重要手段,他教育弟子说:"小子何莫学夫《诗》?《诗》可以兴,可以观,可以群,可以怨;迩之事父,远之事君;多识于鸟兽草木之名。"(《阳货》)孔子时代,《诗》除用于演出外,还用于祭祀、朝会、典礼、宴享等重大

过庭《诗》礼图

孔子非常重视《诗》和礼，教育儿子孔鲤："不学《诗》，无以言；不学礼，无以立。"

礼仪和外交活动，外交、典礼、雅集等场合，不能直接用言语表达自己的意愿或主张，就引用合适的《诗》句委婉地表达出来。《左传》中这种记载比比皆是，而且作者还评价引用《诗》句是否恰当。《诗》是言志、应酬的重要工具，所以孔子教育儿子孔鲤说"不学《诗》，无以言"。

孔子整理后的《诗》，后人称之为《诗经》，分为三部分：一是国风，收录周南、召南、邶、鄘、卫、王、郑、齐、魏、唐、秦、陈、郐、曹、豳等15个地方的民歌，收录诗160篇，主要来自民间，反映了当时的风俗民情，是周代前、中期的民歌；二是雅，分为《小雅》和《大雅》两部分，收录诗105篇，主要是西周时期公卿大夫的献诗，内容多是议论政治得失，"言王政之所由废兴也"；三是颂，分为《周颂》《鲁颂》和《商颂》三部分，分别是西周、宋国（商天子后裔封国，奉祀商汤）、鲁国（因为周公的功绩，周成王特许鲁国郊祭，所以有天子礼乐）宗庙祭祀乐歌，共40首。

《诗经》经过孔子有目的的整理，注入了孔子的政治理念和道德观念，成为儒家的重要经典。通过《诗经》，可以了解政治得失，用于讽谕、规谏君主，改善政治，"治世之音安以乐，其政和；乱世之音怨以怒，其政乖；亡国之音哀以思，其民困。故正得失，动天地，感鬼神，莫近于《诗》"；可以教化民众，改善社会风俗，"先王以是经夫妇，成孝敬，厚人伦，美教化，移风俗"（《诗·序》）。

经过孔子的整理和提倡，《诗》成为"六经"之一并留传下来，使我们能够从中了解2000多年前的社会面貌、风俗人情、政治生活以至青年男女的爱怨等，感受文学和艺术的熏陶。

礼本来自祭祀的礼仪，是原始社会人们在日常生活产生的一些风俗习惯。到商代，逐渐发展为规范人们祭祀等行为的准则。周公在殷商之礼的基础上，结合本族的风俗习惯，制礼作乐，制定了周礼。以周礼划定名分，明确贵贱，分辨等级，所有的人和一切行为，都必须遵循礼的规范和准则，将礼从宗教领域扩大到社会政治领域，周礼也就成为了社会秩序的基础和核心。春秋时期，礼崩乐坏，有关周礼的资料因不被重视也已散失不全。孔子推崇周礼，"周监于二代，郁郁乎文哉，吾从周"（《八佾》），决心恢复西周的社会秩序，需要周礼作为根据，于是对周礼进行了全面的整理。到西汉时，礼就有了《周官》《礼记》和《仪礼》三种，孔子整理了哪一种还是都进行了整理？

《周礼》出现最晚，大约在汉武帝时才重新面世，因为主要讲述周代官职建制，因此称《周官》或《周官经》，西汉末，才称为《周礼》。两汉经学家认为是伪书，郑玄、朱熹都认为是周公所作，东汉何休认为是战国人所作，近代学者大都认同此观点，当代学者有人提出成书于东周初年，极有可能为王室档案管理人员所作，孔子进行整理的可能性不大。

《仪礼》主要讲述各种典礼仪节。汉代时称为《礼》或《士礼》，大约到晋代才称作《仪礼》。汉代时有高堂生所传的今文本和孔子故宅鲁壁所出的古文本，今文本17篇，古文本56篇，古文本包含今文本17篇，内容也大致相同，但今文的《大戴礼》和《小戴礼》都被列为学官，设置博士，而古文礼自东汉末以后未再见记载。现在传世的《礼记》17 篇，属于今文，有《大戴礼》《小戴礼》和刘向《别录》三个版本。关于《仪礼》的作者，古文经学者认为是周公，今文经学者认为是孔子，现代学者一般认为周公所作是不可能的，《论语》中孔子有关礼仪的论述多与《仪礼》相合，孔子是完全有可能进行过整理。

《礼记》主要讲述礼的性质、作用和意义。司马迁说"故《书传》《礼记》自孔氏"，认为孔子曾作《礼记》。但《汉书·艺文志》说，"《记》百三十一篇"，注说"七十子后学者所记也"；《隋书·经籍志》认为，"汉初，河间献王得仲尼弟子所记一百三十一篇，至刘向校经籍，检得一百三十篇，因第而叙之。又得明堂阴阳记等五种，共二百四篇。戴德删其繁重，合而记之，为八十五篇，谓之《大戴记》。戴圣又删大戴之书，为四十六篇，谓之《小戴记》。"都认为是孔子弟子及后学们所记录。南朝梁沈约认为，《中庸》《坊记》《表记》《缁衣》为孔子之孙子思所作。唐张守节《史记正义》认为，《学记》为公孙尼子撰次。近代学者认为，《礼记》并非出自一人之手，而是众多学者的合集，书中收有孔子言行和弟子及时人杂事，当是出自孔子及其弟子和后学之手。

《春秋》是我国第一部编年史，记载了鲁隐公元年（前 722）至鲁哀公十四年（前 481）间 242 年的历史，因此这段历史也被称作"春秋时期"。

关于《春秋》的作者，孟子首先说是孔子。他说："世道衰微，邪说暴行有作，臣弑其君者有之，子弑其父者有之。孔子惧，作《春秋》。《春秋》者，天子之事也。是故孔子曰：'知我者，其惟《春秋》乎？罪我者，其惟《春秋》乎？'"（《孟子·滕文公下》）司马迁、董仲舒，也都认为《春秋》为孔子所作。司马迁说："子曰：'……吾道不行矣，吾何以自见于后世哉？'乃因史记作《春秋》，上至隐公，下讫哀公十四年，十二公。据鲁，亲周，故殷，运之三代，约其文辞而指博。故吴楚之君自称王而《春秋》贬之曰'子'；践土之会实召周天子而《春秋》讳之曰'天王狩于河阳'；推此类以绳当世。贬损之义，后有王者举而开之。《春秋》之义行，则天下乱臣贼子惧。"（《史记·孔子世家》）董仲舒说："周道衰废，孔子为司寇，诸侯害之，大夫壅之。孔子知言之不用，道之不行也，是非二百四十二年之中，以为天下仪表。贬天子，退诸侯，讨大夫，以达王事而已矣。子曰：'我欲载之空言，不如见之于行事之深切著明也。'"（《史记·太史公自序》）孔子愤激于春秋时期的礼崩乐坏，痛心于无力扭转，以孔子的性格，以笔代刀，编著《春秋》，以图拨乱反正，是完全有可能的。孟子（约前372—前289）距孔子仅100年略多，又曾受业于孔子的孙子子思之门，《春秋》世有传书，作为名闻于当世的大学者，绝不会凭空编造，所说应是言有所据的，孔子作《春秋》应该是毫无疑问的。

近代疑古盛行，否定《春秋》为孔子所作。所持理由：一是《春秋》记事简略，贬其为"断烂朝报""流水帐簿"；二是《论语》没有记载；三是《春秋》就是鲁国"史记"的原本。其实，记事简略正是《春秋》作为早期历史著作的必然特点，同样，《世本》《竹书纪年》也都具有相同的特点。《论语》虽然没有孔子编著《春秋》的记载，但《论语》并非孔子的年谱，其他史籍的孔子事迹，《论语》也没有记载，如果一切均以《论语》的记载为据，那么连孔子的生平都无法认定了。鲁国是有"史记"，但史官的职责是随时记载，242年间的记载文献，绝对不可能只有区区的16500多字。否定孔子作《春秋》的依据，难以成立。

《乐》久已不传，有人认为毁于秦始皇的焚书坑儒，也有人认为根本就没有《乐经》一书。清代邵懿辰说"乐之原在《诗》三百篇之中，乐之用在《礼》十七篇之中"（《礼经通论》），否定《乐经》的存在。古代音乐与诗歌、舞蹈密不可分，国家有民间采风收集民歌的制度，收集的民歌应该有专门的机构整理保存，而保存民歌的同时，应该也保存音乐。夏代和商代的制度不详，但周代是设置了专门主管乐舞机构的，同时还组织了专门的乐队。既然有音乐，就应该有记录音乐的资料，如果没有音乐资料，我们难以想象春秋时期还能演奏夏、商、周三代的歌舞。孔子"在齐闻《韶》，三月不知肉味"，赞叹说"不图为乐之至于斯也"，可见《韶》是有音乐伴奏的。鲁国保存的乐舞更加丰富，鲁襄公二十九年（前544），吴国公子季札出使到鲁国，请观周乐，鲁国乐工为他演唱了《诗经》中的十四国风、大小《雅》和《颂》，表演了周文王时的舞蹈《象箾》和《南龠》、武王时的舞蹈《大武》、商汤时的舞蹈《韶濩》、大禹时的舞蹈《大夏》、舜时的舞蹈《韶箾》，季札都进行了非常确切的评论（《左传》）。舜时的舞蹈至此时，已有1400多年的历史，最晚的武王舞蹈也有近500年的历史，如此悠久历史的舞蹈音乐，不可能只凭舞工、乐工的口授相传而能历经动乱保存下来，一定得有资料。

作《猗兰操》图

孔子自述说"吾自卫反鲁，然后乐正，《雅》《颂》各得其所"（《子罕》），孔子周游列国归来后正乐，正的不可能是音乐歌舞，因为那是乐官的职责，孔子正乐只能是进行关于资料的工作，也就是音乐资料的整理。孔子学琴师襄，访乐苌弘，具有很高的音乐理论水平，他曾对鲁国的乐官太师说"乐其可知也：始作，翕如也；从之，纯如也，皦如也，绎如也，以成"（《八佾》）。他又具有非常高的音乐艺术鉴赏水平，评价《关雎》是"乐而不淫，哀而不伤"；评价《韶箾》是"尽美矣，又尽善也"；《大武》是"尽美矣，未尽善也"（《八佾》）；评价鲁国乐师挚演奏音乐说"师挚之始,《关雎》之乱,洋洋乎盈耳哉"(《泰伯》)。他还具有很高的音乐创造能力,曾经创作琴曲,据说现存的琴曲《猗兰操》就是出自孔子之手。

洙泗书院大成殿

孔子非常重视音乐的教化功能,他说"兴于《诗》,立于《礼》,成于《乐》"(《泰伯》)。具有很高音乐修养的孔子"以《诗》《书》《礼》乐教",乐教不仅教学生学习音乐的一些基本知识,而且还应包括音乐理论和音乐审美、鉴赏等方面的知识,不可能没有音乐教材。孔子可能参考了既有音乐文献编写了音乐教材,由于周游列国以前的教材比较简单,自卫返鲁后对音乐教材进行了加工和提高。如果没有乐书,我们难以相信,乐既然被列为六经之一,其他五经都有书籍,而独独乐经散存在其他五经之中,没有专门成书。我们不能以《乐经》的今已不存,就否定它的曾经存在。

杏坛舞雩,首创私学

中国古代学在官府,学校由国家举办,教育的对象当然是贵族子弟,社会地位低下的人是没有接受教育的资格的。孔子首创私学，打破学在官府的传统，将教育扩大到民间，他招收弟子并不讲究出身，"自行束脩以上，吾未尝无诲焉"（《述而》）。所以孔子的学生特别复杂，有贵族大夫孟懿子、南宫敬叔，贵族子弟司马牛，士子弟澹台灭明，平民颜回父子、曾参父子，野人子路，贱民冉耕、冉求，富有商人子贡，家庭富有的公西赤，出身贫寒的闵子骞、原宪，出身鄙家的颛孙师，蹲过监狱的公冶长等等。

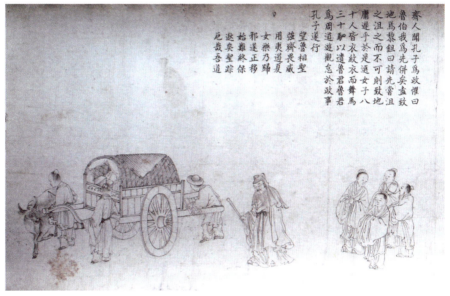

因膰去鲁图

鲁国接受齐国女乐文马后，孔子虽然很生气并没有辞职。但祭祀后没有按照礼制分送祭品给大夫们，孔子就挂冠而去。

孔子一生从事教育，教育生涯可以分为四个时期。

第一个时期，是孔子教育的开创期，大约在三十七岁以前。孔子从什么时候开始收徒设教，文献没有记载。从《左传》看，孔子三十岁以前就已经有了弟子。鲁昭公二十年（前522），卫国发生了齐豹、北宫喜等人作乱的变故，宗鲁是经齐豹推荐去给公孟絷作骖乘的，计划杀死公孟絷前，齐豹告诉宗鲁不要与公孟絷同乘一车，宗鲁不同意。在齐豹作乱时，宗鲁用背保护公孟絷，被砍掉了胳膊而被杀。琴张听说后，要去吊唁宗鲁，孔子阻止他说："齐豹之盗，而公孟之贼，女何吊焉？君子不食奸，不受乱，不为利疚于回，不以回待人，不盖不义，不犯非礼。"琴张是否是孔子弟子，人们有争论，因为《史记·仲尼弟子列传》和《孔子家语·弟子解》中均无此人，但《弟子解》中有琴牢，有人说琴牢就是琴张。孟子说琴张是孔子弟子，孔子在陈，思念鲁国狂士，"如琴张、曾皙、牧皮者，孔子之所谓狂矣"（《孟子·尽心下》），孟子之说是可信的。从孔子的语气看，应该是对低身份的人说话，琴张不是孔子的亲属，最大可能就是孔子的弟子。孔子三十岁以前招收弟子是完全可能的，弟子秦商只比孔子小四岁，曾点小五岁，颜路小六岁，冉耕小七岁，子路小九岁，孔子三十岁时他们都已经二十多岁了。

孔子有确切时间的收徒，是昭公二十四年（前518）。这年，鲁国执政大夫之一的司空孟僖子病重，临死前遗言让两个儿子去师事孔子学习礼仪。孟僖子于鲁襄公二十九年（前542）接替孟孝伯担任司空，昭公四年（前535）随国君出使楚国，途经郑国，郑简公慰劳鲁昭公，孟僖子不懂礼仪，不能担任司仪；到了楚国，也不能答谢楚国郊外慰劳之礼。孟僖子深以为耻，回国后决心学习礼仪，谁懂得礼仪他就向谁学习。他不想让儿子重蹈自己的覆辙，所以临死前遗言让两个儿子去拜孔子为师学习礼仪。孟僖子死后，孟懿子和弟弟南宫敬叔就谨遵父命，一起去拜孔子为师。

第二个时期，是孔子教育的兴盛期，时间在三十七岁到五十五岁之间，也就是孔子周游列

在陈绝粮图

孔子一生从事教育，即使在被困绝粮时也仍然教学不辍。

国以前。之所以将孔子三十七岁作为界限，是因为孔子三十五岁北去齐国直到这年才回国。春秋时期，社会秩序被打乱，权力下移，陪臣执国命，鲁国也是大夫执政，家臣掌权，孔子看不惯这种现象，不愿同流合污，集中精力从事教育，教育思想、教育方法日益成熟。孔子从政后声名鹊起，各国青年也纷纷慕名前来求学，弟子越来越多，规模越来越大，遍及诸侯各国，著名弟子颜回、闵子骞、冉求、子贡、冉雍等人，大约都是这期间投入孔子门下的。

　　第三个时期，是孔子教育的发展期，时间在孔子五十五岁到六十八岁之间，也就是孔子周游列国期间。孔子在鲁国官至大司寇，成为鲁国重臣，但他要恢复周礼，强化国君权威，削弱三家大夫的权力，遭到三桓反对，不得不挂冠而去，开始周游列国。孔子到处宣传自己仁政德治的政治主张，寻求推行自己主张、实现抱负的机会。虽然到处碰壁，饱受困苦，但他毫不气馁，一面宣传自己的主张，一面沿途收集各国文献，一面继续进行教育事业，著名弟子颜回、子贡、子路等一路追随，沿途还招收了不少当地子弟。

宋人伐木图
周游列国期间，孔子仍然进行教学活动。

退修《诗》《书》图

第四个时期，是孔子教育的全盛期，时间在孔子六十八岁到去世以前的 5 年间。周游列国归来后，鲁国并没有任用孔子，孔子也失去了往日的从政热情，为了使自己的思想能够流传后世，他专心整理古代文献和培养弟子，著名弟子子游、子夏、子张、曾参、有若等，大约都在这时投入门下。

孔子因材施教，循循善诱，举一反三，教学相长，创造了一整套科学的教育方法，培养了一大批德才兼备的人才。司马迁《史记·孔子世家》说：

步游洙泗图

"孔子以《诗》《书》《礼》乐教，弟子盖三千焉，身通六艺者七十有二人"；同书《仲尼弟子列传》却说："孔子曰'受业身通六艺者七十有七人'"，由此可见，弟子三千只是个约数，身通六艺者有七十多人，最著名的还是圣门四科十弟子和曾参。

颜回（前521—前481），字子渊，鲁国（今山东曲阜）人。他出身贫寒，乐道好学，不迁怒他人，不犯同样的错误，以德行著称，位居圣门四科之首，是孔子最喜爱的弟子。孔子曾称赞他："一箪食，一瓢饮，在陋巷，人不堪其忧，回也不改其乐，贤哉回也！"（《雍也》）颜回英年早逝，虽然没有著作传世，但被推崇为家贫好学的典型，从东汉开始配享孔子，后世追封为"复圣"，为孔庙大成殿内配享

颜回画像

首位，故居陋巷还有庞大的专祠复圣颜子庙。

闵损（前536—？），字子骞，鲁国人。出身贫穷，幼年丧母，遭后母虐待，后母用芦花为他做棉衣，天寒发抖掉下拉车绳，父亲很生气，用鞭子打破他衣服才发现。父亲要赶走后母，闵子骞以"母在一子单，母去三子寒"劝阻了父亲，也感化了后母，孔子称赞他"孝哉闵子骞，人不间于其父母昆弟之言"（《先进》）。后世奉为孝顺的典型，鞭打芦花也被列入《二十四孝图》。他老成持重，寡言少语，清心寡欲，淡泊仕途，季孙氏曾想请他任费宰，坚辞不就，孔子称赞他"不仕大夫，不食污君之禄"，品德高尚，以德行著称。唐代开始配祀孔子，宋代加封为"费公"，在孔庙大成殿内配祀孔子，位列十二哲之首。

闵损画像

冉耕画像

冉耕，字伯牛，鲁国人。与冉雍同族，也应是出身贱民家庭。他为人正派，危言危行，善于接人待物。孟子说"子夏、子游、子张皆有圣人之一体，冉牛、闵子、颜渊则具体而微"，是孔子最好的弟子之一。孔子任鲁国司寇时，他曾任中都宰，之后追随孔子周游列国。后得恶疾，孔子感到非常可惜，去探望他时感伤地说："命矣夫，斯人而有斯疾！斯人而有斯疾！"（《雍也》）冉耕以德行著称，孔门十哲之一，唐代开始配祀孔子，封"郓侯"，宋代加封为"郓公"。

冉雍（前522—？），字仲弓，鲁国人。出身贫贱，勤奋好学，为人宽宏大量，不与人争。为政居敬行简，办事简略。跟随孔子周游列国，归来后任季氏总管。有德行，有治理才干，是孔门弟子中少有的德才兼备的人物。孔子称赞说"雍也可使南面"，"犁牛之子骍且角，虽欲勿用，山川其舍诸"（《雍也》）？冉雍为孔门十哲之一，唐代开始配祀孔子，封"薛侯"，宋代加封"薛公"。

宰予，又名宰我，字子我，鲁国人。具有革新思想，曾向孔子建议将守丧三年改为一年，结果受到孔子的批评；白天睡觉，也受到过孔子的批评，但他仍是孔子最好的弟子之一，曾跟随孔子周游列国。他擅长辞令，能言善辩，是言语科的高足之一，孔子也曾派他出使齐国、楚国。他具有很强的办事能力，楚国令尹子西在劝阻楚昭王分封土地给孔子时说，楚国的办事官员有如宰予的吗？宰予为孔门十哲之一，唐代开始配祀孔子，封"齐侯"，宋代加封"齐公"。

端木赐（前520—？），字子贡，卫国（今属河南）人。端木赐性格活泼旷达，在孔子身边"侃侃如也"。《论语》中有关子贡和孔子的问答最多，孔子曾称赞他能举一反三，"告诸往而知来者"，办事通达，是从政的高才——"赐也达，于从政乎何有？"（《雍也》）推

冉雍画像

宰予画像

端木赐画像

许他为"瑚琏",言语华美而卓有才干。子贡反应敏捷,能言善辩,精通礼仪,长于外交,孔子称赞他是辩人,是言语科高足之一。子贡多次出使外国,不辱使命,屡建奇功。仅见之于《左传》的,就有哀公七年为季康子礼辞吴国召见,十一年帮叔孙氏应对吴王,十二年劝说吴国放回卫国国君。齐国进攻鲁国,孔子派他出使外国救鲁国,他劝齐伐楚,劝吴救鲁,劝越助吴,劝晋备楚,最后吴国打败齐国,晋国打败吴国,越国攻破吴国,称霸东南,而鲁国免于战争。《史记·仲尼弟子列传》说:"故子贡一出,存鲁,乱齐,破吴,强晋而霸越。子贡一使,使势相破,十年之中,五国各有变。"缺点是喜欢评论别人是非善恶,曾受到孔子的批评:"子贡方人,子曰:'赐也贤乎哉?夫我则不暇。'"(《宪问》)子贡还善于经商,孔子称赞他"赐不受命,而货殖焉,亿则屡中"(《先进》),他曾买卖于曹鲁之间,是春秋时期著名的富商,古代著名的商人之一,被后人奉为商业之祖。孔子死后,他在孔子墓前结庐守墓6年才离去。为孔门十哲之一,唐代始配祀孔子,封"黎侯",宋代加封"黎公"。

冉求(前522—?),字子有,鲁国人。与冉雍同族,应该出身低微家庭。他性格爽朗,在孔子身边时"侃侃如也"。冉求长于政事,是政事科高足。孔子称赞他多才多艺,善于理财,是从政的高才——"求也艺,于从政乎何有?"(《雍也》)"千室之邑,百乘之家,求也可使治其赋"(《公冶长》)。冉求勇武善战,鲁哀公十一年(前484),齐国进攻鲁国,冉求时任季氏总管,积极帮助谋划,在其他两家大夫不合作的情况下,力主迎战,率领左师身先士卒,首先攻击齐军,在鲁国右师溃败的形势下打败了齐军。战争结束后，季康子问冉求的军事才能是学来的还是生来就懂，冉求回答是跟孔子学来的，并趁机劝说季康子派人迎回孔子，孔子才结束了 14 年的在外奔波返回鲁国。季康子改用按田亩征收军费，孔子反对，冉求作为季氏宰帮助推行，受到孔子的严厉批评："非吾徒也，小子鸣鼓而攻之可也。"（《先进》）虽然在此事上师徒反目，但仍然保持了良好的关系。冉求为孔门十哲之一，唐代开始配祀孔子，封"徐侯"，宋代加封"徐公"。

冉求画像

　　仲由（前 542—前 480），字子路，又字季路，鲁国卞（今山东泗水）人。出身贫贱，年轻时自己吃野菜，到百里之外为父母背米，被列入二十四孝。性情粗鲁，曾经轻侮孔子，经孔子礼义诱导后拜孔子为师，一生忠于孔子。敢于向孔子提意见，在弟子中，与孔子关系最为密切。他性格直爽，果敢勇武，信守承诺，见义勇为，忠于职守，擅长政事，孔子称赞他果敢决断，是从政的高手——"由也果，于从政乎何有？"（《雍也》）"由也，千乘之国可使治其赋也"（《公冶长》）。孔子周游列国前，曾

子路画像

会文亭
冉求、冉雍、冉耕会文处，在今山东成武城外。

任鲁国季氏总管。周游列国时，又任卫国孔悝的蒲邑大夫。孔子入其境，未见子路就称赞他恭敬以信、忠信以宽、明察以断。卫国太子蒯聩因为暗杀灵公夫人南子未遂避祸外逃，灵公去世后其子立为出公，蒯聩劫持大夫孔悝赶走出公，子路为救孔悝赶到都城，虽然高柴劝他回鲁国也不听，战斗中被人砍断了帽子带，他说"君子死而冠不免"，在系帽带时被人砍成肉酱。子路为孔门十哲之一，唐代开始配祀孔子，封"卫侯"，宋代加封"卫公"。

言偃（前506—？），字子游，吴国（今属江苏）人。言偃聪明好学，学习勤奋，虽然是孔子晚年的弟子，但很快就成为孔子的优秀弟子。他为人行事，重大事而轻小事，熟悉古代文献，通礼仪，为文学科高足，孟子称赞他"有圣人之一体"。曾任武城宰，实践孔子的政治主张，选拔贤才澹台灭明，以礼乐教化治理百姓。孔子到了武城，听到弹琴唱歌的声音，高兴地说："杀鸡何必用宰牛的刀？"子游说："过去我听您说'君子学道就会爱人，老百姓学道就容易使用'。"孔子说："你们都听着，子游说得对，我刚才是开玩笑的。"言偃为孔门十哲之一，唐代开始配祀孔子，封"吴侯"，宋代加封"吴公"。

卜商（前507—？），字子夏，卫国（今属河南）人。卜商出身贫寒，刻苦向学，聪明善思，能举一反三，喜欢与贤人相处，孟子称赞他"得圣人之一体"。曾任莒父宰，孔子死后，到魏国西河讲学，弟子很多，影响很大，魏文侯也拜他为师。晚年丧子，痛苦过度以至双目失明，离群索居，孤独困苦。子夏以熟悉古代文献著称，为文学科高足，对《诗》《书》《礼》《乐》《春秋》都有所解释，为孔子思想的传播做出了重要贡献。他提出的"学而优则仕"和"四海之内皆兄弟也"，对后世影响很大。他为人勇武，个性鲜明，孟子说"北宫黝似子夏"，而北宫黝培养勇气是肌肤被刺不颤动，眼睛被戳不眨眼，遭受

言偃画像

卜商画像

一点挫折就像在广庭大众之中被鞭打了一样，既不能忍受卑贱人的侮辱，也不能忍受大国君主的侮辱，对各国君主毫不畏惧，听到恶语一定回击（《孟子·公孙丑上》）。卜商为孔门十哲之一，唐代始配祀孔子，封"魏侯"，宋代加封"魏公"。

曾参画像

曾参（前505—前432），字子舆，鲁国南武城（今山东嘉祥）人。与父亲曾点同为孔子弟子。出身贫寒，早年亲自劳动。《论语》所收曾参言论较多，从记载看，他为人小心谨慎，态度谦虚，性情沉静，具有大丈夫性格，"可以托六尺之孤，可以寄百里之命，临大节而不可夺也"，"士不可以不弘毅，任重而道远。仁以为己任，不亦重乎？死而后已，不亦远乎"（《泰伯》）？注重道德修养，提出"吾日三省吾身"（《学而》）的修养方法，每天多次反省自己，替别人谋划是否竭心尽力，与朋友相交是否诚实守信，老师传授的学业是否复习。提倡慎独功夫，在别人不在或不知的情况下，也不做损人利己等有违道德规范的事情。提倡和为贵，以孝著称。孔子去世后，他不愿从政，收徒设学，孟子说他有弟子七十多人，《吕氏春秋》说吴起也是他的弟子。相传著有《大学》和《孝经》。据说孔子思想由他传授给孔子之孙子思，子思通过他的门人传给孟子，因此在儒家道统中具有重要地位。唐总章元年（668）加封"太子少保"，配享孔子，是第二个享祀孔子的弟子。开元二十七年（739），降为从享，封"郕伯"。北宋加封"郕侯"，咸淳三年（1265）再升配享，加封"郕国公"。元代加封为"郕国宗圣公"。明代改称"宗圣"。在孔庙大成殿内配享孔子，位置在颜回之下而列第二。

促进了多民族国家的巩固和发展

19世纪中叶以来，中国相继遭到世界资本主义列强的入侵，凡战必败，割地赔款，饱受凌辱，有志之士在探讨中国衰落的原因，寻求救国图存的良策，深受西方思想影响的思想家和政治家怀着对西方文明的敬仰，鼓吹向西方学习，主张全盘移植西方的政治、经济、教育、文化等社会制度，认为占据古代社会统治地位的儒家思想，导致了中国的贫穷和落后，将中国的落伍，归罪于孔子，归罪于孔子思想。

是孔子及其思想导致了中国的贫穷和落后吗？如果对中国历史进行认真、纵向的全面考察，与不同思想体系下的其他国家进行比较就会发现，自西汉武帝刘彻"罢黜百家，独尊儒术"以来，中国大一统国家不断发展与巩固，文化和经济不断发展与繁盛，而这正是与其他国家最大的区别。

中国古典文学名著《三国演义》开篇便说："话说天下大事，分久必合，合久必分"，将分久必合、合久必分作为历史发展的规律。世界历史上的许多强盛帝国，确实是分而必合、合而必分的。如盛极一时的古埃及、古巴比伦王国、波斯帝国、马其顿亚历山大帝国、罗马帝国、拜占庭帝国等庞大帝国，统一后不久就土崩瓦解，有的虽然持续一段时间后才分崩离析，但这些帝国都已经灰飞烟灭，成为过眼的辉煌，并没有延续到现在的大国。世界上唯独中国合久必分，分久必合，分裂后不久又复归于一统，秦、汉、隋、唐、宋、元、明、清等庞大的统一帝国一脉相承，中间虽然也有动乱和分裂，但很快复归一统，多民族、大一统的国家一直延续到现在。

为什么世界上许多古代大国昙花一现而中国却是大国相继而不绝呢？为什么世界上许多古代大国是合久必分而中国却是分久必合呢？造成这种不同的原因当然是多方面的，但最主要的原因是，中国拥有以孔子思想为主干的民族文化，孔子大一统观念是中国古代国家统一的理论基础，孔子思想是促成古代中国分久必合、统一国家一直延续下来的思想基础。

中国自古就有天下一统的观念，《诗经》说："溥天之下，莫非王土。率土之滨，莫非王臣。"（《诗经·北山》）但提倡大一统却是孔子的功绩。孔子提倡大一统，他说："天下有道，则礼乐征伐自天子出；天下无道，则礼乐征伐自诸侯出。自诸侯出，盖十世希不失矣；自大夫出，五世希不失矣；陪臣执国命，三世希不失矣。天下有道，则政不在大夫；天下有道，则庶人不议。"（《季氏》）孔子生活的春秋时期，诸侯混战，社会动乱，给百姓带来巨大的灾难，孔子认为，要使社会有序，必须尊崇周天子，维护周天子的绝对权威，恢复大一统的政治局面，这是孔子开出的济世良方。

孔子自知人微言轻，无力扭转这种混乱局面，只能以笔代刀，将自己的观点寄托在著述中。他在编写鲁国历史书籍《春秋》时，处心积虑地维护大一统，尊崇周天子，笔诛乱臣贼子。鲁僖公二十八年（前632），晋文公攻打曹国，向卫国借道，卫国不借，晋文公攻下曹国，回程就攻打卫国，楚国出兵帮助卫国，晋文公就召集齐、宋、秦等国军队

李唐《晋文公复国图》（局部）

共同打败了楚国。战后，晋文公召集鲁、齐、宋、蔡、郑、卫、陈等国国君盟会，还派人把周天子召到温地。周天子是天下的共主，只有天子召见诸侯的规矩，哪有诸侯召见天子的道理？为了维护周天子的权威，孔子只好违背秉笔直书的史书传统，将此事记载为"天王狩于河阳"——周天子到河阳去打猎，以此维护周天子的尊严。春秋时期，楚国、越国、吴国国王虽然都已经称王，但楚国、吴国国王在初封时都是子爵，所以孔子在《春秋》中记载楚王、吴王仍然称他们为"子"，记载他们的死都是"卒"，只在记载周王的死时才用"薨"。孔子之所以记载楚王的死为楚子卒，就是不承认他自封的王。孔子自己也说过："天无二日，土无二王，家无二主，尊无二上，示民有君臣之别也。《春秋》不称楚、越之王丧。"（《礼记·孔子闲居》）孔子以此表示，反对他们的僭越和维护周天子天下共主的地位。

孟子最早指出了孔子作《春秋》的良苦用心，他说："世衰道微，邪说暴行有作，臣弑其君者有之，子弑其父者有之。孔子惧，作《春秋》。《春秋》，天子之事也，是故孔子曰：'知我者其惟《春秋》乎！罪我者其惟《春秋》乎！'""孔子成《春秋》而乱臣贼子惧"（《孟子·滕文公下》），高度评价了孔子提倡大一统的历史功绩。

公羊高认为，大一统思想是隐藏在《春秋》中的微

元代孟子石刻像

言大义，他在《春秋公羊传》的隐公元年、桓公九年、文公十三年、成公十二年和十五年等年的经文中，都指出孔子隐藏在其中的大一统思想。如《春秋》开首是隐公元年，经文是"元年，春，王正月"，对此，公羊高解释说："元年者何？君之始年也。春者何？岁之始也。王者孰谓？谓文王也。曷谓先言王而后言正月？王正月也。何言乎王正月？大一统也。"（《春秋公羊传·隐公元年》）周文王确定了周朝历法，首书"王正月"，就是表明各地都实行周天子的政令，天下是统一的。

孔子大一统的思想到汉代时，受到董仲舒的大力提倡，"《春秋》大一统者，天地之常经，古今之通谊也"，将孔子的大一统思想视为天地间永恒的规则、古今通用的道理。董仲舒针对汉朝初年思想界"师异道，人异论，百家殊方，指意不同"（《汉书·董仲舒传》）的现状，提出大一统的主张，是建议汉武帝以儒家学说统一思想。但这一主张更符合抵抗匈奴入侵、加强国内统一的汉武帝的心意，大一统思想不仅用来统一思想，罢黜百家，独尊儒术，确立孔子思想的正统地位，而且还成为维护国家统一、反对分裂的强大思想武器。

董仲舒画像

孔子的大一统主张成为巩固大一统中央集权国家的理论基础，大一统思想也就成为中华民族的传统思想。任何一个王朝，无不想一统天下。宋太祖"天下一家，卧榻之侧岂容他人鼾睡"（《宋史·太祖本纪二》）语，就是这种心态的表露。即使是少数民族建立的地方政权也不例外，也以正统自居，以大一统为己任。匈奴人赫连勃勃自称是大禹的后代，于407年割据建国，取国名为"大夏",建立都城取名"统万"——"朕方统一天下,君临万邦,可以统万为名。"(《晋书·赫连勃勃载记》)他也想君临万邦,一统天下。氐族人苻坚统一北方之后,南征东晋,也是要一统天下,"复禹绩",建立大一统的帝国。

如果说大一统主张,是国家不断发展与巩固的理论基础,那么孔子的思想,就是国家统一的纽带。

从西汉开始,孔子思想就成为中国古代社会的正统思想,历代王朝无不大力推行,大兴学校,开展儒学教育,汉

汉武帝画像

汉武帝接受董仲舒建议,罢黜百家,独尊儒术,确立了孔子思想作为国家指导思想的地位。

族政权如此,少数民族建立的政权也莫不如此。最为典型的是东晋十六国时期,也就是在中国历史上称为"五胡乱华"的时期。当时,在中国北方出现了匈奴、鲜卑、羯、氐、羌五个少数民族建立的13个地方割据政权,少数民族政权尊孔崇儒,较之以前的汉、晋中原王朝有过之而无不及。匈奴人、前赵国主刘曜,大力开展儒学教育,"立大学于长乐宫东,小学于未央宫西,简百姓年二十五以下、十三已上神志可教者千五百人,选朝贤宿儒明经笃学以教之,以中书监刘均领国子祭酒"(《晋书·刘曜载记》)。为鼓励士子向学,成绩优异者即授给官职。建立前燕的鲜卑族慕容氏统治者,大多崇尚儒学。慕容皝为世子时,受业于名儒刘赞,所以"尚经学"。即位后,他"立东庠于旧宫,以行乡射之礼,每月临观,考试优劣","经通优异者擢充近侍"。他"雅好文籍,勤于讲授,学徒甚盛,至千余人"(《晋书·慕容皝载记》)。一个割据政权的皇帝,竟然亲

曲阜孔子庙大成殿

从汉代起，孔子就成为中国思想文化的代表，奉祀孔子就表示国家推崇儒家思想，继承和弘扬民族优秀思想文化。

自授课，而学生竟有 1000 多人，由此可见鲜卑贵族对孔子思想崇信到何等程度。南燕鲜卑人慕容德称帝后，席未暇暖便"设置学官，简公卿以下子弟及二品士门二百人为太学生"。南凉国主、鲜卑人秃发利鹿孤，接受史暠"建学校，开庠序，选耆德硕儒以教胄子"的建议，"以田玄冲、赵诞为博士、祭酒以教胄子"（《晋书·秃发利鹿孤载记》）。后赵国主、羯人石勒虽然不识汉字，却"雅好文学，虽在军旅，常令儒生读史书而听之"。建国后，就设立太学一所，小学十余所，并亲自到太学、小学考试诸生，按儒学的成绩高低给以奖励——"勒亲临大小学，考诸生经义，尤高者赏帛有差"。而且还令郡国设立学官，"每郡置博士、祭酒二人，弟子百五十人。三考修成，显升台府"（《晋书·石勒载记下》）。就连"降城陷垒，不复断别善恶，坑斩士女，尟有遗类"这样杀人不眨眼的石虎，也知道尊师重教，"下书令诸郡国立五经博士"，"复置国子博士、助教"（《晋书·石季龙载记上》）。氐族人、前秦国主苻坚重用儒生，"广修学宫，召郡国学生通一经以上者充之"，甚至"每月一临太学"，"考学生经义优劣，品而第之，问难，五经博士多不能对"，一次就将经义考试上等的83人破格叙用（《晋书·苻坚载记上》）。他还曾诏令天下百官每年向朝廷推荐贤良、方正、孝廉、清才、多略博学之士，凡精通儒学者一律给以官职。羌人、后秦国主姚兴尊崇儒学，重用儒者，"天水姜龛、东平淳于岐、冯翊郭高等皆耆儒硕德，经明修行，各门徒数百，教授长安，诸生自远而至者万数千人"，

其治下的长安，竟成为当时的儒学重镇。姚兴"每于听政之暇，引龛等于东堂讲论道艺，错综名理"。当时，凉州名儒胡辩"东徙洛阳讲授，弟子千有余人，关中后进多赴之请业。兴敕关尉曰：'诸生咨访道艺，修己励身，往来出入勿拘常限。'"（《晋书·姚兴载记上》）对出入边境的学生给与优待。北朝时，鲜卑人、北魏孝文帝精通儒学，"雅好读书，手不释卷，《五经》之义览之便讲，学不师授，谈其精奥"（《魏书·高祖纪下》）。所以，他执政时全盘汉化，改汉姓，穿汉服，讲汉语，禁止三十岁以下的鲜卑人讲鲜卑语，奖励鲜卑人与汉人通婚，加快了民族融合。

其实，统治者越是少数民族，就越要推崇孔子及其

元加封孔子碑（局部）
1307 年，元武宗加封孔子为大成至圣文宣王，诏书由汉文与八思巴文逐字对刻。

曲阜孔庙十三碑亭

思想。如西夏人庆三年（1146），就追封孔子为"文宣帝"。自唐玄宗加
封孔子为"文宣王"开始，宋代先后加封孔子为"玄圣文宣王""至圣文
宣王"，历代中央王朝赠给孔子的封号均是"王"，唯独西夏加封孔子为
"帝"，因为自秦始皇定名皇帝后，帝高于王。其实，文宣王的"王"是
周朝天子的"王"，是与秦至隋的"帝"相同的。据记载，女真兵进入
曲阜，曾以孔子的"夷狄之有君，不如诸夏之亡也"（《八佾》）语而火
烧孔子庙，但两年后就建太学，重修国子监。14年后，金熙宗亲自拜祭
上京孔子庙，赞扬孔子思想"使万世景仰"，拨款重建曲阜孔子庙。金
章宗时，更是大规模扩建。现存的曲阜孔子庙十三碑亭，分别建于金、
元、清三代，都是少数民族入主中原时所建。这不是巧合，确实透露了
少数民族入主中原后更需要孔子思想的衷曲。

　　为什么少数民族进入中原后，就一定要推崇孔子思想、学习中原文
化呢？这是因为少数民族当时大多属于游牧民族，文化上比孔子思想影
响下的中原地区落后很多，而少数民族要想在中原地区立足，就必须采

用汉族的制度，推行孔子思想。蒙古初年，著名学者许衡在给元世祖忽必烈的上书中说："考之前代，北方奄有中夏，必行汉法，可以长久。故魏、辽、金能用汉法，历年最多，其他不能施用汉法，皆乱亡相继。史册俱载，昭昭可见也。国朝仍处远漠，无事论此，必若今日形势，非用汉法不可。"（许衡《鲁斋遗书》卷7《事务五事》），采用汉族制度才能长治久安，否则就是乱亡相继。汉族士大夫阶层，本来是重视华夷之辨的，但当异族入主大局已定而不可改变时，部分士大夫对哪个民族掌权就不再那么重视，而是更看重少数民族采用什么样的制度，能否重用汉族士大夫阶层。"今日能用士而能行中国之道，则中国之主也"（《郝文忠公集》卷23《与宋国两淮制置使书》），出生在女真族统治之下的蒙古初年著名儒家学者郝经的这句话，就反映了当时这部分汉族士大夫阶层的观点。能够重用汉族士大夫阶层，采用中原的制度，推行孔子思想，部分汉族士大夫就承认它是中原之主。正统地位不是从民族、血缘上来划分，而是从思想文化上来确定。虽然这样的汉族士大夫是少数，但是推行孔子思想确实能够笼络汉族士大夫。

学习儒家思想，少数民族不仅接受了汉族文化，而且也逐渐接受了儒家的理念。不仅接受了大一统的思想，也接受了华夏为中华正统的观念。前秦苻坚虽然以正统自居，但许多氐人内心仍然以华夏为正统。苻坚要伐东晋时，其侄苻朗就劝告他说："且

新疆乌鲁木齐文庙大成殿门

国家，戎族也，正朔会不归人，江东虽不绝如绳，然天之所相，终不可灭"（《晋书·苻坚载记下》），仍然视东晋汉族政权为正统。羌人、后秦奠基者姚弋仲（280—352）经常告诫儿子说："自古以来未有叛臣作天子者，我死，汝便归晋，当竭尽臣节，无为不义之事。"（《晋书·姚弋仲载记》）永和七年（351），他就决定归顺东晋，接受东晋使持节、六夷大都督、都督江淮诸军事、车骑大将军、大单于的官号和高陵郡公爵位。

吉林文庙大成殿

　　学习儒家思想，不仅使少数民族思想文化上认同，血缘上也开始归宗。许多少数民族不再认为自己是异族，而是华夏族的分支，在血缘上也归宗华夏族。如建立后凉的氐人吕光，自认为是辅助周武王灭商的功臣吕望的后裔，建国后"追尊吕望为始祖，永为不迁之庙"。匈奴人刘渊为冒顿之后，因为汉高祖刘邦实行和亲政策时，曾将宗亲之女以公主名义嫁与冒顿，所以就冒姓刘氏。赫连勃勃自认为是大禹之后——"朕大禹之后，世居幽朔"，其祖原来拟取大禹之姓为姒，因为"音殊中国，故从母氏为刘"，他认为"从母之姓，非礼也。古人氏族无常，或以因生为氏，或以王父之名，朕将以义易之。帝王者，系天为子，是为徽赫，实与天连，今改姓为赫连氏"。北魏拓跋氏自认为是黄帝的后代，黄帝之子"昌意少子受封于北土，国有大鲜卑山，因以为号"（《魏书·帝纪第一》），因境内有大鲜卑山，所以称作鲜卑。由于北魏以黄帝为始祖，"从土德，数用五，服色尚黄"，所以经常遣官祭祀黄帝陵庙。

文化认同，血缘归宗，政治上、生活上汉化，许多历史上的少数民族逐渐融入了汉族。

少数民族入主中原，提倡孔子思想，固然是他们巩固统治的需要，但客观上也加快了民族的融合。少数民族入主中原，从政治上、军事上看，他们是胜利者，但文化上落后的游牧民族一进入文化发达的中原地区，面临强大的儒家思想，就注定了他们是失败者。入主中原的少数民族很快被融合，早期入主中原的匈奴、鲜卑、羯、氐、羌、契丹、党项、女真作为民族大多已经消失，而且大多被融合为汉族；后期入主中原的蒙古族和满族作为民族虽然还存在，但如果不是在其民族聚集区，也很难能看出他们的民族特性。现在，中国共有约 1000 万满族人，能讲满族语言的人已经很少了，能通晓满族语言的只有不到 20 人。当然，这并不是好事，各民族应该保持本民族的特性，保持本民族传统的文字、文化和风俗。但这从一个侧面说明，孔子思想确实具有强大的融合力。对中国历史进行纵向的全面考察，可以说，是孔子思想促进了民族融合，促进了国家的统一发展。

血缘是一个民族的根，统一的宗教信仰是一个民族最明显的特性，而没有共同的血缘关系和共同宗教信仰的民族，最明显的特征就是思想文化。中国是一个多民族的国家，人们常说中华民族是炎黄子孙，中华民族的始祖是炎帝和黄帝，而炎帝是姜姓，黄帝是姬姓，他们来自两个不同的部落，所以中华民族可以说是一个没有共同祖先和共同宗教信仰的族群，维系这个族群的纽带就是思想文化，就是以孔子思想为主干的传统思想文化，而孔子思想又是一个包容性很强的思想体系。

中国早期的民族观，并不是以血缘为基础，而是以文化为根基。中原古代称为华夏，孔颖达说："夏，大也，中国有礼仪之大，故称夏；有服章之美，谓之华。"（《春秋左传正义》）华夏就是有着礼仪道德和华美服装的族群。东方曰夷，西方曰戎，南方曰蛮，西方曰狄，夷狄就是四边尚未开化的族群，华夏和夷狄划分的标准，就是文化水准的高低和文明是否开化。

孔子虽然主张明华夷之分，但又认为华夷是可以变化甚至转换的。《论语》记载："子欲居九夷。或曰：'陋，如之何？'子曰：'君子居之，何陋之有？'"（《子罕》），尚未开化的地方，君子到了就能使它开化，夷就可以变为华夏。孔子认为夷狄能够转化为华夏，就是因为蛮貊之人也具有与华夏相同的人性，"言忠信，行笃敬，虽蛮貊之邦行也"（《卫灵公》），人类的美德在夷狄之地也能行得通，夷狄当然能够教化成为华夏。孔子反对以夷变夏，"裔不谋夏，夷不乱华"（《左传·定公十年》），而是希望以夏变夷，以先进的文化改变落后的文化。但孔子不主张采用军事征服或文化征服的方式，而是主张采用礼乐教化使之主动归化，"远人不服，则修文德以来之"（《季氏》）。在孔子思想的影响下，历代中央政府和地方官吏，大都能够正确对待少数民族，在少数民族地区大兴学校，进行礼乐教化，提高了少数民族的文化水准和生活水平，促进了民族团结，巩固了多民族国家的统一。

孔子主张"己欲立而立人，己欲达而达人"，"己所不欲，勿施于人"，本身就

云南建水文庙义路坊

是一种宽容的思想，而孔子思想博大精深，又处于统治地位，对任何其他的思想、宗教都能持宽容的态度。佛教来自印度，是一种外来的文明，在中国历史上曾经占据重要的地位，甚至出现过举国信奉的盛况，有人称之为独尊佛教或佛教王朝，其实，统治阶级信奉佛教，只是宗教信仰，佛教并没有成为国家的指导思想。在历史上，中国一直是政教分家，崇奉佛教的王朝、崇奉道教的王朝，仍然以孔子思想为治国理念，孔子思想仍然是国家的指导思想。虽然历史上也曾有过儒家学者如韩愈等人大力批佛、排佛，但孔子思想与佛教基本是和平共处的。佛教传入中国后，不断被改造，接受了孔子思想，以适应孔子思想影响下的中国现实，而儒家学者也吸收佛教思想发展儒家思想，最典型的是宋明理学，就是吸收了佛家、道家等思想对孔子思想的发展。正因为孔子思想的宽容性，对其他思想、宗教持宽容、包容的态度，中国虽然有佛教、伊斯兰教、基督教、天主教等外来宗教，也有本土产生的道教，但中国从来没有发生过宗教战争，所以中华民族就能不断融合其他民族，中国多民族、大一统的国家就能不断发展壮大。

万世师表，成就中华文化繁荣

世界古代有四大文明，即产生于尼罗河的古埃及文明、幼发拉底河和底格里斯河的两河流域文明、印度河流域的古印度文明和中华文明。四大文明中，古埃及文明、两河流域文明、古印度文明都早已失传，唯独中国文明薪火相传，而且不断发展壮大，

埃及图像文字

推究其原因就会发现，是孔子思想对中华文明的传承与发展做出了重要贡献。

从历史看，异族入侵是古埃及文明、两河流域文明消失的主要原因。

古埃及文明是发达的文明，公元前3000年就产生了文字，历法、艺术、科学知识在世界上都产生过一定的影响。但是自公元前525年被波斯侵占，公元前332年被马其顿亚历山大占领，以后相继被希腊人、罗马人、阿拉伯人、突厥人、蒙古人、塞加西亚人所统治，1517年又沦为奥斯曼帝国的一个行省，并受到基督教徒的8次十字军入侵，文化受到严重摧残，4世纪末，传统的象形文字就消失了，代之而起的是利用希腊字母和象形文字创造的科特普文字。

古埃及文字

古亚述文字

　　两河流域文明是最古老的的文明之一，公元前3200年就产生了楔形文字，公元前3000年制定了天文历法，农业、建筑、算术、几何、代数、艺术都具有很高的水平。公元前539年后，相继被波斯人、马其顿人占领，文明逐渐衰落。楔形文字在巴比伦王国、亚述帝国时逐步简化，以后转向音节文字，到波斯人时已接近字母文字，只有41个楔形符号。但到公元前331年亚历山大灭亡波斯后，楔形文字就失传了。

古印度文字刻符

　　印度远古文明，大约出现在公元前3000年，产生了文字。公元前18世纪，哈巴拉文明消亡，原因不详，古文字至今尚未破译。公元前518年被波斯侵占后，成为波斯帝国的一个行省。公元前327年被亚历山大灭亡后，又被马其顿人统治。1世纪中叶，大月氏人建立了贵霜帝国，统治北印度200多年。711年以后，又陆续遭到阿拉伯人、突厥人、蒙古人的入侵，被信奉伊斯兰教的突厥人、蒙古人统治了600多年（1206—

1857），传统文化受到致命打击。

中国历史上也曾多次遭到少数民族的入侵，孔子以来就有汉代的匈奴，十六国时的匈奴、鲜卑、羯、氐、羌，唐代的突厥，唐以后的契丹、党项、女真、蒙古和满族。除突厥外，上述各少数民族都曾建立地方或中央政权，蒙古族和满族还建立了大一统的帝国元朝和清朝，满族的统治还长达260多年。就宗教信仰来说，一统中国的蒙古族、满族，还是藏传佛教的信奉者。

为什么同样遭到外族入侵，古埃及文明、古印度文明和两河流域文明，都在外来文明传入后而消失，唯独中华文明不仅没有被摧残而延续下来并且不断发展？最主要的原因就是中华文明是先进的文明。人们一般认为，汉武帝"罢黜百家，独尊儒术"后孔子思想才受到重视，其实西汉建国之初，汉高祖刘邦就已开推崇孔子的端倪。刘邦本来是看不起儒家的，他常常拿儒生的帽子撒尿，陆贾就因常常在他面前谈论《诗》

汉高祀鲁图

公元前195年，汉高祖刘邦专程到曲阜祭祀孔子，其后东汉光武帝、明帝、章帝和安帝、北魏孝文帝、唐高宗和玄宗、后周太祖、宋真宗、清康熙和乾隆11个皇帝19次亲自到曲阜祭祀孔子。

《书》，惹得刘邦大骂："乃公居马上而得之，安事《诗》《书》？"陆贾毫不退让，说："居马上而得之，宁可以马上治之乎？"（《史记·郦生陆贾列传》）刘邦懂得以马上得天下而不能以马上治之的道理后，就开始尊崇孔子思想，戎马倥偬，南征回程，还专门绕道到曲阜亲自祭祀孔子。后世儒生为推崇孔子思想，吹捧刘邦，说汉家四百年基业全在于此。汉武帝将孔子思想推为独尊，孔子思想成为国家的指导思想，正是在孔子思想的指导下，中华文明不断发展。

孔子主张举贤才，选举德才兼备的人才治理国家，他创办私学的目的，就是要培养治理国家的人才。子夏深知老师的用意，一语点破说"学而优则仕"，樊迟不知老师的目的，不识趣地去问种粮种菜，难怪孔子给他难看，背后还骂他是小人。在孔子举贤才这种贤人政治的影响下，汉代开始采用察举和考试的办法选择官员，隋代开始采用科举考试的方式选拔官员。察举、科举制度，打破了贵族对仕途的垄断，使平民有了参政的机会，为平民参政开辟了道路，改变了世卿世禄的传统，革命性、先进性是不言而喻的。孔子本人就是具有广博知识的学者，孔子思想本身就是文化的思想、学者的思想，孔子思想被当作社会的指导思想，文化当然被重视。而察举和科举制度，使中国很早就形成了文官主政的传统。文人主政，当然重视文化，发展教育，开展教化，提高了人们的道德品质和文化素养，更促进了文化的发展。所以中国文化一直在不断地发展，汉赋、乐府、唐诗、宋词、元曲、明清小说，不同朝代产生了不同的文学体裁，并达到那个时代的高峰，即使在最不重视文化的元朝，戏曲也得到大发展。当欧洲处在黑暗的中世纪时，中国的文化、艺术却是非常繁荣。毫无疑问，科举制度是先进的、科学的选拔官员的办法，16世纪被介绍到欧洲时，就被认为是世界上最好的文官选拔制度。当然，到古代社会晚期，科举制度的弊端也日益显现。客观公正地说，科举制度造成了中国文人主政的传统，对中国社会的发展起过重大的推动作用。但由于100多年来否定传统思潮的影响，一提科举制度就是"范进中举"，给人的感觉科举制度就是束缚人才、培养庸才。看待问题不能一分

北京孔庙进士题名碑
在今北京国子监文庙，刻有元、明、清三代的进士名字。

为二，缺少辩证法，回顾历史老是骂祖先，这是 100 多年来的最大弊端，也是我们民族最大的悲哀。

正因为中原地区拥有发达的文化，所以当文化落后的游牧民族进入中原地区以后，不得不学习中华文化。少数民族不是不注意保护他们的文化，而是强大的中原文化是无法抗拒的。辽代推行科举，但明文规定禁止本族人参加考试，契丹人耶律蒲鲁"崇熙中举进士第，主文以国制无契丹试进士之条闻与上，以庶箴擅令子就科目鞭之二百"（《辽史·耶律庶成传》）。契丹人耶律蒲鲁与汉人一同考试都能考上进士，可见他已经具有较高的汉文水平了。但考中进士，不仅没有得到应有的地位和奖励，反而连累父亲挨了 200 鞭子。满族入关后，为了保护本民族文化，在东北仍然实现军事管理制度，而不实行中原地区的郡县制。清雍正二年（1724），吉林设立造船厂，办理船厂事务的给事中赵殿最上疏朝廷，请求修建孔子庙和学校——"船厂地方应建文庙，设立学校，令满汉子弟读书考试"。雍正皇帝接到奏疏后非常恼火，批文严加训斥："本朝龙兴，混一区域，惟恃实行武略耳，并未尝恃虚文以粉饰"，"我满洲人等，因居汉地，不得已与本习日以相远，惟赖乌拉、宁古塔等处兵丁不改易满洲本习耳。今崇尚文艺，则子弟颖悟者俱专意于读书，不留心武备矣"，不同意建造文庙和学校，要求"但务满洲本习"。（《吉林通志·圣训志》）但是先进的汉族文化的传播是阻挡不住的，雍正皇帝去世的第二年，乾隆皇帝就下令建造永吉州州学；七年，就建起了规制齐备的州学和文庙。

甲骨文

世界上唯一没有失传并逐步演变的古文字。

中国历史上文人主政，文化高度发达而且不断发展，多民族不断融入，以至有些西方学者认为，中国更像是一个文明实体。1920年，英国著名学者罗素就说："中国与其说是一个政治实体，还不如说是一个文明实体——唯一幸存至今的文明。孔子以来，埃及、巴比伦、波斯、马其顿，包括罗马帝国都消亡了，但是中国以持续的进化生存了下来。最先是佛教，现在是西方的科学。但是佛教没有把中国人变成印度人，西方科学也不会将中国人变成欧洲人。"应该说，罗素的观点抓住了中国历史的特点，也指出了中国发展的道路，佛教没有将中国人变成印度人，西方科学也不会把中国人变成欧洲人。

世界四大文明中，唯一没有消亡的文字就是汉字。它历经甲骨文、金文、隶书、楷书不断发展，演变出章草、行书、魏体、草书等艺术书体。

天下大同，屡成世界富强国

有些人根本不懂得历史，一开口就是中国穷了几千年。如果我们对中国的经济进行纵向、全面的考察，就不难发现，中国经济在孔子以来的大部分时间里，一直走在世界的前列。

汉、唐大一统帝国时期的国民生产总值（GDP）现在无人考证。据西方经济学家推算，宋代的国民生产总值大约占到世界的 25%—30%，要知道宋代的国土面积大约只有汉代的二分之一、唐代的三分之一，虽然宋代疆域都是经济发达的地区，但其他地区也并非不毛之地，生产总值也不应该少于宋代的 20%。

西方经济学家一般认为，在 18 世纪以前，中国一直是世界上经济最为发达的国家，中国的国民生产总值也远在西欧之上。据西方经济学家推算，19 世纪初，中国国民生产总值，大约占世界的 32%，西欧约 26%，俄罗斯约 4.2%，美国约 1.8%。非常巧合，中国国民生产总值，恰好等于西欧、俄罗斯和美国的总和。

中国是一个白银矿藏比较贫乏的国家，但在明代中期，就建立起了以白银为本位的货币制度，依靠的就是主要来自域外的大量白银。据弗兰克《白银资本》说，在 1500 年至 1800 年的 300 年间，中国成了全世界白银的"秘窖"，全世界总量 12 万吨白银中的大约一半也就是 6 万吨

北京明清皇宫

流入中国。西方殖民者将在拉丁美洲掠夺来的白银输送到中国，换取丝绸、茶叶和瓷器等高级奢侈品。一位西班牙海军军官说，"中国皇帝能够用来自秘鲁的银条来建筑一座宫殿"。6万吨白银相当于16亿两，18世纪的清乾隆年间，中国人口约为2亿，每人平均约8两，接近300克（明清时一斤为16两，597克）。正因为有来自国外的大量白银，我们才能相信《红楼梦》中王熙凤回忆娘家接待南巡的皇帝时说"把银子花的像淌海水似的"，王熙凤"银子上千钱上万，一日都从他一个手一个心一个口里调度"。没有来自国外的大量白银，我们真难相信从和珅家抄出白银5000多万两和洋钱58000元，两项折合白银约2000吨，这还不算大量的银质餐具和7吨的赤金，抄出的和珅家产估计约值白银8亿两，相当于白银3万吨。我们中国人不是已经穷了几千年，而是历史上非常阔过。

中国不仅国民生产总值所占世界比重最大，在宋代时国民人均生产总值也最高。英国经济学家安格斯·麦迪逊认为，在11世纪，日本以外的亚洲，人均国民生产总值为450美元，西欧为400美元，亚洲比西欧高12.5%，而中国当时经济水平远远高于其他亚洲国家，人均国民生产总值高于亚洲平均水平。2000年《参考消息》刊载的一篇文章说，进入第二个千年时，也就是北宋初年，中国的人均国民生产总值是欧洲的1.2倍。麦迪逊认为，11世纪以后，欧洲与中国的人均国民生产总值差距逐渐缩小，意大利最先超过中国，其后是荷兰和英国，到1820年，中国的

人均国民生产总值仅占西欧的 48.7%，即使如此，中国的国民生产总值仍约占世界的三分之一，中国仍是世界上经济总量最大的国家，直到 19 世纪 80 年代，才被美国所超过。

中国不仅是经济大国，在西方工业革命以前，中国还是科技大国。在西方文艺复兴前的上千年中，世界共有 300 项重大科技成果，其中 175 项是中国人发明的，占所有发明的 58%还多。造纸、火药、指南针、印刷术、铸铁、手推车等，这些促进人类文明进步的发明，都是中国人创造的，使用和推广都早于西方几个世纪。李约瑟教授就认为："在科学技术发明的许多重要方面，中国人又怎样成功地走在那些创造出著名'希腊奇迹'的传奇式人物的前面，和拥有古代西方世界全部文化财富的阿拉伯人并驾齐驱，并在 3 到 13 世纪之间保持一个西方所望尘莫及的科学知识水平。"坦普尔《中国：发明与发现的国度》中举出了 100 个"中国的世界第一"，以至于得出惊人的结论："近代世界赖以建立的种种基本发明和发现，可能有一半以上源于中国。"

中国的落伍，是从西方工业革命后也就是从 19 世纪开始的。美国学

明代蟒服

丝绸、瓷器、茶叶是中国历史上的三大外贸商品。

唐代刻经
唐咸通九年（868）刻印，世界上最早的印刷品。

清代瓷器

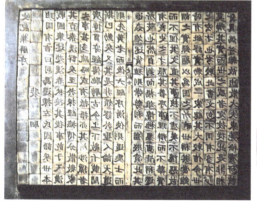

泥活字版

汉代纸地图

　　者肯尼迪在《大国的兴衰》一书中说，在18世纪，中国的工业产量占世界的32％，而全欧洲才占23％；但到甲午战争时，中国的工业总值已经下降到世界工业总值的6％，而欧洲已经上升到62％，此消彼长，中国已经远远落后了。

　　将中国经济的发展全部归功于孔子思想也许是不合适的，但有一点是毫无疑问的：历史上将孔子思想作为国家的指导思想，并没有影响中国成为世界上最为发达的国家。相反，抛弃孔子思想以后，中国的经济每况愈下，到肆无忌惮地批判孔子的时期，中国经济已濒临崩溃的边缘，中国的人均国民生产总值下降到仅占欧洲的 7.3%。1978 年，国民生产总值还不到世界的 2%。"文化大革命"结束以后，不再批判孔子，解放思想，改革开放，中国经济稳步发展，国民生产总值由 1978 年的 3410 亿美元猛增到到 2014 年的 10.4 万亿美元，占世界的 15%。国际货币基金组织认为，按照购买力已经超过美国成为世界头号经济体，比麦迪逊预测的到 2015 年中国将成为世界第一经济大国还提前了一年。

以上足以说明，孔子思想促进了中国的发展，我们要正确对待先人留下的遗产，不要再骂我们的先人，将先人作为我们无能的替罪羊。我们也不要再"抛却自家无尽藏，沿门托钵效贫儿"。古人能在传统思想指导下发展经济，我们也应能从民族的优秀遗产中汲取营养，发展经济，重铸大国的辉煌，实现中华民族伟大复兴的中国梦。

思想广播惠海外

孔子对实现自己的政治理想一度非常失望，曾打算离开大陆到海外去寻找机会——"道不行，乘桴浮于海"。但他绝没有料到，他的思想随着被中国奉为指导思想而远播海外。

孔子思想的对外传播出现过两次高潮，第一次从公元前后开始，传播的范围主要是东亚，也就是中国周边的邻国朝鲜、越南和日本。第二次是从16世纪开始，传播的范围主要是欧美和东南亚，有意大利、法国、德国、英国、俄罗斯、美国等欧美国家和印度尼西亚、新加坡、马来西亚、菲律宾等南洋诸国。

第一届世界儒学大会

每年国内外都有举办关于孔子思想的学术讨论会，规模大的有30多个国家和地区的学者参加。

孔子思想在朝鲜和越南的影响，早期主要是中国人推动的，其后由朝鲜人和越南人主动接受；在日本一直是由日本人主动接受的。由于孔子思想是当时最为先进的思想，所以在朝鲜、越南、日本，都产生了重大的几乎不次于在中国的影响。

在东南亚（越南除外），孔子思想的传播主要是依靠华人进行的，影响的范围也主要在华人中间。虽然早期外出谋生的华人大多出身贫困，文化水平不高，但他们自幼即接受儒家思想的熏陶，移居国外后仍保持着中华民族的传统美德，尊师重教，稍有积蓄或聘师家教，或集资兴学设教，为在域外弘扬民族传统文化做出了重要贡献。

孔子思想是由来华的欧洲传教士引入欧洲的。16世纪，欧洲传教士来到中国，他们来华的目的，本来是传播耶稣教的，但是来华后他们发现，要让中国人信奉他们的主，是何等的艰难。深受孔子思想影响千余年的中国人最相信孔子，虽然也有人信奉土生土长的道教和经过改造的佛教，但这些宗教的影响，和孔子思想是不能同日而语的。传教士要使中国人信奉耶稣，就必须了解中国人的思想文化和信仰，因此逼得传教士们不得不研究孔子的思想，研究中国的文化。而研究孔子思想和中国文化的结果，使得传教士们发现了一个全新的思想文化领域，他们忍不住要把中国的思想、文化、政治、经济和社会各个方面的情况介绍给欧洲人，孔子思想因此被引入欧洲。孔子思想传入欧美的时间比较晚，虽然没有像在中国近邻那样产生

新加坡河畔的孔子塑像

重大而决定性的影响，但对西方思想文化的发展，也产生了一定的影响。

20世纪以来，孔子思想又陆续向南美洲、大洋洲和非洲等地传播，促进了各种文化的交流，增进了各国人民的了解与友谊。

朝鲜半岛

朝鲜半岛与中国自古就有着友好交往的历史。早在周朝初年，箕子东走朝鲜，被周武王封为朝鲜侯——"殷道衰，箕子去之朝鲜，教其民以礼仪"（《汉书·地理志八下》），将中国文化引入朝鲜。战国至西汉初年，中国战乱不已，许多中国人避乱迁居朝鲜，仅秦末时，"陈胜等起，天下叛秦，燕、齐、赵民避地朝鲜数万口"（《三国志·魏书·东夷传·濊》），避乱的中国人甚至南下到半岛东南部。西汉初年，燕人卫满避乱投奔朝鲜准王，赶走准王而建立卫氏朝鲜。元封三年（前108），西汉灭亡卫氏朝鲜，设置四郡，将半岛北半部纳入中国版图。唐以后，朝鲜半岛独立，但仍然接受中国王朝的册封，历史上绝大多数时间，都与中国保持着友好关系，中国政府也多次出兵，帮助朝鲜抵抗外来入侵。

韩国忠清南道的乡校

　　朝鲜半岛与中国山水相连，是中国以外孔子思想传入时间最早、传播最广、影响最深的地区。

　　孔子思想传入朝鲜半岛的确切时间史无记载，目前有秦末移民说、汉初卫满说、汉设四郡说等多种说法，大多数学者比较认同汉设四郡说。西汉元封三年（前108），汉朝灭亡了卫氏朝鲜，在现在朝鲜半岛北半部设置了乐浪郡、真番郡（前82年裁）、临屯郡（前82年裁）和玄菟郡（前75年，辖区北移至中国境内）及26县，派遣中原官吏前往治理。西汉从建元元年（前140）以孔子思想作为国家指导思想，国学设立五经博士，博士设置弟子员，"令天下郡国皆立学校官"（《汉书·循吏传·文翁》），国家还不时策试贤良方正，选拔孝廉，大批儒生进入官吏队伍。派往朝鲜半岛的官员中，大多通晓孔子思想，遵循中央政府方针以孔子

韩国首尔成均馆释奠孔子武舞
成均馆是朝鲜王朝时期的最高学府，现在每年农历二、八月的第一个丁日，仍然举行祭孔大典。

思想作为治理理念，应该按照国家规定设置学校官，孔子思想因此被引入朝鲜半岛。由于汉朝官吏的努力，"早在公元一世纪初，就有一些朝鲜人背诵《诗经》《书经》和《春秋》等"（《朝鲜简史》），儒家经书、孔子思想开始普及。东汉永平二年（59），令"郡、县、道行乡饮酒礼于学校，皆祀圣师周公、孔子"，规定连少数民族地区的道，都要在学校内祭祀周公、孔子，朝鲜半岛的乐浪郡和18县，也应该设置学校并举行祭祀，孔子思想更加普及。

孔子思想传入朝鲜半岛时，朝鲜已经进入专制集权社会，孔子思想主张忠君尊王，有利于安定社会，当然受到欢迎。其后，朝鲜半岛上兴起的高句丽、百济、新罗三国，都大力提倡。

高句丽（前37—668），原本兴起于中国东北的东部，西汉时属玄菟郡。美川王十四年（313），趁国内动乱接受了乐浪郡和带方郡。长寿王十五年（427），迁都至平壤。以后逐步南下，治理范围伸展到汉江以南。高句丽得地利之便，最先接受孔子思想，并且占有原来属于中国的乐浪郡和带方郡辖区，传统思想文化的影响很深。小兽林王二年（372），仿照中国设立国家最高学府"太学，教子弟"，以《春秋》《礼

广开土大王碑
广开土大王为4世纪末的高句丽国王。

记》《书经》《诗经》等儒家经典和《史记》《汉书》《后汉书》等中国史籍教育贵族子弟，同时广设扃堂教育平民子弟。为更好地学习孔子思想，提高儒学水平，高句丽从荣留王二十三年（640），派遣贵族子弟到唐朝留学。

百济（前18—664），是以从中国东北逐步南下的高句丽和扶余移民为主建立的国家。先后征服了马韩、弁韩等部落，占领了朝鲜半岛南部的西侧。由于早期与中国接触较少，文化比较落后。近肖古王三十年（375），才有文字，设立儒学博士，以名儒高兴担任——"百济开国已来，未有以文字记事，至是得博士高兴，始有书记"（《三国史记》）。枕流王三年（386），才设立太学，接受东晋使持节、都督、镇东将军、百济王封号。从4世纪开始，中国进入长达三百多年的南北分裂时期，百济加强与南朝的联系，接受南朝的册封，请求派遣学者前往传授儒学。如梁朝曾两次派遣毛诗博士、一次派遣礼博士前往。由于有中国的支持，百济的儒学水准提高很快，405年就开始向日本输出，博士王仁携带《论语》进入日本，将孔子思想传入日本。以后，百济还不断派遣博士前往日本讲授儒家经书。6世纪，中国向百济派遣儒学博士，百济向日本派遣儒学博士，孔子思想从中国接力式地向朝鲜半岛和日本输出，这是一个非常有趣的现象。需要指出的是，

王仁遗迹碑
在今韩国全罗南道的罗岩。

高兴、王仁等博士应该是中国人，因为那时朝鲜人还没有采用中国的姓氏。为更好地学习孔子思想，百济也向唐朝派遣留学生。

新罗（前57—917）位于朝鲜半岛东南角，与中国交往不便，孔子思想的传入比较晚。奈勿尼师今（356—402年在位）时，沦为高句丽的保护国，透过高句丽接受中国文化。奈勿尼师今二十二年（377），才开始直接与中国交往，派遣使者到前秦。但交往很快就中断了，直到6世纪初期才恢复。开国十六年（565），真兴王才接受北朝北齐授予的使持节、东夷校尉、乐浪郡公、新罗王称号。真德女王永和二年（648），经唐朝同意采用唐朝服饰。四年（650），取消年号，奉中国正朔，采用唐朝年号（朝鲜半岛直到1897年，都是采用中国年号）。次年，始设置国学官员大舍二人，设立国学比高句丽、百济晚了二百多年。

新罗国学设置虽然很晚，但孔子思想在民间的影响却很大，最有代表性的是花郎徒。花郎徒原是新罗部落内传统的青少年组织形式，自称是弥勒化身，与僧侣一起生活修炼，以从中国传入的儒教、道教和新罗固有的仙教进行思想教化。"相磨以道义，或相悦以歌乐，游娱山水，无远不至"，通过这种活动，"知其人邪正，择其善者荐之于朝"。实行文

庆州乡校文庙大成殿
原是新罗的国学，新罗灭亡后成为乡校，为朝鲜半岛第一所孔子庙。

武教育，平时是教育团体，战时为军事团体。初期以"入则孝于家，出则忠于国"，"处无为之事，行不言之教"，"诸恶莫作，诸善奉行"为信条。花郎徒以圆光法师（531—630）创立的世俗五戒为行动准则："一曰事君以忠，二曰事亲以孝，三曰交友以信，四曰临阵无退，五曰杀生有择"，信条已经从佛门转向儒家伦理。韩国现代史学家认为："体认生命有轻于鸿毛，有重于泰山，不屈不挠为正义真理而奋斗，以高昂的国家民族意识迈向战场，奋勇杀敌，此乃花郎徒的精神"，"花郎徒精神并不止于青少年，成年以后仍继续维持，成为巩固国民精神与伦理的基础，这是新罗统一三国的原动力"（李元淳等《韩国史》）。

壬申誓记刻石
新罗时代留下的碑文，1934 年发现于庆尚北道庆州市，现藏大韩民国国立庆州博物馆。

新罗王朝远交中国，请求隋唐攻打高句丽，唐朝助其先后灭掉百济和高句丽，于 675 年统一了朝鲜半岛。为了巩固统一，新罗更加提倡孔子思想。孔子思想的大一统、等级名分、伦理纲常等观念，非常有利于巩固政权，所以新罗王朝虽然仍然推崇佛教，但在政治上却以孔子思想为治国理念，仿照唐朝设立官僚体系，兴学重教，实行科举制度，建庙祭祀孔子，派遣留学生到唐朝留学，孔子思想的影响日渐扩大。

神文王二年（682），"立国

学，置卿一人"。景德王六年（747），设置国学的各业博士、助教，教授儒家经典。国学学生为十六岁至三十岁大舍（相当于司长）以下尚无官位的贵族及其子弟，以《论语》《孝经》为必修课，以主修《周易》和《礼记》《左传》和《毛诗》《尚书》《文选》，将教学科目分为3科。国学修业年限为9年，学习期满，考试合格即可出仕为官，"若才器可成而未熟者，虽逾九年，许在学，位至大奈麻、奈麻而后出学"，即官员可以成才者，虽过9年仍可在学学习，直至达到位阶的第十等、十一等以后才可出学。由此可见，在学学习时，可以升转位阶，这是中国、日本所没有的。元圣王四年（788），又仿照唐朝实行以儒学为取士标准的科举制度——读书三品出身法。将能解读《左传》《礼记》《文选》，兼谙《论语》《孝经》者列为上品；能解读《曲礼》《论语》《孝经》者列为中品；能解读《曲礼》《孝经》者列为下品；对博通五经、三史、诸子百家者破格擢用。新罗王朝本来实行骨品制，将平民以上社会成员分为三等八品。一等为王族，又分为圣骨、真骨"二品"——父母两系均系王族血统为圣骨，父母两系只有一系为王族血统为真骨；二等为贵族，分为六品、五品、四品"三品"；三等为平民，分为三品、二品、一品"三品"。官吏只在王族和贵族之间选用，平民没有做官的机会。读书三品出身法的实行，将儒学与仕途结合起来，提高了儒学的地位，也刺激了儒学的传播。

除国学外，地方的州也设学校，民间仍坚持高句丽传统，设置扃堂教育平民未婚子弟。宋代徐兢的《诸蕃志·新罗国》中记载："人知书喜学，厮役之家亦相矜勉，里有庠，匾曰扃堂，处子弟之未婚者习书射于其中"，"故号君子国"。可见新罗时期民间教育也非常普及。新罗《壬申誓记刻石》，记载了两个年轻人的誓言："壬申年六月十六日，二人并誓记。天前誓：今自三年以后，忠道亲执，过无失，誓。若此事失，天大罪得，誓。若国不安，大乱世，可宁？行，誓之。又，别先辛未年七月廿二日，大誓：《诗》《尚书》《礼》《传》，伦得誓三年。"两个年轻人发誓，不论社会安定与否，都要坚守忠道，学习儒家经典。此石刻的年代，有552年、612年、732年诸说，不论何年，都说明儒家思想在新罗时期已经非常深入人心。

新罗王朝仰慕唐朝文化，早在统一前的善德女王九年（640），就"遣子弟于唐，请入国学"。统一后，派遣入唐学习的子弟，有入唐宿卫的王族子弟和入唐学习的贵族子弟。宿卫的王族子弟，虽然是作为人质入唐的，但入唐后大多进入国学学习，由唐王朝提供衣食，给他们提供了一个很好的学习儒家思想的机会。官费生由新罗王廷派遣，支给买书银300两，生活费用也由唐朝供给，学习年限10年。在唐国子监学习者，最多时有216人，一次学成归国有105人。私费生是新罗家庭富有的子弟自费来唐朝学习的，学习时间没有限制。

不论官费生还是私费生，都可参加唐朝的科举考试，唐朝专门为外国留学生设置宾贡科，许多留学生因此进士及第。从金云卿长庆初年及第到后唐灭亡之间的210多年间，就有90人在中国高中进士。金云卿是第一位在唐考中进士的新罗留学生，及第后曾任唐朝兖州司马、淄州长史，还被任命为宣慰使赴新罗册封新罗国王。最著名的留学生进士是崔致远，景文王八年（868），他十二岁时入唐，六年后及第，被任命为溧水县尉，后入高骈幕府。二十八岁时，作为送诏使回国，曾官新罗侍读兼翰林学士，著有《桂苑笔耕》《中山覆篑集》《四六集》等，被尊

崔致远画像
崔致远（857-？），新罗著名学者，入唐留学生，推崇儒学。1020年，从祀高丽文庙。

为朝鲜文学之祖。

　　朝鲜半岛原来只有语言没有文字，采用汉字作为通用文字，汉字与朝鲜语音不合，使用起来很不方便。新罗统一前，就有人用汉字字音记录朝鲜语言，到 7 世纪末，薛聪将汉字和朝鲜语言紧密结合，用新罗语解读儒经，这种方法称为吏读法，方便了学习，加快了儒学传播。孔子思想影响越来越大，"衣冠知奉礼，忠信识尊儒"，唐玄宗写给新罗国王诗中的这一联，形象地说明新罗已经受到孔子思想很深的影响。

薛聪画像
发明以吏读法翻译儒经，1022 年从祀高丽文庙。

　　918 年，王建建立高丽王朝，十八年后统一后三国，成为朝鲜半岛建立的第二个统一王朝。由于王建是依靠地方豪族势力消灭对手的，所以统一初期只是名义上一统，地方豪族甚至还拥有自己的军队，因此王建去世后，国家就立即陷入了混乱。高丽王朝（918—1392）崇信佛教，被后世称为佛教王朝。佛教虽然被当作安身立命之教，但主张修来世的佛教，对于治理乱后的社会功效却不大。高丽王朝深知"王者化成天下，学校为先，祖述尧舜之风，聿修周孔之道"，因此大力提倡孔子思想，以孔子思想作为治国理念，仿照中国实行三省六部制，推行儒家思想教育，大兴学校，推行科举制度。

　　高丽王朝的儒学教育已经很发达，京师开城有国子监、大学和四门学，地方有州学，民间有私学。私学由学者创办，崔冲、郑倍杰、卢旦、金尚宾等 12 位著名学者都创建了私学，一时弟子云从，被称为十二徒，其

水原乡校明伦堂（1285 年建）

崔冲画像（从祀文庙）

中尤以崔冲最为著名。在经过与契丹近三十年的战争之后，"干戈才息，未遑文教"，崔冲曾官侍中，收徒设教，弟子众多，分为九斋，影响最大，因此被称为"海东孔子"。私学也以九经和三史为教育内容，与官学相比并没有多少差别。

光宗九年（958），采用旅居中国人、翰林学士双冀的建议，开始科举选士。此后444年间，共举行科举考试251次，录取进士约6663名。文科分为制述科、明经科和杂科三科。相当于唐朝进士科的制述科尤其受到重视，约录取了6167名；其次为明经科，约录取了415名；杂科最轻，只录取了81名。制述科和明经科均考儒经，杂科中还专有三《礼》和《春秋》三传的专科。

高丽王朝仰慕中国文化，先后向后晋、北宋、元朝派遣留学生。高丽时有一个非常有趣的现象，有中国人在高丽考中进士，也有高丽人在中国考中进士。北宋初年，中国禁止图书出境，唯独对高丽开禁，宋太宗、宋真宗、元世宗、明太祖均曾赐给高丽儒家经书。高丽初期，主要靠抄书，后用木版刻印，中国活字印刷术传入后发明铜活字印刷儒家典籍，儒学传播更加快捷，孔子思想的影响越来越大。宋宣和六年（1124），徐竞出使高丽，归来著书说"上而朝列官吏闲威仪而足词采，下而闾阎陋巷间经馆书舍三两相望，其民子弟未婚者则群居而从师受教，既少长而择友各以其类讲习于寺观，下逮卒伍童子亦从乡先生学"（《宣和奉使高丽图经》），高丽举国上下都在学习孔子思想。

高丽王朝中前期，仍然学习汉唐经学。13世纪末，入元随侍的高丽世子安珦，将中国新刊的《四书集注》和《朱子全书》带回国内，开

江华乡校（1127年建）

安珦画像
安珦（1243—1306），被朝鲜半岛尊为东方道学之祖，从祀朝鲜文庙。

始传播朱子理学。他提倡忠、孝、信、诚、敬等儒家伦理，大力排斥佛教，将意识形态上从崇佛引导到崇儒上来。曾经入元的官僚学者白颐正、李齐贤和考中元朝进士的李穑以及郑梦周等，都大力提倡宣讲，朱子学传播很快，不久就取代了汉唐经学的正统地位。

高丽末年，外有蒙古干涉，海盗侵掠，内有朝臣派别之争，土地兼并严重，民族矛盾和阶级矛盾异常尖锐。1392年，李成桂以应天顺人为口号取代高丽王朝，建立朝鲜王朝。新王朝建立后，面临着重整社会秩序的艰巨任务，在高丽王朝盛极一时但日益腐败没落的佛教思想已经无能为力了，儒家思想主张一统天下，反对分裂割据，强调大义名分，反对犯上作乱，非常适合于维护新王朝中央集权统治的需要。早在建国之前，李成桂就受到理学者郑道传等改革派思想家的支持。改革派以程朱理学为思想武器，提倡王道政治，代表中小地主利益，反对大地主和大僧侣对土地的垄断，所以建国之初，理学就成为国家的指导思想，儒学成为国教，朝鲜王朝因此被称为儒教王朝。

太祖李成桂在即位诏书中就明确提出："内而国学，外而乡校，增置生徒，敦加奖劝，养育人才。"所以朝鲜王朝儒学教育非常普及，首都汉城设有最高学府成均馆，以进士和生员为学生，定员200名，下设五

部学堂，每学定员 100
名；府、州、县设立
官办学校乡校，全国
共设各级乡校 361 所，
定员 15000 名，良民
身份以上的十六岁俊
秀子弟都可入校学习；
乡村设立书堂，还有
私立的书斋，接受
七八岁的平民子弟就
读，书堂、书斋的优
秀学生十六岁也可进
入乡校学习。乡校生
经过考试取得进士或
生员称号，就可到成
均馆进修，再经过文
科考试就可入仕为官。
到 16 世纪中期，官办
教育衰退，书院教育
趁机而起，发展到 19
世纪，书院竟达近千
所。早期书院还得到
国王的支持，给予免

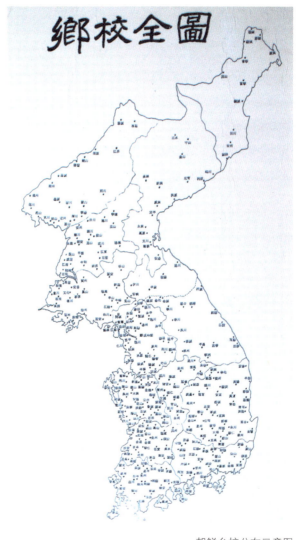

朝鲜乡校分布示意图

税免役的优待，并向书院赐额甚至亲笔题额。学校教育内容主要为儒家
经典，《学令》规定，诸生"常读四书五经及诸史等书，不携庄老、佛经、
杂流、百家子集等书，违者罚"。在朝鲜，即使同是理学但批判朱子学的
王阳明心学，也被视为洪水猛兽遭到批判和排斥。

朝鲜王朝坚持科举取士，文科考试三年一次，称为"式年试"。初

绍修书院

场考试中国经学，中场考试诗、赋、表，末场考试时务策。每科一般录取 33 人，其中甲科 3 名、乙科 7 名、丙科 23 名，甲科第一名称为状元，第二、三名称为探花；此外还有别试，有国王亲试、增广试、谒圣试、春塘台试、外方别试、黄柑试等名目。500 年间，举行式年试 163 次，录取 6063 人；别试 581 次，录取 8557 人，两种考试共举行 744 次，录取 14620 人，由此可见朝鲜科举之盛。殿试合格即可入仕为官，并赐以殊荣，中试者"殿庭唱榜，御前赐酒，赐花与盖，优人呈戏，鼓吹前导，三日游街以荣之"。还恩及及第者父母，健在者赐给酒乐，去世者祭祀坟墓——"其亲存者，则令所在官给酒乐以荣之，名曰荣亲宴。殁者设祭，谓之荣坟，中第一名者赐米。"（《朝鲜志·风俗》）

首尔成均馆明伦堂

　　除利用教育普及儒家思想外，朝鲜王朝还特别重视礼俗教育和伦理教化。早在理学传入的初期，被称为东方理学之祖的高丽宰相郑梦周，就令百姓按照《朱子家礼》规定建立家庙，设立神主，祭祀先祖。到朝鲜时期，"处处祈佛、家家祀神"的民俗，已变为"处处祀孔，家家祀祖"的儒家礼俗。朝鲜王朝大力提倡忠、孝、节、义等儒家伦理，褒奖忠臣孝子、节妇义夫。除使用中国的《小学》《孝经》《明心宝鉴》外，还自编了《孝行录》《三纲行实》等几十种通俗读物，并将《女四书》翻译成朝鲜谚文。《三纲行实图》图文并茂，收录了百余名忠臣、孝子、列女的事迹，作为百姓学习的楷模。

　　朝鲜半岛从新罗圣德王十六年（717），开始在京师祭祀孔子。高丽

郑梦周家庙
郑梦周（1337—1392），号圃隐，从祀朝鲜文庙。

仁宗五年（1127），将祭祀孔子推向地方，命各州设立学校，修建文庙，祭祀孔子，追随中国尊称孔子为文宣王、至圣文宣王、大成至圣文宣王。朝鲜王朝大建孔子庙，每所乡校都设文庙祭祀孔子，每年阴历二月、八月的第一个丁日举行释奠大祭，每月初一、十五举行释菜、行香小祭。文庙主祭孔子，在清朝以前追随中国增加从祀的先圣、先贤、先儒。不同的是，朝鲜还以本国的儒学学者从祀，从高丽宣宗十一年（1020）以崔致远从祀后，又陆续增加了薛聪、安珦、郑梦周、李滉、李珥等17人，通称为"东国十八贤"。现在，韩国各地的乡校文庙，大都按照古礼举行祭祀活动，春秋释奠大祭，由地方行政长官主祭。只是从1948年开始，大多文庙减少了从祀的中国先贤先儒，一般文庙只祭祀孔子，以颜回、曾参、子思、孟子四配配享，闵损等十哲和周敦颐、程颐、程颢、邵雍、朱熹、张载宋六贤配祀，朝鲜的东国十八贤从祀。

成均馆大成殿

孔子思想传入朝鲜半岛初期，朝鲜人只是被动地接受，对汉唐经学很少阐释。理学传入后就不同了，很快就出现了一大批理学家，如前期的李穑、郑梦周、郑道传、权近，发展期的金时习、徐敬德、赵光祖、李彦迪，鼎盛期的李滉、李珥，衰落期的金长生、宋时烈、奇正镇、李震相等，他们对理学均有所阐释和发展，并形成了许多学派，对理学的发展做出了贡献。理学产生在中国古代社会的衰落期，而输入朝鲜却是在封建社会的发展期，朝鲜理学学者代表了中小地主的利益，反对保守，主张革新，对社会的发展起了推动作用。

由于儒家思想的影响，朝鲜王朝对中国采取事大主义，作为中国的藩国，处处事事都比中国降格。国王称大王，国王旨意称教旨，六部称六曹，尚书（部长）称判书，侍郎（副部长）称参判，地方学校称乡校，接待中国使臣的馆舍名顺天馆，大臣名伴天使。他们仰慕中华文明，醉心中华文化，在很长的历史时期内认为中国就是世界的中心，因此上自朝廷法度，下至民间习俗，全部效法中国，廷议言必称孔孟，街谈巷议也以四书五经为依据，儒学不仅作为治国理念，而且还扩大为社会规范。《朝鲜志·风俗》所说的"崇尚信义，笃好儒术，礼让成俗，柔谨成风"的民族性格和社会风尚，就是儒家思想影响的必然结果。朝鲜人对此深为自豪，他们也以"小中华""海东中华"自居。

17 世纪以后，朝鲜的封建社会步入后期，作为国家指导思想的朱子学，由前期的社会改革的推动力量转化为反对力量，朱子学者也由社会的改革者，蜕变为既得利益的维护者，在学术上不顾社会实际问题，故弄玄虚，清谈空论，甚至将学术论争蜕化为争权夺利的党争。为巩固朱子学的正统地位，在学术上采取高压政策，对敢于对朱子学有"一字致疑"者往往加上"斯文乱贼"的罪名进行残酷斗争和无情打击。19 世纪下半期，日本和西方列强入侵，朝鲜面临亡国的危险，正统朱子学者图谋以"卫正斥邪"为口号，对从中国传入的实学思想、阳明学和从西方传入的天主教以及西方文化进行排斥，但已无力回天，朝鲜最后成为日本的殖民地。但是，朝鲜人民并没有屈服，深受儒家思想影响的儒林在卫正斥

李滉画像

李滉（1501—1570），号退溪，朝鲜王朝时期理学的集大成者，从祀朝鲜文庙。

丁若镛故居
丁若镛（1762—1836），号茶山，朝鲜实学的集大成者。

邪的口号下，与日本殖民势力进行了坚决斗争。他们以"头可断，发不可断"为号召，拿起武器组织义兵进行武装抗日斗争，展现了英雄的民族精神。武装斗争失败后，不甘亡国的儒林们仍然进行不屈不挠地斗争，开设私立学校和书堂，进行旧式民族教育，与日本侵略者的奴化教育进行斗争。

日本投降后，韩国学术界痛定思痛，对历史进行反思，认为事大主义、党争、锁国、族阀、阶级斗争等是国家灭亡的主要原因，曾一度对儒家思想进行批判。但在接受西方文化、采用西方政治制度后，随着经济的发展，个人主义、享乐思想成为社会的普遍价值观，舞弊腐败现象蔓延，造成道德堕落和民族主体意识涣散。经过反思，逐渐认识到传统

光州忠孝教育馆

韩国儒林在中国山东曲阜孔子庙祭祀孔子

思想的价值，废弃了侧重儒家政治思想的传统，转而采用儒家思想扶持伦理，学术界也致力于从哲学、伦理学和历史学、社会学角度，研究儒家思想及其在历史上所发挥的作用。

现在，韩国儒家思想研究异常活跃，成立了许多学术组织和机构，出版了许多学术成果，几乎每所大学都开设了中文系，成均馆大学还开设了儒学大学院和儒学研究生院。儒家思想的普及也非常普遍，1945 年成立的儒道会，以儒道精神为理念，以阐明道义、扶持伦理、弘扬修齐治平之道、淳化社会秩序为目的，下设青年儒道会、女性儒道会、儒学学生会，在首都设立总本部，在直辖市和道设立本部，在市、郡设立支部，在邑、面设立支会，在里、洞设立分会，四级行政区内都有儒道会组织，全国共设各级组织 600 多个，拥有信众 1000 万人，约占全国人口的四分之一。

孔子思想推动了朝鲜半岛的文化、经济和社会的全面发展，所起的进步作用是有目共睹的。1893年，科举制度的废除，宣告了儒家思想作为指导思想的结束。但儒家思想并没有退出朝鲜半岛的历史舞台，虽然儒家思想从统治思想的宝座上跌落下来，失去了神圣的光环，但它更容易深入民间。随着教育的发展，文化水准的提高，越来越多的人了解了孔子，了解了孔子思想，孔子思想越来越普及，越来越深入人心。

朝鲜前国家主席金日成参观孔林
1991 年 10 月，金日成专程到曲阜参观。

越南

"威仪共秉周家礼，学问同尊孔氏书"，与中国山水相连的越南，是孔子思想传入最早、影响最深、最大的国家之一，越南诗人阮公简的这两句诗，正是孔子思想在越南历史上深刻而广泛影响的真实写照。

孔子思想在越南传播的历史比较独特，越南在 968 年立国以前，北半部一直属于中国管辖，孔子思想的传播与影响，也主要在北半部。越南立国后，孔子思想的传播与影响，也随着越南的向南推进逐渐向南发展。越南立国前，中国政府派遣官员前往治理，采用和中国基本相同的管理方式，孔子思想的传播与影响基本与中国相同，推行传播主要是由中国人来进行的。越南立国后，在政治、文化、经济等方面采用与中国相同或相似的制度，孔子思想逐渐从治国理念发展成为指导思想，推行传播的主角变成了越南人。但不论中国人还是越南人，推行孔子思想的结果，都促进了越南文化、经济等的全面进步，对越南的社会发展做出了重要贡献。

越南与中国的交往历史非常悠久，中国早期文献中关于与越南交往的记载很多。《淮南子》说"昔者神农之治

河内国子监文庙的孔子塑像

天下……其地南至交趾"（《主术训》）。《史记》说帝颛顼时"北至于幽陵，南至于交趾……莫不砥属"（《五帝本纪》）。越南人自己也称是炎帝神农氏的后裔，《大越史记全书》开篇就说："黄帝时建万国，以交趾界于西南，远在百粤之表；尧命羲氏宅南交，定南方交趾之地；

河内国子监文庙门前立柱

禹别九州，百粤为扬州域，交
趾属焉；成周时始称越裳氏，
越之名肇于此云"，并说越南
始祖泾阳王，是神农的三世孙
帝宜南巡五岭时与婺仙女结
合所生，所以越南《四字经》
说："自鸿庞氏，曰泾阳王。系
出神农，首肇封疆。"

　　秦末社会大乱，南海龙
川令、行南海尉赵佗于公元前
207 年乘机自立为南越王（前
207—前 137 年在位），割据了
南海、桂林和象三郡，其中象
郡辖区就在今天越南的中部和
北部。赵佗本是河北真定人，
他在南越推行秦朝的制度，实
行郡县制，在越南境内设置了
交趾、九真二郡。汉高祖建国
后，赵佗即向西汉称臣。越南
史学家黎嵩说他"武功慑乎蚕
丛，文教振乎象郡，以《诗》

赵佗塑像

《书》而化训国俗，以仁义而固结人心"（《越鉴通考总论》），以孔子思想
为治理理念，用孔子思想教化百姓。这说明，早在公元前 3 世纪末，孔
子思想就已经进入越南，并且成为教化团结百姓、移风易俗的工具。

　　汉武帝元鼎六年（前 111）灭掉南越国，在越南北部和中部设置交
趾、九真、日南 3 郡 22 县，将越南北部和中部正式纳入中国版图。赵佗
虽然用孔子思想治理越南，但时间很短，西汉时越南社会仍然很落后，
"骆越之民无嫁娶礼法，各因淫好，无适对匹，不识父子之性、夫妇之

越南文庙内景

道"，"以渔猎为业，不事耕种"，大多地区仍处在原始社会阶段，所以前往治理的中国官员，都注意用先进的中国礼乐文化进行教化。

西汉末年至东汉初年，孔子思想在越南的传播进入第一个高潮。西汉平帝时，锡光担任交趾太守，"教导民夷，渐以礼义"。东汉建武四年（29），任延出任九真太守，"教其耕犁，使之冠履，为设媒官，始知聘娶，建立学校，导之礼仪"。同时将避乱南迁的中原移民"杂居其间，用稍知语言，渐见礼化"，用中国先进的衣冠文物、婚姻制度和孔子思想改造越南尚未开化的风俗，大受越南人民的欢迎。任延本来就是博通儒学的学者，当然要用孔子思想教化人民——"九真俗以渔猎为业，不事耕种，延乃教民垦辟，岁岁耕种，百姓充给。贫民无聘礼者，延令长史以下省俸禄以赈助之，同时娶者二千人。视事四年召还，九真人为之立祠，其生子皆名曰任焉。"（《大越史记全书》）汉朝官员将儒家思想引入越南，越南人最早接触到的汉文化就是儒家经典，所以至今越南人仍将汉字称作儒字。经过中国官吏的教育，越南人到东汉时就出现了许多人才，越南人和中原人一样考取茂才，荐举孝廉，出仕为官。如李琴曾官至司隶校尉，负责纠察首都百官、外戚和诸侯，与尚书令、御史中丞，同是朝中最显赫的高官。

三国至南朝时期，是孔子思想在越南传播的第二个高潮。汉末以后，中原地区进入长达 300 多年的动乱，而越南却成为远离战火的一方净土。许多贤良官员出任地方行政长官，如陶璜四世五人出任交州刺史，多行善政，卓有政绩；杜慧度父子两任刺史，击退南方林邑的多次入侵，保护了交州的安宁，"慧度布衣蔬食，俭约质素……禁断淫祀，崇修学校"，守土爱民，以礼乐进行教化。第二个高潮的代表是士燮（137—236）。他祖籍鲁国汶阳，出生于越南，少年游学洛阳，通《左传》和古今文《尚书》，名扬京师，举孝廉，中茂才。中平四年（187），出任交趾太守。交州刺史朱符贪婪暴虐被杀，州郡动乱，士燮收拾残局，趁机夺取交州，三个弟弟分别担任合浦、南海、九真太守，兄弟合力安定了交州。士燮任职交州 40 多年，许多中原士子南下避乱，儒学学者许慈、许靖、刘熙、薛综、程秉等均曾南下依附，程秉还受到重用。士燮以孔子思想教化百姓，保全一方，深受越南百姓爱戴，被越南人尊称为"士王"，立庙

乡村私塾课子图

祭祀。越南《四字经》赞颂说"三国吴时，士王为牧，教以《诗》《书》，熏陶美俗"；《越鉴通考总论》评价说："士王习鲁国风流，学问博洽，谦虚上下，化国俗以《诗》《礼》，淑人心以礼乐，治国逾四十年，境内无事。"越南古代史学家吴士连评价说："我国通《诗》《书》，习礼乐，为文献之邦，自士王始。其功德特施于当时，而有以远及于后代。"

隋唐时期，是孔子思想在越南传播的第三个高潮。隋唐都是强大的大一统帝国，加强了对越南的治理，建立了完备的地方军政机构。隋代平定了李佛子叛乱，打退了南方林邑的进攻，还一度攻破林邑，将林邑（今越南中部）纳入中国版图，在林邑故地设置 3 郡 12 县，在今河内设立交州道行军总管府，统一管理越南事务。唐承隋制，在越南设置交州总管府、都督府。调露元年（622），改称安南都护府，从此安南成为越南的别称，下辖 12 州 59 县。隋唐时期实行科举制度，官员大都具有较高的文化素养，派往越南的官员大都大力提倡文教。唐贞观四年（630），下令州县学校都要设立孔子庙，越南也大兴学校，广建孔子庙。前往越南治理的循吏，有隋代大将军令狐熙，在越南"为建城邑，开设学校，华夷感激，称为大化"；唐代王福畤（诗人王勃之父）任交趾令，"大兴文教，士民德之，至今祀之，号王夫子祠"；贞元七年（791），赵昌任安南都护 10 年，"夷落向化，毋敢桀居"，入朝任国子监祭酒，三年后再度出任，叛兵闻讯即定（《新唐书·赵昌传》）；张舟先后出任安南都护府巡官、副都护，元和

河内文庙的文庙门

三年（808）转任都护，击退占城入侵，"取州二十，以被于华风，易皮弁于冠带，化奸宄于诚敬，皆用周礼，率由汉仪"（柳宗元《安南都护张舟墓志铭》），"礼分五礼，恩赐百朋"，"人知准绳"，以功升检校国子祭酒；元和五年（810），马总出任安南都护，"用儒术教其俗"，"身在绛帐传六艺"，"廉清不挠，用儒术教其俗，政事嘉美，獠夷安之"。唐代时，越南与中国文人交往频繁，唐初著名诗人杜审言（杜甫祖父）、沈佺期曾被流放越南，中晚唐诗人刘禹锡、韩偓也曾到过越南，安南都护高骈击败南诏，保护了越南安全，位高望重，诗作被越南人当作范本。越南士子也北上中原，安南诗人裴泰北上担任唐朝中书舍人，南下担任安南都护；无碍上人、黄知新游学中原，与诗人王维、贾岛诗文唱和。通过中国官吏的教化和两国学者的交流，越南文化水准上升很快，许多越南士子科举考试合格到中原为官。如爱州日南人姜公辅进士及第，官至中书门下平章事，成为第一位出生在越南的中国宰相。其祖父姜神翊曾官至舒州太守，弟弟姜公复也考中进士，官至比部郎中，成为安南汉化的贵族世家。唐代时，越南文化已经比较发达，"圣唐宣风，初鲜宁岁。稍臣卉服，渐化椎髻。卒为华人，流我恺悌"（柳宗元《为杨侍御祭张都护文》）。

河内文庙大成殿

10 世纪初，中原社会动乱，无力顾及越南，越南土豪趁机割据，先后建立了曲氏（907—930）、杨氏（931—938）、矫氏（937—938）、吴氏（939—965）割据政权。963 年，丁部领消灭了十二使君，统一了越南北部，968 年，建立独立政权大瞿越。但其国祚很短，12 年后即被黎桓取代，建立前黎朝（980—1029）。29 年后，前黎朝又被李公蕴取代，建立李朝（1010—1225）。

越南虽然独立了，但直到中法战争前，一直奉中国为宗主国，国王只有得到中国皇帝的册封，才算获得正统地位。越南独立初期的两朝，虽然时间很短，但由于长期受孔子思想的影响还是推崇儒家思想，丁废帝曾观明堂辟雍。景德四年（1007），黎龙铤向宋朝进贡，同时请求颁给儒家经书。宋真宗按照要求，赐给儒家九经。

李朝开国君主李公蕴，相传有母无父，其母游蕉山寺有孕，出生后送与僧侣为子。年轻时他"不事生产作业，惟涉猎经史，慷慨有大志"，颇通儒学，所以即位后以佛教为国教，以孔子思想为治国理念，仿造中国官制设立中央和地方各级政权。国王尤其提倡忠孝观念，太宗平定三王之乱后，在铜古山神庙"中筑坛，张旗帜，整队伍，悬剑载于神位前，读誓书曰：'为子不孝，为臣不忠，神明殛之。'群臣自东门入，过神位前歃血。每岁以为常"（《大越史记全书》）。后世子孙按照儒家重农主张发展农业生产，以儒家伦理教化人民，向宋朝求购儒家经典，大兴学校。1070 年，建庙祭祀孔子。1075 年，开始实行科举制度。孔子思想在独立后的越南，形成了第一个兴盛期。

陈朝（1225—1400）虽然也是崇尚佛教的王国，以佛教为国教，但也以儒家思想为治国理念，大力兴办学校，实行科举制度，尊儒祀孔，儒学进一步传播并得到长足的发展，逐渐取代佛教而成为正统思想，学校和孔子庙，也逐渐由国都推向地方。

陈朝国王非常重视儒学，亲自学习儒家思想。圣宗"诏求贤良明经者为国子监司业，能讲谕《四书》《五经》之义者入侍经幄"；英宗"命天章学士阮士固讲《五经》"，命通晓儒家思想的学者为自己授课。国王非

会安明社孔子庙

常重视皇室教育，尤其重视对皇太子进行系统的儒学教育。太宗"亲写铭文，赐诸皇子，教以忠孝和逊、温良恭俭"；圣宗"亲写诗以训皇子，并制《贻后录》二卷"，"选天下儒学有德行者入侍东宫，以黎辅陈为少师，兼储宫教授，以阮圣训、阮士固等充内侍学士"；明宗征拜理学家朱安为国子监司业"授太子经"。对皇太子、皇子进行系统儒学教育，更好地保证了国家用儒家思想作为治国理念。

陈朝重用儒学学者，虽然宰相必用宗室贵族，但也必须选用"有道义、通《诗》《书》者为之"。因此大力兴办学校，将官办学校和孔子庙推广到地方州镇，民办教育也空前发达，"民间俊秀子弟八岁入小学，十五入大学，其诵《诗》读《书》、谈性理、为文章皆与中国同"（元汪大渊《岛夷志略》）。同时继续推行科举制度，光泰九年（1396），改定考试内容，"第一场用本经义一篇，有破题、接语、小讲、原题、大讲、缴结，五百字以上。第二场用诗一篇，用唐律；赋一篇，用古体，或骚或

朱安像

朱安（1292—1370）越南理学家，从祀文庙。

选，亦五百字以上。第三场诏一篇，用汉体，制一篇，表一篇，用唐体四六。第四场策一篇，用经史时务中出题，一千字以上"。国家尊儒重道，提倡儒学，越南的儒学水平也大有提高，出现了朱安、张文超、杜子平、黎文休等一批儒学家，其中尤以朱安最为著名，他所著的《四书说约》，是越南最著名的理学著作，因此被称为越儒宗。朱安、张文超、黎文休、黎括等极力排斥佛教，佛教地位逐渐下降，儒学的政治地位逐渐上升，儒学终于取代佛教成为国家的统治思想。朱安、张文超因扬儒斥佛有功，分别于 1370 年、1372 年被允许从祀孔子庙。越南进入了独立后的第二个兴盛期。

1400 年，外戚胡季犛通过宫廷政变夺取政权，建国号为"大虞"，但史家一般称为胡朝。胡朝没有得到中国承认，立国只有短短的 7 年。

胡朝享国时间虽然很短，但也采取了一些推崇儒学的措施。早在立国前的陈朝光泰五年（1392），胡季犛就进《明道》十四篇，"大略以周公为先圣，孔子为先师，文庙以周公正坐，南面，孔子偏坐，西面"，"以韩愈为盗儒，谓周茂叔、程颢、程颐、杨时、罗仲素、李延平、朱子之徒学博而才疏，不切事情而务为剽窃"，推崇周公，贬抑孔子，批评程朱

进士荣归图

理学空疏而不切实用，是一位很有思想的政治家。立国后，厘定科举办法，仿照元朝进行考试。胡朝建国后大力改革，但操之过急，又增加租税，激化了社会矛盾，加之连年对外用兵，侵略占城，侵占明朝三州，受到明朝斥责后即上表谢罪但迟迟不予归还，部分归还后又派人劫杀明朝官吏，陈艺宗之孙陈天平逃亡中国，胡季犛遣使向明朝永乐皇帝谢罪，谎称没有篡位自立，要求迎请陈天平归国就位，但在陈天平入国后就派伏兵将其杀害，并打败护送的明朝军队。明成祖忍无可忍，于永乐四年（1406）决定派兵消灭胡季犛。明朝出兵前发布告示，历数胡季犛父子20条大罪，宣布"官复原职，军复原伍，民复原业"，"官吏军民安业如故"。明朝出兵八个月就擒获胡季犛、胡汉苍父子，永乐五年五月，明朝下诏访求陈氏子孙立为国王，"官吏耆老人等累称为黎氏灭尽，无可继承陈后请。安南国本交州，愿复古郡县，与民更新"（《大越史记全书》），明朝遂将越南15府41州208县纳入中国版图，在越南设交趾省，下辖17府5直隶州34州176县。

边和镇边营文庙

　　明朝占领越南虽然只有短短的 21 年，但采取的访贤良、建学校、颁经书、选贡生等措施，对儒学的传播特别是对以后越南教育制度的确定都具有重要作用，为儒学在越南的兴盛做出了一定的贡献。明朝命府、州、县建立学校文庙，将学校由原来的州镇推向县，向每所学校颁发《四书》《五经》《性理大全》《孝顺事实》《为善阴骘》等儒学经典和伦理通俗读物，命学校按照中国制度向国家选送贡生，从选拔的 9000 多名"明经博学、贤良方正、孝弟力田"人士中，挑选担任越南各级政权官吏。

　　顺天元年（1428），黎利建立大越国，派使者到中国进贡请求册封为安南国王。但明朝皇帝要求寻找册立陈氏子孙，黎利一再以找不到陈氏子孙搪塞，明宣宗只好于宣德六年（1431）册封黎利为权署安南国王，直到正统二年（1437），才册封黎利之子为安南国王，赐以驼纽金印，但是越南史籍称其为后黎朝（1428—1527、1533—1789）。后黎朝是越南历史最久的一个王朝，但也仅仅兴盛了不足 80 年，就因君昏臣乱而每况愈下，100 年后就陷入了南北混战之中，莫阮相争，郑阮交战，西山起义，国无宁日。

　　后黎王朝以孔子思想为国家的指导思想，黎太祖"定律令，制礼乐，设科目，置禁备，设官职，立府县，收图籍，创学校"（《大越史记全书》）。其后四帝大兴儒学教育，广开科举，广修文庙，大力进行社会教化，儒学空前繁荣，孔子思想在越南进入兴盛时期。

后黎朝和割据政权莫朝、郑主（1539—1787）、西山阮朝（1778—1802），无不推崇儒学。莫朝（1527—1677）开国君主莫登庸认为，"三纲五常，扶植天地

河内文庙进士题名碑
河内国子监现存进士题名碑 82 通。

之栋干，奠安生民之柱石，国而无此，则中夏而夷狄，人而无此，则衣裳而禽兽。自古至今，未有舍此而能立于覆载之间也"，因此国家大力提倡纲常伦理。黎圣宗制定颁布的《激劝忠义令》和《二十四条伦理》、黎玄宗颁发的《申明教化四十七条》、黎嘉宗的训诫百官，无不突出提倡忠孝节义。如《申明教化四十七条》就规定："为臣尽忠，为子止孝，兄弟相和睦，夫妻相爱敬，朋友止信以辅仁，父母修身以教子，师生以道相待，家长以礼立教，子弟恪敬父兄，妇人无违父子。"

与尊崇儒学相适应，各朝都非常重视教育，无不大兴学校，大兴科举。洪德十四年（1483）规定，"乡试中三场充生徒，四场充增广生，如前例。若生徒曾经乡试，遭不中场者充军，中一场者还民，差赋如例。增广生会试不中场者充军"。即使已经获取了功名，考试成绩不好，不仅不能保持，还要遭受严厉的惩罚：乡试一场不中的生徒（相当于中国秀才）和会试不中一场的增广生（相当于中国举人）都被充军，乡试只中一场的生徒就被免去功名。科举考试规模宏大，1514 年会试应试举人竟多达 5700 人，而取中进士的只有可怜的 43 人。为鼓励士子学习，科举考

试后，皇帝亲自召见新科进士，赐官赐宴，命鼓乐导引，良马送回府第，又命刻名立碑于国子监。国家独尊儒术，孔子地位空前提高，孔子庙（文庙）遍及越南全国，县以上城市无不建孔子庙，每年春秋都要举行释奠大祭。

到越南最后一个王朝阮朝（1802—1907）时，孔子思想的影响达到顶峰。开国国主阮福映六日一御经筵，听臣子进讲儒家经典，规定国主每三年一次

顺化国子监文庙进士题名碑
顺化国子监进士题名碑共有 36 通。

亲自去文庙祭祀孔子；命侍讲、翰林侍学、国子监侍学朝夕会督学官集太学堂，为太子讲说经史，并将太子言语行动随时记录，每月一次进呈御览，考察德业进益；建造集善堂专门教育皇子，并制定讲学章程，皇子入学，先读《小学》，依

顺化国子监文庙大成门
顺化国子监是越南最后一个王朝阮朝的最高学府。

次攻读《四书》《五经》，间之以史书，经书要能背讲，以涵泳圣贤言语（《大南实录》）。经过严格的教育，许多国主如圣祖（明命）、宪祖（绍治）、翼宗（嗣德）等，都具有很深的儒学造诣。独立后的第二代国主明命帝阮胆，自幼受儒臣黎光定、阮文诚等人的影响，通读儒家经书，酷爱孔孟之道。即位后，宣布以儒教为固有伦理，以三纲五常为治国之本，召集著名儒者从事儒学研究，将儒学推广到民间，教民习读，大力推广教育，大行科举，进行社会教化。

17世纪初，西方势力开始进入越南，经过100多年的经营，法国终于如愿以偿。建福元年（1884），法国强迫阮朝签订《顺化条约》，次年强迫中国签订《天津条约》，中国丧失了对越南宗主国的地位，越南沦为法国的殖民地，成为半封建半殖民地国家。越南人民并没有屈服，在乡官吏和举人以忠君爱国相号召，发起勤王斗争——文绅运动，组织人民进行勤王抗法斗争。文绅们的勤王抗法斗争进行了三年，虽然在法国殖民者的残酷镇压下失败了，但文绅们的精神鼓舞了越南人，他们纷纷

会安文庙泮池

起义，坚持抗法斗争十几年，给予法国殖民者以沉重打击。殖民者力图消灭越南的民族意识和传统文化，将矛头指向已经成为越南民族思想文化主干的儒家思想，将研究、提倡儒家思想的学者指为亲华派严厉打击。1917年，颁布法令废除科举，废除汉字和以汉字为基础创造的越南喃文，强令越南使用拼音文字，强力推行法语教育，学校改学法语和拼音文字，大力培植亲法势力，保送越南青年到法国学习，力图使越南人从景仰中国文明改为崇尚法国文明。越南人注重保护民族的思想文化，一是抵制法国教育，不到法国人开办的学校读书，"国人多不愿学"，"故家巨族之子竟学汉字死书，专事科举，是以法学虽设而教育徒为具文"（越南黄高启《越史镜》）；二是将儒家经典翻译成越南新文字。用拉丁化的越南新国语翻译《四书》《五经》等儒家经书，用新国语撰写研究、介绍儒家思想的著作；三是撰写儒学书籍。膺珵的《论语菁华》、杨琳的《幼学教科书》、阮超的《四书备讲》和《诸经考约》等阐扬儒学特别是宣传儒家修身治国的著作流传很广，在社会上产生了很大的影响。越南民族解放运动领袖之一的阮末名儒潘佩珠著的《孔学灯》，对《四书》详加注释，并翻译成新越语出版，成为著名的新越语阐述儒家经典的著作。

第二次世界大战后，越南分为南北两部分。南方仍然坚持尊孔

胡志明市孔子大道上的孔子塑像

读经，中学开设汉学课程，顺化大学设立汉学院，以经学为主，词章为辅，专门培养汉学人才。儒学研究也非常活跃，成立了孔学会等学术团体，翻译出版儒学书籍，编印儒学刊物，维修并新建文庙，恢复祭孔活动，以孔子诞辰为教师节，全国放假一天，将西贡（今胡志明市）的两条大街分别命名为孔子大道、孟子大道。北方由于共产党早期以反帝反封建为号召，将孔孟哲学列为批判对象。但是夺取政权后，逐步正确对待传统思想和文化。胡志明早年深受儒家思想影响，他认为"孔子学说优点在于个人的道德修养"，"其精华我们应该好好学习"，用孔子的仁、义、智、勇、廉概括革命干部的人格，用"忠于党，孝于民"教导军人。革新开放以来，针对西方文明带来的弊端，越南也越来越重视儒家思想在民族文化和现代化建设中的作用，将孔子思想当作民族思想文化的一部分，越南党和国家领导人，也到河内国子监文庙孔子像前上香，同时修复甚至新建孔子庙。

历史上，孔子思想推动了越南社会、政治、经济、文化的全面发展，对越南民族思想、文化、道德、伦理乃至民风民俗的形成，都发挥了重

越南前国家主席胡志明在曲阜孔子庙
1965 年 5 月 19 日，胡志明专程到山东曲阜参观。

整修一新的河内文庙

要作用。在革新开放的今天，孔子思想仍然继续对越南的建设发挥着重要作用。

日本

东京汤岛圣堂孔子铜像

"泗洙入海向东流，文教勃然兴帝洲"，日本近代学者盐谷温凭吊孔子庙的"永照寺怀古"中的这一联诗形象地说明，孔子思想传入日本后对日本社会产生了多么深刻的影响。

日本虽然与中国隔海相望，在汉代就与中国开始了交往，但早期却是通过朝鲜半岛吸收中国文明的。从隋代开始，日本通过派遣大量遣隋船、遣唐船到中国直接接受中国文明，孔子思想传入日本后，很快成为日本社会的指导思想。宋以后，随着航海水平的不断提高，海上交通逐渐不再困难，中日之间的交往日益频繁，新兴的理学很快传入日本，经过400多年漫长的传播，终于在江户时期成为日本社会的指导思想。

虽然同是中国的近邻，但孔子思想在日本

的传播却与朝鲜、越南大不相同，孔子思想在日本的传播，不是一直不断地发展，而是经历了两起两落的历程。

孔子思想何时传入日本，是至今尚未解决的问题。学术界一向有秦代徐福东渡和百济学者王仁南渡两种说法。

徐福东渡说，见于中国史籍。《史记·秦始皇本纪》和《汉书·郊祀志》，都记载了徐福东渡。宋代学者欧阳修"日本刀歌"说："徐福行时书未焚，遗书百篇今犹存。"元代周致中纂集的《异域志》则说

徐福墓

徐福东渡，"因避秦之暴虐，已有遁去不返之意，遂为国焉，而中国《诗》《书》遂留于此"。许多日本人也相信徐福东渡，在日本就有多处徐福登陆处，并有传说的徐福墓。但是文献资料不足，目前还难以让人相信。

百济学者王仁南渡说，见于《日本书纪》。应神天皇"十六年春二月，王仁来之，则太子菟道稚郎子师之，习诸典籍于王仁，莫不通达。故所谓王仁者，是书首等之始祖也"，只说太子向王仁学习经典，并未说王仁献书事。日本《古事记》记载了献书："又科赐百济国：'若有贤人者贡上。'故受命以贡上人名和弥吉师，即《论语》十卷、《千字文》一卷，并十一卷，付是人贡上。"关于献书的时间，《古事记》无纪年，《日本书

位于大阪的王仁墓

纪》作应神十六年，有日本学者推算为285年。《古事记》成书于712年，《日本书纪》成书于720年，成书时间都很晚，而且记载天皇在位七八十年甚至百年以上，实在令人难以置信，而且所记史实，与中国、朝鲜史籍多有不符，就是日本学者，也不敢当作信史看待。有学者根据《日本书纪》所记"是年，百济阿花王薨"推测为405年，这个说法是比较可信的。据朝鲜《三国史记》记载：近肖古王三十年（375），百济始以高兴为博士，"百济开国已来未有以文字记事，至是得博士高兴，始有书记"（《三国史记》）。375年以前，百济连文字都没有，更没有博士，百济没有博士，如何向日本派遣博士？向日本派遣博士，应该在设置博士以后，所以说405年是可信的。需要指出的是，当时朝鲜半岛尚未采用中国式姓氏，高兴、王仁都应该是中国人或其后裔。

其实，日本应该更早就接触到孔子思想。早在东汉、曹魏、西晋时期，日本和中国前后有 10 次使者往返，日本不可能不了解孔子思想。《日本书纪》记载，神功皇后亲征新罗，"遂入于其国，封重宝府库，收图籍文书"。五年后，还带回许多俘获的中国人，这也有可能带回了中国的儒家典籍。从《日本书纪》的"阿直歧亦能读经典"看，当时日本应有经典，只是日本人的水平不高，所以太子才屈尊拜他国使臣学习经典，天皇才要寻找比阿直歧水平更高的学者。如果日本当

汉倭奴国王金印
汉光武帝赐给日本卑弥呼女王的金印，1784 年在福冈出土。

时没有经典，太子、天皇根本不知道经典的重要，太子会屈尊拜他国的养马小官为师吗？

不论孔子思想以何种方式在何时传入日本，进入日本后立即受到欢迎是确信无疑的。那时日本尚未统一，也没有形成一整套国家机构。孔子思想主张大一统，可以调整社会关系，对于促进日本的统一是大有裨益的。孔子思想在日本的传播，最早是从皇族开始的。传入不久，宫中就办起了学问所，以《论语》教育王子和大臣。

据中国文献记载，日本倭五王赞、珍、济、兴、武（日本学者考证为仁德、反正、允恭、安康、雄略天皇）在东晋义熙九年（413）至梁天监元年（502）间，曾 13 次遣使到中国，与中国联系非常密切，但中国文献缺少儒经输入日本的记载。从日本文献记载看，儒学的输入主要还是来自百济。《日本书纪》记载，继体天皇七年（513），百济派五经博士

段扬尔赴日，开始向日本输出《五经》；三年后，又派五经博士高安茂接替段扬尔。钦明天皇十四年（554），百济派五经博士王柳桂赴日本接替博士马丁安，同时还派去《易经》博士王道良。五经博士的接连赴日，会使更多的儒家经典输入日本，加快儒学的传播。但是，百济自知儒学水平不高，在派遣博士赴日的同时，也派使者向中国请求派经学博士去百济。541年，百济派遣使者奉上表书，请求梁朝派遣《毛诗》博士，梁武帝如请派往，后又派《礼》学博士到百济。百济派人向日本传授儒学，中国派人向百济传授儒学，中国、百济接力向日本输出儒学，加快了孔子思想在日本的传播。

向日本输入孔子思想的除百济学者外，还有许多被称为归化人的朝鲜籍中国人，他们精通汉文，很受日本朝廷的器重，被委任为博士或史官，并赐给姓氏。如自称汉灵帝曾孙的阿知使主赴日后，子孙赐姓"东汉直"，与被赐姓为"西文首"的王仁子孙，世为日本文化大家族。到平安时期，东汉直和西文首两家，又分别分成文化家族菅、江两家和清原、

长崎的孔庙

中原两家。中国人的移居，提高了日本的文化水平，节录在《宋书·夷蛮传》中的升明二年（478）日本倭王武致宋顺帝的表书具有很高的文化水准，恐怕就是出自旅居日本的中国人之手。

　　日本儒学的真正兴盛，开始于日本直接从中国输入孔子思想。推古天皇八年（600），日本第一批遣隋使绕道朝鲜到达中国；七年后，日本直接向中国派出遣隋使，至宽平六年（894）派遣菅原道真使唐为止，先后正式派出使者 22 批，其中 16 批到达中国。日本使团规模一般都很大，除使者外，还携带大批的留学生和学问僧，最多一次多达 594 人。早期的留学生中，有许多人就是日本籍中国人的后裔，后期主要是日本人。留学生和学问僧，受命研究中国先进的政治制度和文化，必然也研究当时中国的指导思想孔子思想。他们长期居留中国，深入了解了中国的思想、政治、经济、文化以及礼乐制度、民风民俗等具体情况，回国后受到重用。留唐 33 年的日籍华裔高向玄理、25 年回国的新汉人僧旻，均被任命为博士；留华 32 年的日籍华裔南渊清安，虽然没有被重用，但著书百卷，成为著名的儒学家，大化革新的主将中大兄皇子、中臣镰足，均拜他为师受教。使节、留学生、学问僧回国时，还带回大量的中国书籍，"所得锡赍，尽市文籍，返海而还"（《旧唐书·东夷列传·日本传》）。据《日本国见在书目》称，有《易》《诗》《尚书》《孝经》等 40 余家 1579

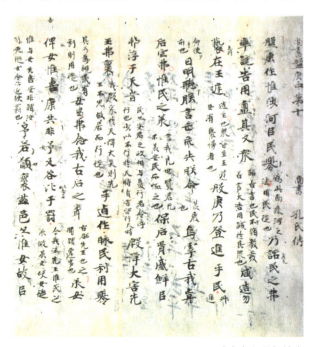

《古文尚书》抄本

部 16790 卷。留学生、学问僧的回国，典籍的大量输入，中国使节的回访，中国学者、高僧（如鉴真和尚）的东渡，加快了儒家思想的传播。

在日本，孔子思想的传播最早是从皇族开始的，直接影响上层政治家，主要作为治国理念发挥作用。由于依靠政治力量和行政手段加以推行，传播迅速而且影响更大。在这种形势下，孔子思想在日本进入了第一个兴盛期。

推古十一年（603），执政的圣德太子首先改革官制，将官阶分为 12 等，分别以德、仁、礼、信、义、智的大小命名，官阶名称全部采自儒家伦理德目。次年，大力改革，制定《宪法十七条》，除第二条"笃敬三宝"为推崇佛教外，其余 16 条全部反映了儒家理念。特别重要的是，日本接受了中国儒家的天命观和王土王民、仁政、德治等政治思想作为治国理念。天皇祭祀时也自称天子，君权不再只是来自天皇的祖先天照大神，也来自儒家至高无上的"天"。《宪法十七条》强调"国非二君，民无二主，率土兆民，以王为主"，"君则天之，臣则地之"，"君言臣承"，官吏要"忠于君"，用儒家理念来加强天皇的权力；提出"不得圣贤，

圣德太子画像
圣德太子（573—622），20 岁摄政，将孔子思想确定为治国理念。

何以治国",官员要"仁于民","使民以时","勿敛百姓","惩恶劝善","背私向公",提倡仁政德治。在《宪法十七条》中,许多言词直接选自儒家经典,如"和为贵""使民以时""王事靡盬""上和下睦""惩恶劝善"等,由此可见孔子思想影响之深。

7世纪前半期,日本土地兼并盛行,贵族将山海、林野、池田占为己有,然后出租给百姓以收费,部落制衰落,贵族争斗,部民反抗,国内矛盾日益激化,圣德太子的改革,并没有彻底解决社会危机。皇极天皇四年(645),中大兄皇子、中臣镰足在留唐归国的南渊清安、高向玄理和僧旻等人的支持下,消灭了专权的大贵族苏我虾夷、苏我入鹿父子,严厉打击了氏族贵族势力,组织了新政权,僧旻、高向玄理被任命为国博士。第二年,推行大化改新,废除了氏族奴隶制,建立班田收授法与租庸调制,中央设置八省百官,地方设置国、郡、里,基本仿造唐朝制度。大宝元年(701),日本制定并颁行《大宝律令》,成为律令制国家,过渡到封建社会。

奈良时期(710—794)和平安前期(794—894),是孔子思想在日本

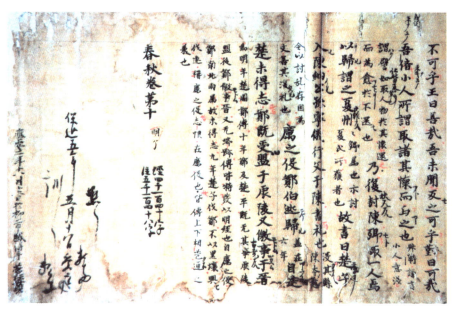

《春秋》抄本(1139年抄)

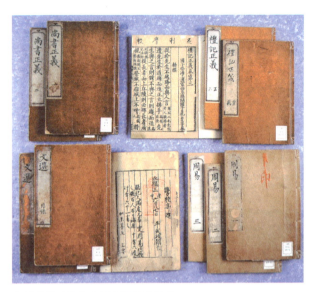

足利学校珍藏的中国宋版儒家经典

的第一个全盛期。孔子思想成为治国理念，仿照唐朝实行中央集权制度，实行班田收授法和租庸调制。在社会教化上，国家大力提倡三纲五常和忠孝等儒家伦理观念，尤其重视提倡孝道，对孝子贤孙给予免处同籍课役或终身田租的奖励，并表其门闾。日本原本没有孝的概念，孝是从中国传入的伦理观念，所以孝字在日语中只有音读而没有训读。在教育方面，从白凤时期（545—709），就大力推行儒学教育。天智天皇二年（663），仿照中国设立大学寮。文武天皇（673—685）时，命地方各国设立国学。大宝元年颁布的《大宝律令》第22条"学令"，详细规定了学校制度。奈良时期，养老二年（718）颁布的《养老令》，确定了日本的大学和国学制度：首都设立大学寮，地方各国设立国学。大学寮定员400名，国学按照人口多少定员为50、40、30、20名。学校教材主要是《周易》《尚书》《周礼》《礼记》《仪礼》《毛诗》《左传》《论语》《孝经》等儒家九经，其中《论语》《孝经》为必读，其他七经为选读，选读七经中通二经送太政官考试合格后，就可以出仕为官。尊崇孔子为教育始祖，大宝元年开始，学校都要祭祀孔子；神护景云二年（768），仿照唐朝尊称孔子为文宣王，仅比唐朝晚29年。祭祀孔子列入国家祀典，每年春、秋两次祭祀，由大学寮主管大学头代表天皇致祭。平安时期，祭祀后还举行讲经活动，亲王以下百官都要到大学寮讲论儒经，有时天皇还召见博士、学生等入宫就祀典后的讲经进行论难。奈良、

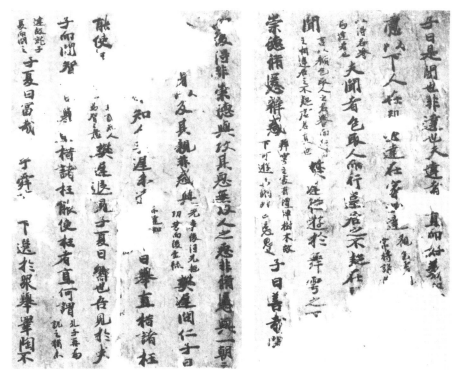

日本藏唐钞本《论语》

平安时期，教育非常兴盛，除国家所办学校外，还有许多私立学校：一种是贵族为本族子弟所建。著名的有弘仁十二年（821）藤原冬嗣开办的劝学院，元庆五年（881）在原行平开办的奖学院等；一种是学者创办的私塾。著名的有天长五年（828）空海开办的综艺种智院以及菅原、庆滋、大江、善渊等建立的私塾。

日本早期儒学的最大特点，就是儒学的政治化。儒学依靠皇室的提倡，与政治紧密结合并依靠政治权力的支持，成为天皇制国家的政治理念和贵族的道德规范。但儒家思想并没有真正深入民间，缺乏社会的牢固基础，所以其兴也勃，其衰也急。9世纪后期，日本中央集权制日趋瓦解，外戚专权，土地班田制被破坏，被政治化了的儒学失去了政治支持和社会需求，很快就衰落了。大贵族执政，贵族子弟可以通过荫位和院举为官，不需再去大学读书，学校的地位相应下降；贵族和知识阶层喜欢写作汉诗，主修儒学的明经道地位下降；日本学校教官世袭化，学问被家族垄断，儒学成为明经博士的家业，沦落为教官家族时代为生的技艺。这一切更加快了儒学的衰落，到平安后期，儒学就彻底衰落了。儒学衰落最重要的标志，就是学校的衰落。由于班田制废弛，国家财力紧张，大学寮经费也日益紧张，甚至连维修房屋、筹办祭品的经费都没有，只好靠卖官、募捐和各诸侯国捐助维持，但仍然难以为继。永久元年（1113），大学寮因为播磨国没有按时提供释奠经费而向其发出通牒。保安元年（1120），孔子庙庙堂倾斜不敢入内，释奠改在南厅座举行；第二年，孔子庙就倒塌了。久安六年（1150），大学寮孔子庙的前舍也倒塌了。筹措不到经费，连祭祀的肉都买不起，久安二年，停止用肉祭祀；从长宽元年（1163）开始，干脆全部用青菜作祭品。更为严重的是，治承元年（1177），平城京太极殿大火，大学寮被延烧，同时遭受火灾的民部省、神祇官厅等官衙相继重建，被灾的藤原氏的贵族私学劝学院不久也进行了复建，但大学寮却无力恢复，国家最高学府从此关门大吉，释奠只好改在官厅举行。大学寮难以维持，地方国学状况更差，经费紧张，大多数国学连祭祀也难以举行。延喜十六年（916），伊势国学孔子

太宰府学业院的孔子像
相传吉备真备自中国奉回，现存太宰府天满宫。

像损坏后无力重建。延长五年（927），石见国学礼器都被人偷去。许多孔子庙也停止了祭祀。国学一片凋敝，宽弘四年（1007），文章博士大江匡衡巡视尾张国学，不禁发出"思乡贡以兴书院"的感叹。

平安以后相继是镰仓、室町、桃山时期，社会急剧动荡，皇权旁落，将军混战，农民起义，加之对外用兵，日本进入长达400多年的动乱期，孔子思想也进入长达400多年的沉寂期。幸运的是，遍地战火中尚有寺庙一方净土，日本儒学一缕不绝，全靠僧人维系。日本从奈良时期也就是从留唐学问僧开始，僧人就有佛儒兼修的传统。禅宗传入日本后，僧人们转向禅宗，寺院教育"大都不用经典，专以修经（《四书》《五经》）、史（《史记》《汉书》）、子（《老子》《荀子》）、集（诗文集）和作诗为业"，特别是13世纪至16世纪的300年间，寺院生活完全中国化，聘用中国僧人为主持，举行典礼要用汉语，初一、十五的堂上说法必须用汉语，进入禅林也必须通过用汉语进行的考试。禅僧学习汉文经典，写作汉文诗，形成了以京都、镰仓五山禅林为中心的汉文学，史称"五山文学"。此时的日本，世俗文化的主宰者已经由贵族转向僧侣，僧侣佛儒互补，也成为新传入理学的学习者和传播者。

理学传入日本的时间有多种说法，但在时间上并没有太大差别，都

相国寺（京都五山之一）

日本现存最古老的学校足利学校

在 12 世纪末至 13 世纪初。最为可信的是正治二年（1200）或略前，日本东洋文库现存《中庸章句》抄本卷末有"正治二年三月四日，大江宗光"题记，此时距《中庸章句》成书仅 11 年。理学传入，正是日本社会发生重大变革的历史时期。1192 年建立的镰仓幕府，开创了武士专政的新时代，以幕府将军为代表的武家，要建立自己的思想文化，以战胜以京都朝廷为代表的公家思想文化，必须寻找新的思想作为自己的理论基础，新近传入日本的禅宗和理学，就成为了武家的思想武器。

中国宋代理学，本是为因应外来佛教和本土产生的道教的挑战而发展起来的儒家新思潮。学者们历经晚唐以来的动乱以后，创造性地阐释儒家经典，以孔子内圣外王之学为标准，将传统儒家伦理道德、价值理想与形上学的本体论结合统一起来，以解决人们的生命价值、存在意义、道德与人格完善等问题，力图重建社会秩序，实现天下的统一与安定。这种思想，也非常适合动乱中的日本社会。

在日本当时社会中，佛教的影响非常大，但是在政治思想上，儒家思想的影响更大。在中国，禅宗思想本来就是引儒入佛，理学本来就是引佛入儒，两者可以说是互相借鉴。禅宗思想要在日本得到发展，获得

足利学校孔子雕像（1535）

社会和大众的认可，找到信仰对象，就更需要借儒说禅，因此不论日本本土僧人、游宋僧人，还是中国渡日僧人，都是借儒说禅，禅学中包含理学，所以早期日本理学的传播，主要是由禅僧在禅的外衣下进行的。

理学在日本发挥作用，仍然是步汉唐经学后尘，采用通过影响上层政治家进而影响社会的途径。圆尔辨圆于嘉祯元年（1235）入宋，师事径山无准禅师

（1177—1249）；六年后回国，携回大量中国书籍。康元二年（1257），他最早向幕府执权（日本实际掌权者，天皇是幕府将军的傀儡，将军是执权的傀儡）北条时赖讲授含有二程学说内容的南宋人圭堂所著的《大名录》，但这只是借禅说儒。建治元年（1275），他又谒见

无准禅师（中国）和圆尔辨圆塑像

龟山天皇，陈说三教旨趣。中国僧人兰溪道隆，于南宋淳祐六年（1246）赴日，受到执权北条时赖的礼遇，为其在镰仓专建驻锡的建长寺和说法的最明寺，并请道隆为其剃度。后来，兰溪道隆还受到后嵯峨天皇接见。从传世的《大觉禅师语录》看，道隆精研《四书》，对宋儒的哲理多所阐发，并将禅林道场变为阐扬理学的基地，使理学在日本的传播进入探究内容的新阶段。最早向京都皇室传授理学的是清源赖业，他曾为高仓天皇进讲过《大学》《中庸》，但影响不大。理学真正在京都朝廷产生影响，是在 14 世纪初，玄惠法印为天皇进讲程朱理学，花园天皇自称研究理学七八年，与玄惠法印及其弟子日野资朝讨论理学有"始逢知己"之感，"终夜必谈之，至晓钟不怠睢"，逐渐"近日禁里之风，即是宋朝之义也"，宋朝理学开始统治宫廷。

14 世纪初，理学经过近百年的传播，开始抛开禅学的外衣而独立，逐步取代汉唐经学成为社会的指导思想。此时不论公家还是武家，都已认识到理学在治国安民方面的价值。天皇为夺回被幕府夺去的权力，大力提倡理学，以三纲五常、大义名分激励朝臣气节，致使"凡近日朝臣，多以儒教立身"，"近日禁里频传道德儒教事"。后醍醐天皇终于在"只依《周易》《论》《孟》《大学》《中庸》立义者"的北畠亲房、日野资朝、日野俊基等朝臣的支持下，打倒了镰仓幕府。

后醍醐天皇画像

假如后醍醐天皇不是首先收回镰仓幕府时期皇族、贵族和寺院失掉的土地，加重对武士和农民的剥削，也许真正能够实现建武中兴。虽然成果被室町幕府所夺取，但已经充分显示了理学在政治上的作用。武家也大力提倡理学，室町幕府将军足利义满崇信理学，追随义堂周信（1325—1388）学习

桂庵玄树墓

《大学》《中庸》《孟子》等理学著作。地方诸侯如周防的大内氏、越前的朝仓氏，都热心学习理学，大力提倡理学。

15 世纪，是理学在日本传播最快的时期，理学著作被大量印刷并开始向地方扩散，大量的理学著作被和训和点，理学研究著作涌现，理学学派开始产生。13 世纪中期，日本复刻出版了第一部理学著作朱熹的《论语集注》后，200 多年再未出版发行过任何理学著作。文明十三年（1481），桂庵玄树在萨摩翻印《大学章句》后，理学著作才开始大量印刷发行。中国典籍传入后，日本人都是依照中国人的读音读法直接来读，学习很困难。为解决这个问题，有人发明了和训，就是在汉语原著上按照每一个汉字的训诂意义标注上日文假名，变汉语直读为译读，使汉语程度不高甚至不懂汉语的人，也能理解汉语原著的内容。15 世纪初期，歧阳方秀首先将《四书集注》进行和训，其弟子桂庵玄树在 1501 年出版了《四书五经古注和新注的作者及其句读》，统一了《四书》《五经》的训点。其后，萨南派的文之玄昌出版了《四书集注训点》《周易大全倭点》《素书训点》等和训和点理学著作。理学研究早在理学传入后不久就

出现了，但主要出现在禅僧的语录中，反映的是禅僧对理学的理解和阐述。14世纪前期，出现了关于理学的论文。15世纪，开始出现研究理学的专门著作和普及著作，如《四书童子训》《易学启蒙讲义》《大学听塵》《论语听塵》《中庸抄》等。著述多了，也就形成了学派，15世纪中后期，在京都形成了以歧阳方秀为代表的京师学派，在四国形成了以南村梅轩为代表的海南学派，在萨摩形成了以桂庵玄树为代表的萨南学派，此外还形成了以清原业忠、一条兼良为代表的公卿博士派。

汤岛圣堂大成殿

历经300多年的传播发展，理学越来越深入人心，到17世纪，终于成为了日本社会的指导思想，儒家思想在日本进入第二个兴盛期。

庆长八年（1603），战国大名德川家康以实力胜出，于江户（今东京）建立幕府，又经过十多年的战争，终于结束了战乱，统一了全国。但是如何重建社会秩序，巩固权力，管理那些桀骜不驯的武士和不能消灭但又不能完全信赖的具有实力的战国大名，成了德川幕府面临的大问题。

汤岛圣堂杏坛门

为巩固统一，加强集权，幕府建立了自上而下从征夷大将军到大名、武士再到士、农、工、商的一整套等级身份制度。幕府将全国土地收归己有，再将部分土地分封给诸侯大名和幕府直属武士，大名又将领地年贡分给自己的陪臣，陪臣又将自己的俸禄分给自己的家臣，将军、大名和武士通过领地和禄米的层层分封，结成君臣或主从关系。为了维护这种制度，幕府需要寻求一种思想作为理论基础。德川家康深受理学的影响，他曾说："予常闻儒生讲经书，深知欲为天下之主者，不可不通《四书》之理，既不能全通，亦当熟玩《孟子》一书。"所以统一全国后，将初期的儒、佛并用，转向独尊理学，将主张大一统、提倡大义名分、反对犯上作乱、主张富贵贫贱皆命数、把三纲五常绝对化的理学作为指导思想，大力提倡理学，定朱子学为官学。幕府将朱子学以外的思想和学派称为异学，宽政二年（1790）和七年，曾两次下令禁止异学。

幕府以朱子学作为指导思想，历代将军都大力提倡朱子学。第一代将军德川家康，大量刊行《论语》《周易》等儒家经典，同时重用朱子学

林罗山像
林罗山（1583—1657），日本著名的朱子学家。

者。脱离佛教，"还俗专讲儒学"的藤原惺窝推崇朱子学，以理学解释日本神道，受到德川家康的礼遇，为德川氏的统治提供了理论根据。其弟子林罗山，开创日本朱子学派，被德川家康委以重任，参与幕府机要，为幕府的内政外交出谋划策，先后担任四代将军的政治顾问，后代世世担任幕府的儒官，主管幕府学校，日本朱子学也就成了林氏的家学。五代将军纲吉尤其重视儒学，八年之间240次亲自向大名、旗本、公卿讲解《四书》《孝经》《周易》等儒家经典，并刊印《四书集注》等儒家经典分发给听讲诸臣和各个寺社。十一代将军家齐，创建幕府直属学校昌平坂学问所，教育幕府臣僚和他们的子弟，并接受各藩推荐的学生，全盛时期，仅各藩推荐就学的学生就达500多人。幕府还创办学习院，专门教育朝臣，为他们讲授《四书》《尚书》《诗经》《孝经》等儒家经典。在领地内建设了24所学校，以教育武士及其子弟。

被剥夺了权力而只保留了象征意义的天皇也不甘寂寞，大力提倡儒学。后阳成天皇下诏刊行《四书》《五经》；后水尾天皇命南浦文之倭点《四书》；后光明天皇命学者进讲《中庸》《周易》，刊行《性理大全》，建设孔子庙；灵元天皇在东山文库亲自绘画孔子像并撰写赞词。

在将军、朝廷的影响下，分封在各地的诸侯大名，也纷纷大力提倡儒学，兴建学校，重用儒家学者，传授儒学。尾张藩主德川义直，重用流亡日本的明朝学者陈元赟，并首先修建藩设孔子庙和名古屋学问所。各藩纷纷仿效，一时藩校云起，遍布日本各地。1636年，南部藩建立了文武稽古所。1641年，闲谷藩创建了花畠学舍；1671年，又建设了闲谷学校。到19世纪中期，日本全国先后共建起了284所藩校。有的藩还在领地内广建学校，如盛冈藩和伊势崎藩各设立了25所，水户藩15所，盛冈藩由藩校派教师教学，派代官管理；奉津藩藩校思永馆，在领地内设立了五个支馆。除大名外，支藩藩主、小领主甚至藩臣，也建起了自己的学校。如山口藩11个支藩，就建设了8所学校。在官办学校的热潮中，著名学者也纷纷创办私塾，其中著名的有中江藤树的藤树书院、伊

日本藩校分布示意图

鹤岗藩校致道馆

藤仁斋的古义堂、松本新道的松下村塾、三宅石庵的怀德堂等。地方热心人士兴建了众多的乡学和寺子屋，全盛时期，日本全国建有乡学 108 所、私塾约 1500 所、寺子屋约 15660 所。藩校一般只教育武士及其子弟，私塾和寺子屋主要教育平民子女，也有士族、神官、僧侣的子女。藩校文武兼修，文科教材主要是《四书》《五经》《孝经》《左传》等儒家经典和《史记》《资治通鉴》《文选》《唐诗选》等文史书籍。寺子屋一般学习《小学》《四书》《五经》等。

藤树书院
阳明学者中江藤树（1608—1648）讲学处，在滋贺县高岛郡。

　　德川幕府非常重视用儒家伦理进行社会教化，将中国清朝顺治六年(1649)颁布的具有"孝顺父母、尊敬长上、和睦乡里、各安生理、勿作非为"等内容的《六谕衍义》翻译成日文颁发全国，同时还刊印颁发了中国的《朱柏庐治家格言》作为民间教化的读物。除中国输入的读物外，日本还编写、出版了各种各样的教化读物，宣扬忠孝节义的有《明君家训》《皇和表忠录》《大倭二十四孝》《本朝孝子传》《烈士报仇录》《赤穗义士录》《本朝烈女传》《古今烈女》《本朝女鉴》等几十种，教化武士的有《武士训》《武教小学》《士道要论》等几十种，教化商人的有《大和俗训》《商人须知》《町人囊》等几十种，教化女子的有《女四书》《女孝经》《女五常训》《女仁义物语》《女实语教》《列女传》等几十种，教化儿童的有《大和小学》《本朝三字经》《和俗童子训》《民家童蒙解》等几十种。

会津若松日新馆
会津藩校，1801 年建，1868 年毁于战火，1981 年重建。

　　经过统治者的提倡、学者的研究、教育的普及，到江户时期，日本终于儒学人才辈出，学术繁荣，相继出现了朱子学派、古学派、阳明学派、古义学派、古文辞学派、水户学派、折衷学派、考证学派等学术派别，朱子学派还分化出海南派和海西派，古学派、古义学派、古文辞学派，都敢于批判占据统治地位的朱子学，这是日本儒学的第一个学术繁荣期。

　　在举国学习儒学的热潮中，日本也按照中国崇德报功的传统，各地纷纷建设孔子庙，祭祀孔子。尾张藩首先建造了祭祀孔子的圣堂，宽永九年（1632），幕府重臣林罗山在将军和尾张藩主的资助下，也在幕府

伊藤仁斋古义堂
伊藤仁斋（1627—1705），开创古义学派。

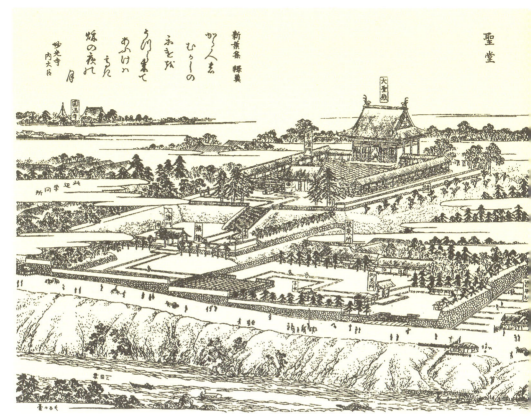

汤岛圣堂图

从图中看，汤岛圣堂奉祀的人物与中国基本相同。

驻地江户（今东京）修建了先圣殿。万治三年（1660），三代将军家光首先专程拜谒孔子。30年后，幕府将先圣殿迁往汤岛并进行扩建，汤岛圣堂从此成为幕府正式的官庙。受幕府的影响，各藩纷纷修建孔子庙，祭祀孔子，54所藩校建有独立的孔子庙，25所设有奉祀孔子的专祠，没有庙宇和专祠的藩校，大都在藩校内临时摆上孔子画像或神主举行祭祀，个别乡学和私塾也建造了孔子庙，不论有否孔子庙，不论藩校还是乡学和私塾，绝大多数的学校都举行祭祀孔子的仪式，上自幕府征夷大将军，下至大名、武士以及平民百姓，都亲自向孔子顶礼膜拜。

　　明治维新，政教分离，深受西方影响的知识分子，大力宣扬西方自由主义，批判儒家思想，儒学丧失了统治地位。学者一般认为，儒学在逐步走向衰落，但是还应看到，随着现代教育的普及发展，孔子思想更加深入普及。孔子思想在日本的传播与影响，经历了一个由上及下的过程。早期，孔子思想影响的主要对象是皇室、贵族、僧侣和上层知识分子；理学传入后，儒学影响的对象扩大到武士阶层；江户后期，随着现代教育的大兴，儒学思想才开始影响到平民。

　　二次世界大战后，儒学在日本仍然受到重视，现在的学校教科书中，仍保留了许多孔子思想的内容。中学《国语》教材，一般选择《论语》30章左右、《孟子》10章左右；辅助教材《论语孟子抄》，一般抄选《论语》50至70章、《孟子》20章左右，两者相加，《论语》能选到20％，《孟子》能选到10％。教科书所选孔子思想的内容，比中国都要

足利学校的孔庙祭孔活动

多。现在民间普及孔子思想的活动很活跃，东京汤岛圣堂的斯文会、大阪的《论语》普及会、东日本国际大学的《论语》学习会、水户弘道馆的亲子《论语》塾、京都衣笠三省塾等几百家团体、机构，都定期开展普及孔子思想的活动。

冲绳那霸孔子庙

冲绳原为中山国，从明朝开始接受中国册封，19世纪纳入日本版图。

新加坡

新加坡是华人聚集的国家，早在 1860 年，就有 5 万多人在此生息，现在华人已有 300 多万，占全国人口的百分之七十还多。移居华人同时带来了孔子思想，使新加坡成为后起的孔子思想影响最深的国家之一。

华人一向重视传统文化，重视教育。1849 年，陈金声创建了崇文阁；1954 年，改建成萃文书院。正如该院碑文所说的那样，兴办书院目的是

裕华园孔子铜像

新加坡南洋孔教会孔子祭坛

使"斯文蔚起，人人知周孔之道，使荒陬遐域化为礼仪之邦"。20世纪初，建造崇福女中。1955年，又建立了南洋大学。成立了华人教育委员会，推行华文教育。

新加坡孔子思想的传播和研究活动都比较活跃。中国成立孔教总会的第三年，新加坡就于1914年成立了实得力（系英文Straits的音译，即英国海峡殖民地叻［新加坡］、屿［槟榔屿］、甲［马六甲］的总称）孔教会，1949年改称新加坡南洋孔教会。孔教会成立的宗旨，主要是宣扬与振兴孔夫子教育、道德文化，扶助格致各种学问及善举。成立之初，孔教会附设于中华总商会，商会会员即为孔教会会员，时有会员近600人。每到孔子诞辰，在中华总商会礼堂举行庆祝典礼，祭祀孔子，开展孔子思想征文比赛，举办讲座，出版儒学书籍，间或举办书法比赛，至今，每年都开展孔子思想的普及宣传工作。1985年，在裕华园还树立了新加坡的第一尊孔子铜像。1979年，一些有识之士成立了孔孟圣道院，以将孔孟的真理转化为济

孔孟圣道院晚上讲授孔子思想

世救人的真学问为宗旨，以实践孔孟之道为己任。晚间开班宣讲《论语》《孝经》，节假日服务老人院，孔子诞辰时还举行文艺表演，现已发展会员700多人。新加坡的孔子思想研究也很活跃，1984年，就成立新加坡儒学研究会，此后不久设立了东亚哲学研究所、孔孟研究中心。2000年，成立新加坡儒学联合会。这些社团和机构，都曾举办过不同规模的学术讨论会。1988年，东亚哲学研究所曾与中国孔子基金会联合，在中国山东曲阜召开国际儒学讨论会。2001年，儒学联合会举办"儒学与新世纪的人类社会"国际学术会议，会议有十多个国家和地区的著名学者参加，是水平很高的学术会议。儒学研究会经常举办儒学讲座，出版儒学丛书，编印《儒学与你》和《儒家文化》杂志。

新加坡政府，也鼓励、提倡华人保持传统美德。1984年至1990年，曾在中学三四年级开设宗教课，为不愿学习宗教课程的学生开设儒家伦理课程。20世纪末，在新加坡河畔刻立了

新加坡前总理李光耀在曲阜
1988年9月15日，新加坡总理李光耀专程到曲阜参观。

孔子、屈原、花木兰、文天祥、郑和和岳母刺字等雕像。

马来西亚

　　马来西亚在南洋诸国之中，是与中国交往最早的国家之一。早在郑和下南洋时，就已经在马来西亚停留，并在马六甲建立了后勤基地。清末海防开禁后，华人大量涌入，现在马来西亚有华人 700 多万，约占该国总人口的 30%，也是华人聚集比较集中的国家。

马来西亚怡保善学院孔子庙牌楼

　　马来西亚华人，提倡保持中华文化传统，重视华文教育。早在 19 世纪，富有的华人就开始设立私塾进行中华传统文化教育，私塾课程与国内基本相同，主要学习《四书》和《五经》。1819 年，华人在槟城创办五福书院。20 世纪，华文教育逐渐发展。1906 年，吉隆坡创建了尊孔中学，历经 10 年建成陈氏书院。马来西亚独立后，国家将以马来文、英文教学的学校称作国民学校由国家出资兴办，对以华文、英文进行教学的华文学校不仅不予支持反而处处限制，甚至将主张华文教育的有识之士如沈慕羽先生等投入监狱。目前，马来西亚的政策是维持原有的华文学校，不再增加，倒闭的不准重建。但华人坚持保持传统文化，集资维持华文学校，进行华文教育。在华人的支持下，现在马来西亚共有华文小学 1400 多所，华文中学 60 所，华文大学、大专各 1 所。华文学校直接用汉语授课，在未与中国大陆建交以前，教师主要来自台湾，许多老师都毕业于台湾师范大学，教材大多采自台湾，儒家思想占有相当大的比例。现在华文学校教材，主要采自中国大陆教材，并选录马来西亚华人先贤的部分文章。除正规学校教育外，热心人士还成立了经典导读促进委员会，开展儿童读经活动。

从 1897 年开始，旅马著名华人林文庆和邱菽园，发起儒学复兴运动，从国内邀请丘逢甲、王晓沧等名人巡回演讲，通过报纸杂志宣传孔

吉隆坡陈氏书院

子思想。张克诚在吉隆坡《天南时报》上撰文，宣传孔子学说，他撰写的《孔教撮要》和《白话孔教撮要》，成为普及的儿童读物。1919年以后，由于受国内新文化运动的冲击，儒学复兴运动逐渐式微。到30年代，马来西亚也兴起批孔思潮，孔子思想也一度成为批判对象。二战以后，有识之士提倡复兴华人传统文化，1963年，马来西亚大学成立中文系，从台湾聘请儒学造诣较高的教师进行教学，对儒家经典进行校点、注释、考证。华文报纸也开辟专栏，介绍、普及孔子思想。80年代，华人文化协会还创办了《文道》杂志，刊载许多儒学与现代化、儒学与马来西亚华人社会等学术文章。

吉隆坡尊孔中学

　　1912年，中国孔教总会成立后，马来西亚的马六甲、槟城、怡保等地，相应成立了孔教会分会。二战以前，马来西亚各大城市几乎都有孔

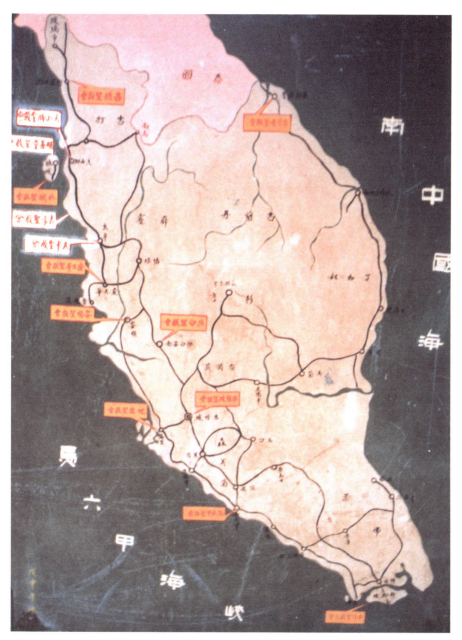

马来西亚孔教会分布示意图

马六甲孔教会孔子大厦

教会的组织，此外还有孔教堂、孔圣堂等奉祀孔子的建筑。二战以后，除马六甲孔教会在著名华人沈慕羽的领导下继续活动外，大部分都已销声匿迹。沈慕羽将马六甲孔教会，由宗教机构改变为文化学术团体，举办书法培训班，每年孔子诞辰，举行祭祀和孔子思想讲座等活动，并新建了孔子大厦。除孔教会外，在吉隆坡、槟城、安顺、太平等13个城市，还设有圣教会。

近年来，马来西亚儒学研究也开始活跃起来。马哈蒂尔任总理时，曾经针对亨廷顿的"文明冲突论"举办国际儒家思想与回教文明对话会。2002年成立的马来西亚孔学研究会，也举办了国际孔学讨论会、儒学座谈会。在孔子诞辰举办儒学在民间讲座、儿童经典教育交流会、孔子诞辰纪念庆典等纪念活动，出版了《孔学论文集》《忠恕文集》《忠恕丛书》和《忠恕系列》等。马来西亚华人公会、中华大会堂总会和马来西亚工商联合会三大组织，联合发起和推动马来西亚华人思想兴革运动，华人纷纷响应，多次召开讨论会。通过讨论，"己所不欲，勿施于人"成为华人贯彻实践的金科玉律，勤俭、敬业、诚信、和谐成为工商界实践的信条，中庸之道、协商共赢成为华人领袖遵循的原则。

印度尼西亚

印度尼西亚是中国人移居最早的国家之一。早在唐代末期，就有大量华人定居于此。元军远征爪哇时，有些士兵流散后定居于西加里曼丹一带。1368 年前后，华人梁道明称王于三佛齐（今苏门答腊巨港），"闽粤军民泛海从之者数千家"（《明史·外国列传五·三佛齐》）。郑和七下西洋时，苏门答腊的巨港和东爪哇的杜板，都出现了千余家的华人聚居区，商品交易使用的都是中国的铜钱。

移居印尼的华人，仍然坚持重视教育的传统，"稍能识字明理之店主或富户，于经营工商之余，在家、在店内教以习字、珠算，兼及《增广》《幼学》《千字文》《百家姓》"（台湾《印尼华侨志》）。随着华人的增加和富裕，开始出现书院、私塾和家庭教师。1690 年、1775 年、1787 年，在巴达维亚（今雅加达）相继出现了明诚书院、南江书院和明德书院。到1899 年，在爪哇已经设立了 217 间学堂，招收学生 4452 名；在外岛设

雅加达孔庙

立了152间学堂，招收学生2170名。印尼既是南洋诸国中最早开展华文教育，也是华文教育最为普及的国家之一。1900年中华会馆成立后，更加重视华文教育，以尊孔为宗旨，创办了200多所学校，提倡庆祝孔诞，修建孔子庙，学校内高挂孔子像，每逢孔子诞辰、忌日放假一天，举行演讲会等纪念活动。1928年以后，学校以教育为主，淡化尊孔，华文教育一直开展得很好，华人子弟主要接受中文教育。从30年代到1942年，华文教育受到荷印政府的打击。二次大战结束后，印尼华文教育获得更大发展。1949年，有华校724所，学生17.2万人。1954年，华校发展到约1400所，学生30万人。此后，印尼开始限制华校发展，华文教育开始衰微。1966年，印尼禁止华文教育，关闭629所华校，27.2万学生失学。直到1991年，才允许雅加达和泗水各一所学校可以用印尼文和汉语教学。21世纪初，华文教育重新兴起，20多家大学开设中文系，100余家正规中小学、幼儿园进行华文教学，几百家补习班和补习学校专门教授汉语，汉语家庭教师超过3000人。

荷兰占领印尼后，处处歧视华人，禁止华人穿西装、讲荷语，禁止华人与欧美人乘坐同一车厢，禁止华人子弟进入荷语学校和土著学校读书，同时对华人横征暴敛，甚至残酷杀害华人。如1740年，在巴达维亚一次就屠杀华侨万余人。为了保持华人的文化传统，印尼华人建立公共宗祠和丧葬组织，推广华人婚丧祭祀等传统礼仪；创立使用孔子纪年，至今泗水文庙还保存着刻有"大成至圣贰千肆百叁拾肆年"（1884）和二千四百三十七年的石碑，比康有为光绪二十四年（1898）上书朝廷建议使用孔诞纪年都早十几年；翻译出版儒家经典和通俗读物，1880年李家福和钟茂盛都翻译出版了《百孝图》，1897年李家福用马来文撰写出版了《至圣孔夫子传》，杨春渊翻译出版了马来文《大学》《中庸》和《上论》（《论语》上半部），1900年陈经忠、杨斋祥合译出版了马来文《大学》和《中庸》，20世纪30年代翻译出版了印尼文《四书》；成立华人组织，1900年成立了中华会馆；倡导华人宗教，中华会馆负责人之一的李金福，在《华人宗教》中阐明会馆以弘扬孔子思想为宗旨，华人宗教存在于孔子思想之中，孔子思想是华人宗教的灵魂，是中华文化的根本。孔子思想在印尼华人中的影响深远，虽然 1978 年实行的民族同化政策和取消华文教育、书报等措施，限制了孔子思想的传播，但华人早在 20 世纪 30 年代就将《四书》译成了印尼文，近年又翻译出版了《易经》和《孝经》。

印尼华人非常注重保持中华文化传统，1912 年中国成立孔教会以后，印度尼西亚梭罗、泗水、三宝垄等地也相继成立了孔教会。1923 年，各地孔教会代表在梭罗举行第一次全国代表大会，成立了孔教总会。1938 年，孔教总会出版《木铎》月报。日本侵占后，孔教会活动几乎全部停止。1954 年 12 月，各地孔教会代表齐集梭罗，决定重建孔教会，次年成立了印度尼西亚孔教联合会。1961 年的第四次代表大会，统一了教规，改名为孔子学说学会，向宗教部申请重新确认为国家宗教。1963 年，更名为全印度尼西亚孔教联合会；次年，重建了全印度尼西亚孔教青年联合会。1965 年，苏加诺总统发布命令，承认孔教为印尼六大宗教之一。1976 年，据官方统计，孔教徒有 150 万人。但到 1979 年，苏加诺指示宗教部取消了孔教的宗教地位，孔教会活动受到限制，居民证宗教信仰

1914 年泗水孔子庙祭祀孔子盛况

不能填写孔教，学校不能再教《四书》，以中国传统形式举行的婚礼不发给结婚证，孩子也不能随父姓。苏加诺下台后，孔教会的活动逐渐恢复正常。2000 年、2002 年春节，孔教会举办团拜会时，还分别邀请到瓦希德总统和梅加瓦蒂总统出席并讲话。2002 年中国春节，也被确定为全国假日。现在，孔教会会员有 100 多万人，约占印尼华人的五分之一。孔教会在全国各地设有 100 多个分会，每个分会都有孔庙或拜堂，每周至少举行二三次孔子思想的宣道会。祭祀结合了天主教仪式，既读祭文、行叩头礼，也唱赞美诗。1934 年，华人郭德怀创建了三教会，以弘扬、实践儒、释、道三教为宗旨。1955 年，下属组织发展到 30 多个，改名为三教联合会，出版《三种文化》杂志，并发展当地人为信徒。1967 年，印尼政府禁止华人在公共场所举行中国传统的宗教仪式、宴会和庆祝活动，号召华人放弃孔教和道教，活动受到很大限制。

1884 年，印度尼西亚泗水还修建了南洋第一所孔子庙，现在仍然举

泗水孔子庙内景

行祭祀活动。

意大利

　　意大利是西方最早接触孔子思想并把孔子思想介绍到本国的国家。至元二年（1265），威尼斯商人尼科罗、马菲奥兄弟经商来到元朝大都。1275 年，兄弟二人作为蒙古大使的副手在向罗马教廷递交了国书后，尼科罗带着儿子马可·波罗重又回到了中国，马可·波罗回国后所作的《马可·波罗游记》，使众多西方人第一次了解了中国。

　　意大利传教士最早将孔子思想介绍到西方。明万历七年（1579），第一个来华的传教士罗明坚进入了澳门，但没有产生多大的影响。产生影响最大的，是 3 年后进入中国的利玛窦（1552—1610）。利玛窦进入中国后发现传教非常困难，中国人有坚定的信仰，只信孔子，根本不相信外来的主。为了解中国人，他转而研究儒家思想，"遂僦馆延师读儒书，不一二年，四子《五经》皆通大义"（张尔岐《蒿庵闲话》）。了解了儒学，他开始尊敬孔子，尊重儒学，为便于接近中国官员和士大夫，他变服易装，穿儒服，戴儒冠，自称儒

利玛窦与徐光启画像

位于北京的利玛窦墓

者，撰写《天学实义》，用儒家思想附会论证天主教义，宣传天主就是儒家经典中的上帝，向中国人介绍天主教，同时将《四书》翻译成拉丁文，并撰写《基督教传入中国史》，向欧洲人介绍孔子思想。《基督教传入中国史》先后被译成意大利、拉丁、法、德、西班牙文出版，在欧洲社会和思想界引起强烈反响，西方学者认为它对"欧洲文学、科学、哲学、宗教及生活方面的影响，或许要超过17世纪其他任何的史学著作"。利玛窦在华28年，结交了徐光启、李之藻等中国官僚学者，最后客死中国。在华期间，他共撰写和翻译汉语著作19种，对东西方文化沟通做出了重要贡献，被西方称作"基督教的孔子"。

受利玛窦影响，许多意大利传教士接踵来到中国。他们大多主张将天主教义和儒家思想相调和，一手拿《圣经》，一手拿儒经，向中国人传播天主教义，向欧洲人介绍孔子思想。这些传教士，或翻译儒家经典，或著书介绍孔子及儒学。利玛窦弟子金尼阁（1577—1628），于1626年率先将《五经》译成拉丁文。1613年来华的艾儒略，研究《四书》《五经》，在华著述30多种。1659年来华的殷铎泽，翻译了《论语》《大学》和《中庸》，并用拉丁文和法文撰写了《孔子传略》，与柏应理等合编《中国之哲人孔子》，用拉丁文翻译《四书》并附录《孔子传》和六十四卦及其意义。1687年，法国国王路易十四敕令出版后，对整个欧洲都产

生了重大影响，欧洲学术界也
开始承认孔子在哲学、政治
学、伦理道德等方面的学术
地位。

随传教士到意大利的中国
人，对介绍孔子思想也做出了
一定贡献。1869 年，中国人
郭栋臣在意大利教授中文，杂
取《论语》《大学》《孝经》《朱
子小学》《三字经》等书编写了
《华学进境》，向意大利人宣传
介绍儒家思想。

由于意大利在东方没有殖
民地，对东方文化不够重视，
孔子思想在意大利其兴也勃，
其衰也急，得风气之先的意大
利儒学研究逐渐被法国、英

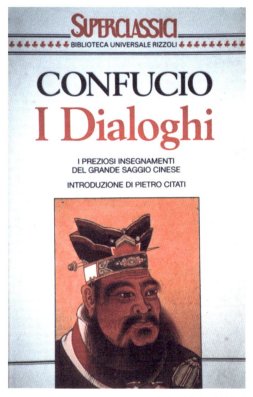

意大利文版《论语》

国、德国超越。但意大利传教士首先介绍孔子思想和中国文化功不可没，
正是意大利传教士的著述和翻译，使欧洲人了解了孔子和儒家思想，在
欧洲形成了一股中国热。而孔子思想和中国文化，使欧洲的资产阶级思
想启蒙家"发现了一个崭新的精神和物质世界"；孔子思想的非宗教性倾
向，又为资产阶级反对封建专制提供了思想武器。

法国

法国是早期欧洲孔子思想影响最大的国家，也是孔子思想传入仅晚
于意大利的西方国家。

孔子思想在法国的传播，主要靠耶稣会传教士和中国学者的翻译与

著述。最早将孔子思想引入法国的，是来华传教士金尼阁。他是利玛窦的弟子，主张调和孔子思想和基督教义。他于明万历三十九年（1611）来到中国，1626年将《五经》译成拉丁文。1688年，法国国王路易十四同时派遣张诚、白晋、李明、刘应、洪若翰五位传教士来中国，他们带来的西方科学知识吸引了康熙皇帝，得到康熙皇帝的赏识和重用，借机宣传天主教义与孔子等中国传统思想并无矛盾，以消除清廷的戒心。

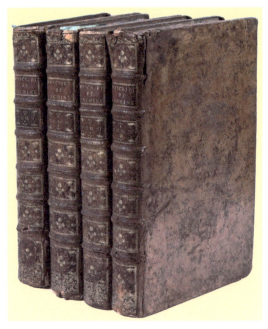

1735年在巴黎出版的杜赫德4卷本《中华帝国全志》

法国之所以成为欧洲孔子思想影响最深的国家，是因为法国翻译的中国经典最多，除儒家经典外，还翻译了许多文史作品。翻译成法文的有《五经》《四书》《孝经》等儒家经典，朱熹的《劝学篇》、刘向的《列女传》等教化书籍，《通志》《文献通考》《通鉴纲目》等史志书籍，《赵氏孤儿》《玉娇梨》等文艺作品，《三字经》《千字文》等启蒙读物。传教士们除翻译中国典籍外，还纷纷著书立说，在巴黎出版的《中华帝国全志》（杜赫德著，1735年出版）《耶稣会士书简集》《北京耶稣会士中国纪要》三书，被称为关于中国的三大名著。《中华帝国全志》，还被译成英、德、俄语出版，在西方产生了很大影响，伏尔泰、霍尔巴赫、魁奈等人，都以此研究中国文化。法国传教士还大量收集中国典籍运回法国，首开西方搜集中国图书的嚆矢。中国旅法的学者也纷纷著书，介绍中国古代的文学、史学和科学。乾隆间入法的杨德望，与法国学者特别是重农学派领袖杜尔哥的交往，对法国资产阶级启蒙运动起到一定的积极作用。高类思则撰写《中国古代论》，介绍中国文学、科学、史学和《四书》《五经》。

孔子思想传入法国后，引起强烈反响，在18世纪的法国形成了中国热，上自王公贵族，下至平民百姓，对中国的哲学、文学、艺术、政治学、伦理学、经济学、教育学都表现出浓厚的兴趣，争相了解中国，谈论中国。

受孔子思想影响最大的，是法国的启蒙思想家。18世纪的法国，正处在资产阶级革命的前夜，启蒙思想家们高举理性的旗帜，向封建专制制度和封建神权发起猛烈进攻，为资产阶级革命做思想准备。正如伏尔泰所说，他们从以孔子思想为主干的中国古代灿烂文化那里，"发现了一个崭新的精神和物质的世界"。儒家无神论的哲学思想、仁政德治的政治思想、融政治与道德为一体的伦理思想、重农轻商的经济思想，为他们反对封建专制和神权提供了借鉴和武器。百科全书派领袖霍尔巴赫（1723—1789），推崇孔子以德治国的政治主张，自造了法语"德治"新词。他说："在中国，理性对于君主的权力发生了不可思议的效果，建立于真理之永久基础上的圣人孔子的道德，却能使中国的征服者亦为所征服"，"国家的繁荣，须依靠道德"，"欧洲政府非学中国不可"。他认为儒家思想具有反宗教倾向，极力主张以儒家道德取代基督教道德。百科全书主编狄德罗（1713—1784）认

狄德罗画像

为，孔子不谈奇迹，不谈灵感，只要以理性或真理就可以治国平天下，赞美孔子思想简洁实用。重农学派领袖魁奈（1694—1774）认为，儒家重农轻商而大力提倡此主张，他说"农人穷困则国家穷困，国家穷困则国王穷困"。在他的影响下，法国国王路易十五于1756年仿效中国皇帝举行亲耕耤田的仪式。魁奈还推崇孔子举贤才的主张和中国的科举制度，"中国无世袭贵族，官爵仅靠功绩才能获得"，赞扬科举制度"使工匠的子弟也能当上总督"，以此抨击法国的封建专制制度和卖官鬻爵的官僚制度。魁奈十分佩服孔子，他评论《论语》二十章："都是讨论善政、道德及美事，此集满载原理及德行之言，胜过于希腊七圣之语。"由于他对孔子思想深有研究和大力推崇，以至被称为"欧洲的孔夫子"。

法国最推崇孔子及其思想的，是启蒙思想家伏尔泰（1694—1778）。他曾经精读儒家经典和介绍孔子及其思想的著作，认为中国的政治、哲学、道德、科学完美无缺，"我们不能像中国人一样这真是大不幸"。认为孔子哲学，是一套完整的伦理学说，以德教育人，使普遍理性抑制人们利己的欲望，从而建立和平与幸福的社会。孔子的伦理道德规范，指导着从统治者到平民百姓修身、齐家、治国、平天下，中国才能国泰民安。万里长城未能阻挡住的外族人入主中原后，也都被中原文明所征服。他主张法国，也应当用儒家之道来治国，施行德治主义，"孔子常说仁义，若使人们实行此种道德，世上就不会有什么斗争了"。他十分敬重孔子，认为孔子只讲道德不讲鬼神，要比基督高明得多，基督只是禁人行恶，而孔子教人行

伏尔泰画像

善。在他的《哲学辞典》中，引用了孔子的七句格言后说："多么可悲，西方人也许应该感到羞愧……竟要到东方找到一位智者……他在公元前六百余年，便教导人们如何幸福地生活……这位智者便是孔子……自他以后，普天之下有谁提出过更好的行为准则？""普遍的理性抑制了人们的欲望，把'己所不欲，勿施于人'这条法则铭刻在每个人的心中"。所以他把孔子的画像挂在自己的礼拜

法国前总统密特朗在曲阜孔庙
1981 年，竞选总统期间的密特朗专程到山东曲阜参观。

堂内朝夕礼拜，并作诗赞颂孔子说："子所言者唯理性，天下不惑心则明。实乃贤者非先知，国人世人俱笃信。"

孔子思想对法国资产阶级革命产生了重大影响。1793 年，法国制定的《人权和公民权宣言》明确宣示："自由是属于所有的人做一切不损害他人权利之事的权利，其原则为自然，其规则为正义，其保障为法律，其道德界限则在下述格言之中：己所不欲，勿施于人。"孔子的格言，成为自由的道德界限。

需要指出的是，法国资产阶级启蒙思想家们为了反对封建专制和神权的需要，将孔子思想高度理想化，将孔子思想进行了拔高和美化。这与孔子思想及其在中国历史上的作用，还是有一定差距的。

法国是欧洲孔子思想影响和研究都很突出的国家，研究中国的汉

学家代不乏人，沙畹（1865—1918）、马伯乐（1883—1945）、葛兰言（1884—1940）都是当时研究中国的著名学者。即使在今天，研究中国、研究孔子思想的学者，也大有人在。

德国

德国是欧洲较早进入中国但研究却稍晚的国家。1622 年，德国传教士汤若望即来到中国。由于德国受到封建专制和割据的阻碍，资本主义发展晚且落后，所以中国文化和孔子思想的传播与影响，都晚于意大利和法国。对西方影响最早且较大的《中华帝国全志》出版后十多年，才被翻译成德语。1798 年，德国才翻译出版了《论语》。1909 年，汉堡殖民学院才设立汉学正教授。

18 世纪的德国，内部还分成三百多个小邦和一千多个骑士领地，资产阶级力量分散，启蒙思想运动开展较晚且影响较小，所以孔子思想的影响，主要表现在哲学和文学方面。

孔子思想对德国哲学的影响，主要表现在莱布尼茨（1646—1716）及其弟子沃尔

科隆和波恩之间一个大型游乐场内的孔子铜像

夫身上。德国最早推崇孔子思想及中国文化的学者，是莱布尼茨。他没有来过中国，通过学习传教士们翻译的儒家经典和介绍中国思想文化的著述，了解儒家思想和中国文化，并与来华的法国传教士白晋和意大利传教士闵明我建立了密切联系，通过他们收集有关中国的文献资料。1698年，他曾与白晋讨论《易经》。1703年3月，他将自己1678年发明的二进位表送给白晋。当年10月，

莱布尼茨画像

莱布尼茨（1646—1716），德国哲学家、数学家、物理学家。

白晋送给他《伏羲六十四卦次序图》和《伏羲六十四卦方位图》，莱布尼茨发现，如果将阴爻看作0，将阳爻看作1，那么《易经》图像从0到64都是二进位的连续数列，所以他深信中国哲学具有充分的科学根据，因此他赞美儒学，公然宣称在道德和政治方面，中国人优于欧洲人，斥责否定中国传统思想的欧洲学者"刚刚脱离了野蛮状态的欧洲人，就想谴责一种古老的学说，理由只是因为这种学说似乎和我们普通的经院哲学的概念不相符，这真是狂妄之极"。受他的影响，他的弟子沃尔夫，也公开赞美儒学。1721年，沃尔夫在哈尔大学发表的《中国的实践哲学》演讲中，将儒学和基督教进行了很有说服力的对比，认为儒学可补基督教之不足。因为他的演讲赞美儒学而对基督教语带轻视，遭到了正统神学派的强烈反对，德国政府以他宣传无神论解除了他的教职，勒令他48小

歌德画像
歌德（1749—1832），德国诗人、作家、思想家。

时内离开德国，否者将处以绞刑。沃尔夫虽然遭到了驱除，但他却获得学者和民众的普遍同情和支持，他的哲学思想，后来被各普鲁士大学所采用，一时风靡德国哲学界。

对文学的影响，主要表现在大诗人歌德（1749—1832）和席勒身上。歌德年轻时，就熟读儒家经典、介绍中国思想文化和欧人访华游记等书籍，倾心于中国文化，将《赵氏孤儿》改编成悲剧《哀兰伯诺》，将《薛瑶英》和《梅妃》等五首诗译成德文。由于他倾慕、赞扬孔子思想，因此被称作"魏玛的孔夫子"。他的好友、大诗人席勒（1759—1805），也很喜欢中国文化，曾翻译过《论语》和《好逑传》。

但是仅仅过了几十年，到18世纪后期，德国哲学界却对儒学采取了截然相反的否定态度。德国古典唯心主义创始人康德（1724—1804），虽然读过《通鉴纲目》和《玉娇梨》等中国作品，中国哲学对他构建哲学体系也产生了一些影响，他赞美中国的文学和艺术，却认为孔子"并非哲学家"，甚至认为整个东方就没有哲学，孔子的言论"不过是给皇帝制定的道德伦理教条，或者是提供些中国先王的事例"。德国古典哲学集大成者黑格尔（1770—1831），虽然承认"关于中国哲学，首先要注意是在基督降生五百年前的孔子的教训"，但他认为孔子只是一个世间的智者，

康德画像

康德（1724—1804），德国哲学家、天文学家、近代西方哲学史上划时代的哲学家。

黑格尔画像

黑格尔（1770—1831），德国哲学家，集德国古典哲学之大成，创立了客观唯心主义哲学体系。

孔子的哲学只是一种道德哲学，"一种常识道德。这种常识道德，我们在哪里都找得到，在哪一个民族里都找得到，可能还要好些，这是毫无出色之点的东西。孔子只是一个实际的世间智者，在他那里，思辨的哲学是一点也没有的，只是一些善良的、老练的、道德的教训，从里面我们不能获得什么特殊的东西"。平心而论，孔子的哲学思想并不突出，黑格尔关于孔子哲学思想的评价，虽然有失偏颇但还情有所原，但他对孔子伦理思想的评价，我们就不能不说是西方中心论在作祟，完全不符合实际的。

鸦片战争以后，中国积贫积弱，国际地位下降，孔子思想和中国文化在西方人心目中的地位也随之下降。但到19世纪末期，为了推广基督教，西方传教士极力将孔子思想和基督教进行调和。德国传教士花之安，虽然否定中国传统文化，却认为儒家思想中的一些伦理观念，是可以与"耶稣道理同条共贯的"，并将仁、义、礼、智、信等伦理观念与基督教义相结合进行说教。卫礼贤（1873—1930）在华传教25年，曾将《四书》《易经》《礼记》等译成德文。他将孔子思想与西方思想比较后认为，孔子思想比西方思想有许多优越性，在孔教大学开学讲经会上的"孔教可致大同"演讲中，他说："凡所谓经济学说、社会学说，皆不如孔教。西国只知爱国，国之下缺家，国之上缺天，非孔教无以弥补之。西国一哲学家兴，即推倒前之学说而代之，中国则以孔教通贯数千。历代大儒虽代有扩充，而百变不离其宗，此孔教之所以为大也。今后惟孔教中和之道可致大同，以其无各宗教门户主奴之见，而又能时措咸宜，任环境之变迁，而教义日见光大。……何也？孔子，圣之时者也。"他如此推崇孔子及其思想，以至被人视为儒教徒。他在青岛开办礼贤书院，除讲授德文外，还讲授儒家经典。卫礼贤回国后，在法兰克福大学任教，创建中国学院，创办汉学杂志，是德国二战以前著名的汉学家之一。除传教士外，许多学者如霍古达、艾维耐、佛尔克、福兰阁、柴赫等，均从事中国哲学研究，有的学者将《诗经》《唐诗》《宋词》等儒家经典和中国文学作品翻译成德文。

第一次世界大战后，汉堡、柏林、莱比锡和法兰克福相继设立汉学

科隆孔子像亭

中心，哥廷根等大学开设了汉语课，中国研究得到较快发展。但是二次世界大战中，德国的中国研究遭到严重冲击，汉学书籍被损毁，研究机构被破坏，相当多的汉学家移居海外。20世纪60年代以后，儒学研究恢复起来。1969年，西德汉学教授增加到12名，副教授3名。而东德汉学研究，在东欧国家中独占鳌头。德国统一后，研究中国的活动更加活跃，儒家思想研究仍是研究重点之一。上世纪90年代，科隆附近还树立了一尊孔子铜像。

英国

英国是与中国交往比较早的国家，早在明万历十一年（1583），英国女王伊丽莎白一世就派商人纽伯利携带一封致中国皇帝的书信来到中国。但是英国又是欧洲大国中孔子思想输入较晚而且影响较小的国家。18世纪末，由于外交、商业和传教的需要，英国派遣了一些外交官、商人和传教士来华，这些人留意学习汉语和研究中国思想文化，并将所见所闻的中国思想文化、社会习俗、地理物产等情况报告给国内，但少有专门的研究成果，也没有产生知名的人物。清嘉庆十二年（1807），进入中国的马利逊（1782—1834），是

18世纪欧洲的孔子画像

第一个较为著名的传教士。他与欧洲早期的传教士不同，虽然两次来华逗留了 25 年，但他一方面传教，一方面进行殖民和商业活动，尤其热衷于收集情报。其贡献，主要是编纂了第一部《华英字典》，编著了《中国大观》，创办了英文《中国丛报》，收集了一万多卷中国书籍带回英国，但对孔子思想和中国的研究都很少。

英国的儒学研究真正开展起来，是在鸦片战争以后。在华多年的英国传教士利雅各（1815—1897），热衷于研究与传播中国和孔子思想。他用 20 多年的时间，将《四书》《尚书》《诗经》《左传》译成英文。回国后，竭力提倡为了贸易和传教必须加强对中国和孔子思想的研究，因此牛津大学设置汉学讲座并聘他为汉学教授。他认为："孔子是古代著作事迹的保存者，中国黄金时代箴言的诠注者、解释者。过去他是中国人中的中国人，现在正如所有的人相信他那样，又以最好的和最崇高的身份代表着人类最美的理想。"他还翻译了《周易》《礼记》和《孝经》。到 20 世纪，英国对中国的研究领域扩大。休中诚在华传教 20 余年，著有《中国古代哲学》一书，除介绍孔子、子思、孟子外，还介绍荀子、董仲舒、班固、王充等人的思想。翟理斯

英国皇家植物园内的孔子庙旧址

（1845—1935）在中国担任外交官 26 年，1897 年回国，担任剑桥大学第二任汉学教授 35 年，翻译了《三字经》和《千字文》《女千字文》。他编辑的《古文选珍》，选择了孔子、孟子、荀子等人的作品。其著作《古代宗教》，辟有《儒教》专章。

第二次世界大战以前，英国对中国和孔子思想的研究水平并不高。这主要是因为"日不落帝国"看不起中国文化，认为孔子思想不适合于英国的国情和民族习惯，对研究汉学的学者非常歧视，研究与讲授中国历史的学者不被承认是史学家，大学不准汉学学生读荣誉博士学位。培养汉学人才，只是为了满足商业翻译的需要，师资水平也很低，主要由传教士和退休外交官员担任。但欧洲的中国热，英国也深受影响，肯特公爵在丘园建造了欧洲第一座孔子庙，虽然不是为了祭祀孔子，而是作为中国风格的建筑点缀园林。现在这座孔子庙已经不存，同时所建的塔还巍然挺立。

二次世界大战以后，英国重视了对中国的研究，加强了对儒学的研究。如牛津、剑桥等著名大学，都开展了中国儒学、历史、文化的研究，聘请对儒学颇有造诣的著名学者主持。研究范围从孔子思想的政治、哲学、伦理、教育诸方面，扩展到科学技术。英国皇家学会会员李约瑟博士在他的《中

李约瑟像

李约瑟（1900—1995），英国科学家，所著《中国科学技术史》以浩瀚的史实、确凿的证据，证明了中国古代科技和知识的发达。

国科学技术史》中，对孔子和儒家思想提出了许多独到见解，继德国的莱布尼茨之后，对《易经》与数学的关系进行研究，并指出"在历法领域中，数学在社会上属于正统的儒家知识的范畴"。自然科学史家梅森认为，儒家思想虽是正统哲学，但并不排斥自然科学，并以朱熹的《朱子语类》为例，说明朱熹有天文理论，从朱熹的"尝见有螺蚌壳，或生石中，此物即旧日之土，螺蚌即水中物，下者却变而为高，柔者却变而为刚"，认为朱熹已经知道化石是生物残骸，"代表了中国科学最优秀的成就，是敏锐观察和精湛思辨的产物"。

最能代表英国思想界对孔子及儒家思想认识和评价的，是《新大不列颠百科全书》"儒学"条。该条翻译成汉字有 4 万多字，详细介绍了孔子家世、生平和孔子所处的时代，孔子的政治思想、哲学思想、伦理思想、教育思想，孔子对中国和世界的影响，儒学的发展和儒家经典等，最后评价说："在其他许多方面，这位无名的鲁国教师的哲学概念，也同样对中国和大半个东亚文化体系的形成发挥了如此强烈的影响，那么，孔子必须被承认为世界历史上最有影响的人物之一。"

俄罗斯

俄罗斯与中国接壤，早在汉代，两国就有接触。1619 年和 1649 年，俄国曾两次派遣使者来到北京，中国皇帝也回致了与俄国沙皇的国书。俄罗斯真正接触孔子思想，是从 18 世纪开始的。1700 年，彼得大帝亲自下达了派人到中国留学的指令，中国政府同意了俄国的要求，在会同馆为俄罗斯留学生专门建造了俄罗斯馆，指令国家最高学府国子监"选满汉教习各一人往馆教习满汉文"。清雍正五年（1727），第一批 4 名俄罗斯留学生到达中国，此后每 10 年更换一次。俄罗斯派遣的留学生虽然很多，但在儒学的研究与传播上贡献不大，可能是留学生主要学习语言造成的。

早期真正研究和传播儒家思想的，是东正教传教士。1715 年，俄罗斯政府正式委派的传教士团到达北京。其后的145年间，先后派遣了13批。俄国传教士对传教并无兴趣，正如1818年8月4日俄国政府所规定的那样"今后的主要任务不是宗教活动，而是对中国的经济和文化进行全面研究，并及时向俄国外交部报告中国政治生活的重大事件"。由于俄国传教士的主要任务是研究中国经济和文化，所以其中产生了许多汉学家。第3批传教士中的列昂季耶夫（1716—1786），将《大学》和《中庸》首先翻译成俄文，编译出版了《中国君子》《三字经》《名贤集》，撰写了《中国思想》，成为俄国

俄罗斯的孔子塑像

汉学的奠基人。第7批的比丘林（1777—1853），翻译了《三字经》，并撰写了《中国的国情和习俗》《中国及其居民、习俗、道德、教育》等著作，因此被称为俄国的汉学鼻祖。第12批的瓦西里耶夫（1818—1900），翻译了《论语》和《诗经》，撰写了《东方宗教：孔教、佛教和道教》和《中国文学史概论》等著作。他大力推崇儒学，认为儒学"从一种民主和

革命的学说，演变成为有弹性并且顺从的理论"，中国社会生活深深打上了儒家思想的烙印，中国文学反映了人道、真理、秩序、睿智和忠诚，"全部中华文明、整个广博而多样的中国文学书籍的基础，是儒学"。

除从中国直接了解外，俄国还从西方引进研究中国的成果。如18世纪70年代翻译出版的杜赫德的《中华帝国全志》。19世纪，俄国形成了研究中国的热潮。1807年，喀山大学就设立了东方系；1837年，设立了汉语教研室，开设研究中国学的课程。1854年，彼得堡大学根据俄国政府的指令，建立了东方学系，研究中国成为独立的学科。

19世纪，孔子思想在俄罗斯已经产生了很大影响。俄罗斯精神文化的杰出代表普希金，非常推崇孔子。他在代表作《叶甫盖尼·奥涅金》草稿中，大力赞扬孔子："中国圣人孔夫子／我们尊重青年／既要防止他们误入歧途／又不要对他们妄加指责／只有青年人能给我们希望。"他热爱中国文化，他收藏了82种中国书籍，读了好友比丘林翻译的《三字经》后发表长篇书评，赞扬《三字经》是"三字圣书"，是"简明儿童百科全书"。他非常向往中国，《致友人》诗中说："出发吧，我已准备好，

普希金画像
普希金（1799—1837），俄罗斯著名诗人，19世纪浪漫主义文学的主要代表。

朋友们／不论你们想去哪里，我都紧紧跟随／跟着你们……／到遥远中国的长城脚下。"俄罗斯思想家、文学巨匠列夫·托尔斯泰，非常推崇孔子思想和中国文化，他在 1984 年 3 月 11 日的日记中说："孔夫子的中庸之道——是令人惊异的。老子的学说——执行自然法则——同样是令人惊异的。这是智慧，这是力量，这是生机。"1905 年《致张庆桐的信》中说："很久以来，我就相当熟悉……中国的宗教学说和哲学，更不用说孔子、孟子、老子和对他们著作的注疏（被孟子所驳斥的墨翟的学说，给我的印象尤其深刻）……中国人对真正的基督精神，或对奠定了所有宗教学说（包括基督教在内）基础的、普遍的、永恒的真理的了解，要比基督教人们、俄国政府透彻得多。"他在手稿中说："中国学说的实质是，真正伟大的学说，教人以至善，使人革除不良习气，有振作图新精神。"

到 20 世纪初期，俄国的儒学研究与传播已经很广泛，《论语》《孟子》《诗经》《春秋》等都被翻译成俄文，出现了许多研究中国的著作。1897 年，库罗斯托维支出版了《中国人及其文明》，多方面地评价了孔子及其思想。1888 年，格奥尔吉耶夫斯基出版了《中国的生活原则》、1890 年出版的《研究中国的重要性》，书中大力赞扬孔子及儒家思想。

总的来看，俄国学者们对孔子和儒家思想

列夫·托尔斯泰画像
列夫·托尔斯泰（1828—1910），俄罗斯著名文学家、思想家、哲学家。

给予高度评价。他们称赞孔子是圣人、积极的思想家、伟大的道德家、人所共知的全民教育家、风俗改革家和哲学家等等。对孔子思想的研究也很全面，涉及孔子的政治思想、经济思想、伦理思想和教育思想等各个方面，高度评价孔子大一统的思想，推崇孔子的德治主张，认为孔子并不反对法制，而是法制的拥护者。

苏联时期，也非常重视研究中国文化。1921 年，成立了全俄东方学术研究协会；三年后，改称全苏东方学术协会。设立了许多学术研究机构，许多大学设立了与中国相关的学系。二战期间，儒学研究受到影响。新中国建立以后，前苏联的中国研究又受到重视，虽然研究的重点转向现代，但是关于中国古代的研究仍然很活跃。苏联编写的百科全书和权威性著作如《苏联大百科全书》《文学百科全书》《苏联历史百科全书》《世界通史》《哲学史》等，都涉及对孔子及其思想的评价。如《苏联大百科全书》评价说"孔学的要义是伦理、道德和国家管理问题"，"孔学是中国古代的伦理政治学说"，"对中国精神、文化、政治生活和社会制度的发展，产生了极大的影响"。同时，苏联的学者们对孔子及儒家思想进行了系统全面的研究，取得许多很有价值的成果。他们高度评价孔子的教育思想，一致肯定孔子在教育方面的历史功绩，高度评价孔子的社会政治思想，特别是孔子的大一统和仁政德治思想。

苏联解体后，俄罗斯也很重视儒学研究。俄罗斯政治家很重视孔子思想在中国现代化过程中所扮演的角色，儒家思想开始进入决策层的政治文化。一般民众对孔子思想，也有了进一步的了解，新闻媒体在解释儒家文化圈国家发生的重大事件时，常常会引用孔子思想。著名的研究机构，有远东研究所、东方研究所。俄罗斯当代最有名的汉学家，有嵇辽拉等。嵇辽拉出版有《孔夫子：生活、学说及命运》（1993）、俄文《论语》（1998）等著作，被称为"莫斯科的孔夫子"。他认为《论语》就是中国的圣经，建立了有价值的体系，是中国、朝鲜、韩国、日本的精神社会的根，俄罗斯不但要学习西方，而且要大力从东方特别是从孔子思想中吸取营养。贝列罗莫夫认为"俄罗斯，其 21 世纪在亚太地区的战略战策是否成功，大部分将取决于国家领导者们能否了解孔子学说的精髓"，"对今天俄罗斯进行一番思考，你就会发现，她太需要孔夫子的道了"。

美国

虽然 1784 年美国的第一艘商船"中国皇后"号才来到中国，直接同中国发生联系，但早在 18 世纪初，美国人就已经通过欧洲了解了孔子思想。1733 年，巴黎出版的《西文四书直解》（又译《中国贤哲孔子》），就传到了纽约。

最早受孔子和儒家思想影响且最大的，是本杰明·富兰克林（1706—1790）。他在 1978 年，就引用 1735 年巴黎出版的《中国通志》，在他主办的《宾夕法尼亚公报》上发表《孔子的伦理》一文，介绍儒家的正心、诚意、修身等方法。他认为，孔子是一位道德思想家，作为哲人，孔子关注和讨论的主要是三个方面的事情：即"为了培育我们的思想和规范我们的行为方式，我们应该做什么"？"指导和教育他人的方法"，"每个人都应该追求至善，通过坚持至善达到安详

本杰明·富兰克林画像
富兰克林（1706—1790），美国著名政治家、科学家。

纽约的孔子塑像

宁静"。富兰克林认为，道德规范并非来自宗教律条，而是来自现实生活的实践，因此对教堂布道宣传宗教律条而不是道德伦理原则十分"厌恶"。《大学》对富兰克林产生了很大影响，他说"君王应该通过他的劝勉和自己的榜样，使人民成为新民"；推崇尧治国的功绩，"从未有任何一个能比尧帝更能实践孔子的门徒所说的所有的责任"，"尧具有一个君王应该具有的所有优秀品质"。因此他致信宗教复兴运动的领袖乔治·怀特菲尔德，以孔子为例，建议他说服他的信徒"过一种优秀的值得仿效的生活"。他称赞孔子为"东方著名的改革家"，"看到他的国家在罪恶中沉沦，邪恶耀武扬威，他亲身到贵族阶层，用他的理论使他们服膺美德，大批普通人纷纷仿效追随，这一方式对人类具有极大的意义"。毫无疑问，富兰克林受欧洲启蒙运动思想家很大影响，认为中国是一个开明专制的国家，依靠德行进行治理，由熟知儒家经典的官吏进行统治的和谐社会，艺术与哲学发达，无论统治者还是普通民众，都崇尚美德。

18世纪，是孔子思想在美国备受推崇的时期，不仅富兰克林大力推崇，许多政治家和学者如欧洲启蒙思想家一样进行宣传。美国建国时期著名的政治家、《独立宣言》签署人之一的本杰明·拉什，主张公民的美德是共和政府的基础，儒家伦理值得美国青年学习。他说："我宁愿向年轻人灌输孔子和穆罕默德的思想，也不愿意让青年人在没有宗教原则的情况下成长。"约翰·亚当斯认为，儒家对美德的强调与一个自由政府的要求是一致的，"所有有思想的政治家都同意，社会的福祉是政府存在的目的"，"人的幸福和他的尊严都离不开美德"，政府的基础应该是美德，孔子、苏格拉底和穆罕默德都认同这一点。自然神论者潘恩，推崇孔子是伟大的道德导师，孔子提出的宗教原则，高于基督教伦理。并以此抨击基督教，认为基督教源自犹太教，沾染了犹太教的迷信和邪恶，远没有这个哲学那样理性和中国伦理那样纯洁，"中国人是一个远比犹太人古老得多的民族，就历史悠久这一点而言无可伦比，除了被欧洲商业腐蚀的一些方面外，他们还是温和的并有良好道德的民族"。除潘恩外，还有很多自然神论者赞扬中国人的理性精神，把儒学看成一种理性宗教，没有基督教繁琐的仪式和教阶制度。

美国早期传播儒学的，主要还是传教士。1830 年，美国第一个传教士裨治文来华传教。虽然美国的传教士进入中国晚，但发展却是最快，到 19 世纪末，在华的美国传教士就已达

夏威夷的孔子塑像

1500 多人。美国传教士来中国，任务已不是单独传教，更重要的任务已经从传教转向情报搜集。传教士们深知，要在中国立足，必须认真对待中国传统的儒家思想，因此他们了解孔子思想，研究孔子思想，了解中国的历史、经济、文化、民风民俗，所以美国最早的汉学家，就产生于传教士之中，其中著名的有裨治文、卫三畏、狄考文等人。传教士们在了解中国的同时，也将中国介绍到美国。1832 年，裨治文在澳门创办了《澳门学报》。1842 年，传教士和外交家成立了美国东方学会，先后出版《美国东方学会杂志》《美国东方学丛刊》《美国东方学翻译丛刊》，还成立了东方文献图书馆。

传教士了解、研究孔子思想的结果，引起了对孔子及其思想的推崇。卫三畏在其所著的《中国总论》中说："孔子的著作同希腊和罗马哲人的训言相比，它的总旨趣是良好的，在应用到它所处的社会和它优越的实用性质，则超出了西方哲人"，"《四书》《五经》的实质，与其他著作相比，不仅在文学上兴味隽永，文字上引人入胜，而且还对千百万人的思想，施加了无可比拟的影响。由此看来，这些书造成的势力，除了《圣经》以外，是任何别种书都无法与之匹敌的"，

1900 年前后李佳白（中坐者）与学生的合影

因此他不主张排斥儒家思想，而是竭力主张将孔子思想和基督教义结合起来。1883 年来华的传教士李佳白，改着中国服装，身穿长袍马褂，头戴假辫子，一手捧《圣经》，一手捧《四书》，用儒家经典附会基督教义，主张两者"互相和合，互相敬爱，互相劝勉，互相辅助"。他推崇儒家思想是教民之本，"孔教为颠扑不破之道，合之古今中外而皆宜"。传教士们推崇儒家思想，并非是他们接受了儒家思想，而是借助儒家思想宣传基督教义，最终取代儒家思想的统治地位。正如传教士狄考文所说："作为儒家思想支柱的，是受过高等教育的士大夫阶层。如果我们要对儒家的地位取而代之，我们就要训练好自己的人，用基督教和科学教育他们，使他们能胜过中国的旧式士大夫，从而能取得旧式士大夫所占的统治地位。"所以，美国在华传教士纷纷创办学校，学校既学《圣经》，也学儒经。如狄考文所创办的山东登州文会馆，规定在 9 年时间内学完《四书》《五经》。

20 世纪初，欧洲列强忙于战争，无暇东顾，美国趁机扩大在中国的势力，与此相应，也加大了对中国的研究。从 19 世纪后期，在传教士的宣传影响下，美国国内就开始了对中国的研究。1876 年，耶鲁大学在卫三畏主持下设立了美国汉语教学研究室和东方学图书馆。其后，加利福尼亚大学、哈佛大学、哥伦比亚大学，纷纷设立研究中国的机构。进入 20 世纪，美国的基金会大力资助中国研究，到 1930 年，美国收藏的中国书籍已达 35 万多册。到二战前，美国研究中国的机构已经发展到 90 个，已经培养出一大批研究中国的专家。这批专家，大多肯定孔子及其思想的历史功绩。如杜伦认为，孔子的学说是哲学而非宗教，孔子一生的贡献是创造了一套高洁的贵族式的伦理条规；卜德认为，孔子学说的道德观，孕育了中国文明的精神基础；海思和威兰在合著的《世界通史》中认为，孔子关于礼仪的规定以及关于道德的具有深意的箴言，在中华民族性格的形成上是一个坚强的因素。但也有专家如孟录，全盘否定孔子的教育思想，认为孔子教育的最高目标，就是造就"一个能公正地治理国家的君主和盲目地服从国家法律过着正直生活的人民"，教育的目的

洛杉矶加州大学的孔子塑像

"不是发展独创性而是压制它，不是发展创造能力而是发展模仿能力"。他的这些观点，是从考察中国科举制度的弊端后得出的，但并非是真正的孔子的教育思想，所以当时著名的学者顾立雅、拉铁摩尔等，都对此持有异议。

20世纪50年代以来，美国的儒学研究异常活跃，出现了一大批著名的学者，其中既有美国自己培养的费正清、顾立雅、拉铁摩尔、狄百瑞、芮沃寿等中国通，也有从中国大陆和港、台移居的陈荣捷、杜维明、成中英等儒学专家。研究的领域也非常广泛，涉及孔子的哲学思想、政治思想、伦理思想、教育思想以及孔子思想在世界的传播与影响、孔子及儒家思想与当代中国的关系、后世儒家与儒学等等，对孔子及其思想的评价基本是肯定的。如顾立雅认为，孔子的思想并非宗教，孔子不是守旧、反动的代表，"基本上是一个革命者"；费正清推崇儒家"以善为治"的政治理论；窦宗仪认为，"孔学的价值，是在于它所维护的一条处于极端个人主义和极端集体主义之间的、间接的道路，即中庸"，断言"在任何情况下，一切学说理论要发挥巨大的作用，就必须遵循中庸之道"。

在学者们的影响下，美国政界人士也日益认识到孔子思想在当代的价值。早在 1945 年，美国国务卿退丁纽斯在广播中说："上次大战，威尔逊以军事、政治、经济力量维系世界和平，其结果不但未获得和平并造成二次的大战，此次残于上次千万倍矣。处理今后之世界和平，当以上次为之印鉴，其唯一办法，发扬人类道德，灌输仁人的道德精神。然道德必以中国孔子道德为目标。"1982 年，美国总统里根在致祭孔大典筹委会主任的信中说："孔子高贵的行谊与伟大的伦理道德思想，不仅影响他的国人，也影响了全人类。孔子学说世代相传，提示全世界人类丰富的做人处世原则"，"我们尤应缅怀与推崇这位思想家的贡献"。2002 年，美国总统布什在纪念孔子诞辰的文告中说："欣逢孔子 2553 岁诞辰，谨颁此文告表示祝贺"，"我同时也钦佩各地的祭孔委员会，他们热心举办祭孔活动，借以保存孔子思想，发扬中国文化，分享孔子教诲，鼓励世人学

萨克拉门托由华人和华侨修建的孔子庙

CONFUCIUS
The celebrated Chinese Philosopher.

18 世纪欧洲的孔子画像

习这位伟大的哲学家的高尚的人格、慈爱精神、远大目标、精深思想。孔子的博大教诲，启迪了世界上所有的人"。2009 年，美国众议院专门通过了纪念孔子诞辰的决议案："鉴于公元前 551 年 9 月 28 日被认为孔夫子的诞生日，出生于现在中国山东省曲阜。孔夫子是历史上最伟大的思想家、教育家和社会哲学家之一，他创立的哲学思想，对世界各国包括中国、朝鲜、韩国、日本和越南的社会和政治思想产生了深刻影响并且继续在发挥影响力。孔夫子倡导自省、自修、真诚和社会关系中的相互尊重，以在个人和公共生活中实现公正和道义，体现最高境界的道德品质。孔夫子所教导的'己所不欲，勿施于人'和'己欲立而立人，己欲达而达人'，是道德品行的典范，也能促进我们之间的和谐。孔夫子教导我们说，理想的政府应建立在忠诚、尊老和承认家庭重要性基础上；孔夫子教导我们说，政界人士必须成为诚实和道德的模范。这些都提醒着我们，要以至高荣誉和尊重履行自己的职责。因此，众议院向诞生 2560 周年的孔夫子致敬，并认可他哲学、社会和政治思想方面做出的无价贡献。"

附录　孔子年谱

1 岁 公元前 551 年（周灵王二十一年，鲁襄公二十二年）

孔子出生在鲁国陬邑昌平乡（今山东曲阜城东南 30 公里昌平山下）。因父母曾为生子而祷于尼丘山，故为孔子取名丘，字仲尼。为避孔子讳，后尼丘山省称为尼山。

孔子生年有两种记载，相差一年，今从《史记·孔子世家》说。生日为夏历八月二十七，今人推算为西历 9 月 28 日。

3 岁 公元前 549 年（周灵王二十三年，鲁襄公二十四年）

父亲叔梁纥卒，葬于防山，墓在今山东曲阜东 12 公里处的梁公林。

大约在父亲去世后不久，孔子随母亲迁居到了鲁国的都城。

5 岁 公元前 547 年（周灵王二十五年，鲁襄公二十六年）

弟子秦商生。商，字不慈，鲁国人。

6 岁 公元前 546 年（周灵王二十六年，鲁襄公二十七年）

弟子曾点生。点，字晳，曾参之父。

7 岁 公元前 545 年（周灵王二十七年，鲁襄公二十八年）

弟子颜繇生。繇，又名无繇，字季路，又称颜路，颜渊之父。

8 岁 公元前 544 年（周景王元年，鲁襄公二十九年）

弟子冉耕生。耕，字伯牛，鲁国人。

9 岁 公元前 543 年（周景王二年，鲁襄公三十年）

吴国公子季札赴鲁观周礼。

10 岁 公元前 542 年（周景王三年，鲁襄公三十一年）

弟子仲由生。由，字子路，卞人。

鲁襄公死，其子继位，是为昭公。

12 岁 公元前 540 年（周景王五年，鲁昭公二年）

弟子漆雕开生。开，字子若，蔡人。

晋韩宣子出使鲁国，观书于太史氏，见《易象》与《鲁春秋》，发出"周礼尽在鲁矣"的感叹。

14 岁 公元前 538 年（周景王七年，鲁昭公四年）

郑国子产定丘赋。

15 岁 公元前 537 年（周景王八年，鲁昭公五年）

孔子说："吾十有五而志于学。"（《为政》）

鲁国四分公室，改三军为四军，季孙氏领二军，孟孙氏、叔孙氏各领一军。

16 岁 公元前 536 年（周景王九年，鲁昭公六年）

郑国铸刑鼎。

弟子闵损生。损，字子骞，鲁国人。

17 岁 公元前 535 年（周景王十年，鲁昭公七年）

母颜徵在卒。

十一月，季武子卒。大约在年末，季孙氏宴请士，孔子赴宴，被季孙氏家臣阳虎拒之门外。

19 岁 公元前 533 年（周景王十二年，鲁昭公九年）

孔子娶宋人亓官氏之女为妻。

20 岁 公元前 532 年（周景王十三年，鲁昭公十年）

亓官氏生子，鲁昭公赐鲤鱼于孔子，故为子取名为鲤，字伯鱼。

孔子为季孙氏委吏，管理仓库。

21 岁 公元前 531 年（周景王十四年，鲁昭公十一年）

孔子改作乘田，管理畜牧。孔子说："吾少也贱，故多能鄙事。"（《子罕》）鄙事，当包括委吏、乘田。

24 岁 公元前 528 年（周景王十七年，鲁昭公十四年）

季孙氏家臣南蒯以费叛，费人将其赶走，逃奔齐国。

27 岁 公元前 525 年（周景王二十年，鲁昭公十七年）

郯子朝鲁，孔子向郯子询问少昊官制。

29 岁 公元前 523 年（周景王二十二年，鲁昭公十九年）

孔子学琴于师襄。

30 岁 公元前 522 年（周景王二十三年，鲁昭公二十年）

孔子自称"三十而立"（《为政》）。

齐景公与晏婴来鲁国。齐景公向孔子问秦穆公何以称霸。

琴张欲吊宗鲁，遭孔子批评。

弟子颜回、冉雍、冉求、商瞿、梁鱣生。回，字子渊。雍，字仲弓。求，字子由。瞿，字子木，鲁国人。鱣，字叔鱼，齐国人。

31 岁 公元前 521 年（周景王二十四年，鲁昭公二十一年）

弟子巫马施、高柴、宓不齐生。

32 岁 公元前 520 年（周景王二十五年，鲁昭公二十二年）

弟子端木赐生。赐，字子贡，卫国人。

34 岁 公元前 518 年（周敬王二年，鲁昭公二十四年）

孟懿子和南宫敬叔兄弟学礼于孔子。

孔子与南宫敬叔适周，向老子问礼，观周朝文物制度。

孔子问乐于苌弘。

35 岁 公元前 517 年（周敬王三年，鲁昭公二十五年）

鲁国发生斗鸡之变。鲁昭公率师讨伐季平子，平子与孟孙氏、叔孙氏三家共攻昭公，昭公兵败，逃奔齐国。

孔子去齐国，道经泰山，发出"苛政猛于虎"的感叹。

36 岁 公元前 516 年（周敬王四年，鲁昭公二十六年）

孔子在齐。

齐景公问政于孔子，孔子以"君君、臣臣、父父、子子"回答，获得齐景公赏识，欲以尼溪之田封孔子，被晏子阻止。

孔子在齐闻《韶》乐，如醉如痴，三月不知肉味。

37 岁 公元前 515 年（周敬王五年，鲁昭公二十七年）

齐大夫欲害孔子，孔子由齐返鲁。

吴公子季札聘齐，其子死，葬于瀛、博之间，孔子往观葬礼。

弟子樊须、原宪生。须，字子迟，鲁国人。宪，字子思，宋国人。

38 岁 公元前 514 年（周敬王六年，鲁昭公二十八年）

晋魏献子（名舒）执政，举贤才，孔子认为"近不失亲，远不失举，可谓义矣"。

39 岁 公元前 513 年（周敬王七年，鲁昭公二十九年）

冬，晋国铸刑鼎，将刑律铸于鼎上，孔子曰："晋其亡乎，失其度矣。"

40 岁　公元前 512 年（周敬王八年，鲁昭公三十年）

孔子自称"四十而不惑"。

弟子澹台灭明生。灭明，字子羽，鲁国人。

41 岁　公元前 511 年（周敬王九年，鲁昭公三十一年）

弟子陈亢生。亢，字子禽，陈国人。

42 岁　公元前 510 年（周敬王十年，鲁昭公三十二年）

昭公卒，弟定公立。

43 岁　公元前 509 年（周敬王十一年，鲁定公元年）

弟子公西赤生。赤，字华，鲁国人。

45 岁　公元前 507 年（周敬王十三年，鲁定公三年）

弟子卜商生。商，字子夏，卫国人。

46 岁　公元前 506 年（周敬王十四年，鲁定公四年）

孔子率弟子观鲁桓公庙欹器。

弟子言偃生。偃，字子游，吴国人。

47 岁　公元前 505 年（周敬王十五年，鲁定公五年）

六月，季孙氏家臣阳虎因季桓子而专鲁政，欲见孔子，孔子不见。阳虎送孔子豚，孔子趁其不在家时拜谢，结果途中相遇，阳虎劝孔子出仕，孔子答应却未出仕。

弟子曾参、颜幸生。参，字子舆；幸，字子柳，均为鲁国人。

48 岁　公元前 504 年（周敬王十六年，鲁定公六年）

季氏家臣阳虎擅权日重，孔子称之为"陪臣执国命"。

阳虎专权，孔子不仕，退而修《诗》《书》《礼》《乐》，弟子日益增多。

49 岁　公元前 503 年（周敬王十七年，鲁定公七年）

弟子颛孙师生。师，字子张，陈国人。

50 岁　公元前 502 年（周敬王十八年，鲁定公八年）

孔子自谓"五十而知天命"。

公山不狃以费叛季氏，使人召孔子。孔子欲往，被子路阻拦。

51 岁　公元前 501 年（周敬王十九年，鲁定公九年）

孔子为中都宰，治理中都一年，卓有政绩，四方则之。

鲁伐阳虎，阳虎先后逃奔齐国、宋国，最后投奔晋国赵简子。孔子说："赵氏其世有乱乎！"

弟子冉孺、曹䖛、伯虔、颜高、叔仲会生。

52 岁　公元前 500 年（周敬王二十年，鲁定公十年）

孔子由中都宰升小司空，后升大司寇，摄相事。

夏，孔子随定公与齐侯相会于夹谷。孔子事先对齐国邀鲁君会于夹谷有所警惕和准备，故不仅使齐国劫持定公的阴谋未能得逞，而且迫使齐国答应归还过去侵占的鲁国的郓、汶阳、龟阴等土地。

53 岁　公元前 499 年（周敬王二十一年，鲁定公十一年）

孔子为大司寇，鲁国大治。

54 岁　公元前 498 年（周敬王二十二年，鲁定公十二年）

孔子为大司寇。为削弱三桓，堕三都。叔孙氏与季孙氏为削弱家臣，支持孔子，拆除了两家的都邑。但拆除孟孙氏都邑时，受到孟孙氏家臣公敛处父的抵制，孟孙氏也暗中支持公敛处父，没有成功。

弟子公孙龙生。龙，字子石，楚国人。

55 岁　公元前 497 年（周敬王二十三年，鲁定公十三年）

春，齐国为离间孔子与鲁国君臣的关系，送 80 名美女到鲁国。君臣迷恋歌舞，多日不理朝政。孔子愤而辞官离开鲁国到卫国，居住在子路妻兄颜浊邹家。

十月，孔子受谗言之害，离开卫国前往陈国。路经匡地，被围困。后又返回卫国，住蘧伯玉家。

56 岁　公元前 496 年（周敬王二十四年，鲁定公十四年）

孔子在卫国，见卫灵公夫人南子。

卫灵公与夫人南子同车而让孔子在后车招摇过市，孔子以为耻，离开卫国，但不久又返回。

郑国子产去世，孔子听到消息后十分难过，称赞子产是"古之遗爱"。

57 岁　公元前 495 年（周敬王二十五年，鲁定公十五年）

孔子在卫。

夏五月，鲁定公卒，子哀公立。

58 岁　公元前 494 年（周敬王二十六年，鲁哀公元年）

孔子在卫。

59 岁　公元前 493 年（周敬王二十七年，鲁哀公二年）

卫灵公问阵于孔子，孔子婉言拒绝。孔子离卫欲去晋国，行至黄河，听说晋国赵简子杀了贤人舜华和窦鸣犊，痛而返回卫国。不久，离卫如曹，途经宋国，宋司马桓魋伐树警告。孔子微服至郑国，由郑赴陈。

60 岁　公元前 492 年（周敬王二十八年，鲁哀公三年）

孔子自谓"六十而耳顺"。

在陈。秋，季桓子后悔未重用孔子使鲁国丧失强盛的机会，遗言其子季康子请回孔子。但因公之鱼的阻拦，只召回了冉求。

61 岁　公元前 491 年（周敬王二十九年，鲁哀公四年）

孔子离陈往蔡。

62 岁　公元前 490 年（周敬王三十年，鲁哀公五年）

孔子在陈。

63 岁　公元前 489 年（周敬王三十一年，鲁哀公六年）

孔子与弟子在陈蔡之间被困绝粮，后被楚人相救。

楚王欲重用孔子，将以书社之地封给孔子，因令尹子西反对而作罢。

楚人接舆劝谏孔子。

由楚返卫，途中遇隐者，劝子路隐居。

孔子见叶公，叶公问政，孔子以"近者说，远者来"作答。

叶公向子路问孔子，子路未答。孔子说，你为什么不说"其为人也，发愤忘食，乐以忘忧，不知老之将至云尔"。

64 岁　公元前 488 年（周敬王三十二年，鲁哀公七年）

孔子在卫。主张为政先要正名。

65 岁　公元前 487 年（周敬王三十三年，鲁哀公八年）

孔子在卫。

吴伐鲁，战败，弟子有若参战有功。

66 岁　公元前 486 年（周敬王三十四年，鲁哀公九年）

孔子在卫。

67 岁　公元前 485 年（周敬王三十五年，鲁哀公十年）

孔子在卫。

夫人亓官氏卒。

68 岁　公元前 484 年（周敬王三十六年，鲁哀公十一年）

春，齐师伐鲁，弟子冉有帅鲁师与齐战，获胜。季康子问冉有的军事才能从何而来，冉有答曰"学之于孔子"，季康子派人以币迎回孔子。

季康子欲行田赋，咨于孔子，孔子反对。

鲁哀公问政，孔子答以"政在选臣"。

鲁国不用孔子，孔子也无心出仕，一边教育弟子，一边整理古代文献。

69 岁　公元前 483 年（周敬王三十七年，鲁哀公十二年）

冬十二月蝗灾，季孙问于孔子，孔子认为是历法错误，不是气候反常。

子孔鲤卒。

70 岁　公元前 482 年（周敬王三十八年，鲁哀公十三年）

孔子自谓"七十而从心所欲，不逾矩"。

71 岁　公元前 481 年（周敬王三十九年，鲁哀公十四年）

春，西狩获麟，孔子停止修《春秋》。

六月，齐国陈恒弑齐简公，孔子求见鲁哀公及三桓，请求鲁国出兵讨伐陈桓，未果。

弟子颜回卒，孔子十分悲伤。

72 岁　公元前 480 年（周敬王四十年，鲁哀公十五年）

孔子闻卫国政变，预感子路有生命危险。子路果然被害，孔子十分难过。

73 岁　公元前 479 年（周敬王四十一年，鲁哀公十六年）

四月，孔子卒，弟子葬于鲁城北。鲁哀公诔之。

弟子为孔子守墓三年，独子贡守墓六年。

孔子故居被改为纪念馆。